Servizo de Publicacións

Universida_{de}Vigo

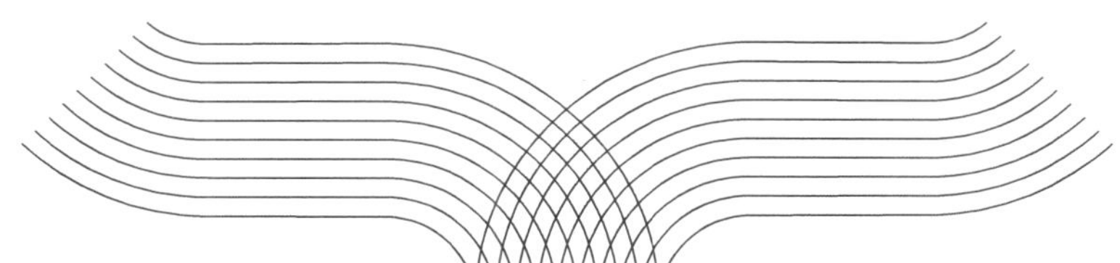

El regreso de China

La globalización imposible

Edición
Universidade de Vigo
Servizo de Publicacións
Rúa de Leonardo da Vinci, s/n
36310 Vigo

Deseño gráfico
Julinda Molares Cardoso e Tania Sueiro Graña
Área de Imaxe
Vicerreitoría de Comunicacións e Relacións Institucionais

Maquetación e impresión
Tórculo Comunicación Gráfica, S. A.

Imaxe da portada
Adobe Stock

ISBN (Libro impreso)
978-84-1188-057-2

Depósito legal
VG 188-2025

Ao ser esta editorial membro da une, garántense a
difusión e a comercialización das súas publicacións no ámbito
nacional e internacional.

El regreso de China

La globalización imposible

Albino Prada Blanco

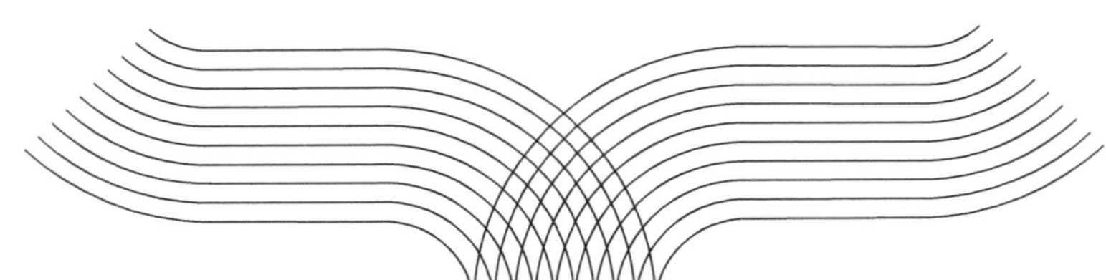

Presentación de esta edición

Esta segunda edición de "El *regreso de China*" lleva como subtítulo "*La globalización imposible*" en lugar de "*¿Chimérica o Telón Digital?*" que fuera el subtítulo de la primera edición redactada antes de la pandemia de 2019-2020 (Mundiediciones, 2021). El motivo para ese cambio no es otro que la comprobación de cómo, en los casi cinco años transcurridos desde entonces, aquel interrogante se ha ido decantando (después de una pandemia global y de varias guerras animadas por Estados Unidos) hacia una creciente ruptura y disputa de lo que en en el siglo XX se bautizó como espacio vital (económico o de seguridad), en vez de progresar hacia un único y cosmopolita mundo global a la medida de gigantescos complejos multinacionales.

A comienzos de este año 2025 es obvio que transitamos hacia un horizonte de nuevo bipolar, después de haberse divulgado cantidades ingentes de análisis e informaciones sobre la globalización como superación del "*imperialismo*". Tal mundo, que se pretendía más allá de las ideologías, habría saltado por los aires. Pues de nuevo el concepto de imperio vuelve a emerger tras los eufemismos de primacía, hegemonía o seguridad. En esta parte del mundo como supremacía norteamericana, un mundo seguro para el capital, lo que Perry Anderson (2014) resume y detalla como "*gran estrategia*".

Con dicho norte e intención en esta segunda edición se actualiza la base empírica de aquellos gráficos o tablas en los que se hacía necesario, también se beneficia de una sustantiva ampliación y puesta al día de la base bibliográfica y de las referencias consultadas y por último, y no menos importante, en la incorporación de un nuevo capítulo final con el objetivo de integrar la actualidad más reciente en la línea argumental de fondo del ensayo.

Porque si aún hace pocos años se planteaba aquello de que "*otra globalización es posible*", frente a la rampante globalización del modelo neoliberal que habría abducido a la mayoría de países (incluida la China de Deng Xiao Ping y sus herederos), cada día que pasa se hace más lejano el horizonte de una globalización no neoliberal (de una sociedad que no sea de mercado y que sea decente), pero, al tiempo, cada vez más cercano un mundo con dos grandes bloques liderados, respectivamente, por la República Federal de los Estados Unidos y por la República Popular China. Ambos, eso sí, pilotados por dos versiones de un rampante *"autoritarismo de alta tecnología"*.

*

El lector comprobará, tras la lectura de este ensayo, que el sistema social de la China actual encaja con la lógica de lo que se denomina desde hace décadas una forma de capitalismo de Estado. Por este motivo en un apéndice final -incorporado a esta segunda edición- he creído conveniente desbrozar la relación entre democracia, capitalismo y socialismo en la perspectiva que planteaba E. P. Thompson (1981: 291) preocupado por *"la confiscación de la actividad autónoma del pueblo trabajador, y de sus medios de expresión y auto organización, por parte de un partido o una vanguardia omnisciente y substituista"*.

Si de la lectura de los capítulos de este ensayo se deduce que una soñada globalización cosmopolita neoliberal se ha ido volviendo imposible, espero que la lectura del apéndice aclare al lector cuanto se va alejando la actual sociedad de mercado china -y su capitalismo de Estado- de una transformación socialista.

Introducción a la primera edición de 2021

En mi último ensayo ("*Caminos de incertidumbre*") mientras citaba a los Estados Unidos una veintena de veces, a China lo hacía unas sesenta veces. Ya en dos ensayos míos anteriores ("*El despilfarro de las naciones*" de 2017 y "*Crítica del hipercapitalismo digital*" de 2019) China ocupaba una parte central del argumento. Fuese porque, a partir de su clonación e integración en el modelo productivo y de consumo del mundo rico, no es posible mirar para otro lado en lo relativo a los límites del crecimiento en este planeta, o bien porque su inmersión en una sociedad dominada por el dinero y el mercado se solapaba de manera singular con la mutación digital de todas nuestras actividades a escala global.

Era casi inevitable que me ocupase monográficamente de China por razón de todo aquello con que nos interpela a los que vivimos más o menos alejados de tan gigantesco país. De un tamaño solo comparable, y con reservas, a federaciones como Estados Unidos o la Unión Europea en cuanto a la escala y heterogeneidad internas de sus naciones, regiones, poblaciones e intereses.

Digo bien en lo que nos interpela que, como se verá, es nada menos que el definir el modelo de sociedad y de relaciones internacionales para este siglo XXI. Por más que en buena medida, y esta es mi opinión de fondo, la China actual no sea más que una muy potente lupa que corre el creciente riesgo de amplificar caminos occidentales muy poco ilustrados o civilizados.

Sin duda Deng Xiaoping fue el protagonista clave en la emergencia global de China durante el último tercio del siglo XX. Sobreviviente de sucesivas catarsis revolucionarias, según el lastimoso modelo de purgas de la revolución francesa, para el argumento que se despliega en este ensayo acabará siendo mucho más que una anécdota el que ya en el año 1920 conociese por dentro la factoría Renault de Billancourt en Francia. Allí tomaría buena nota de como la mega tecnología, la eficiencia y la competencia en los mercados internacionales eran caminos inevitables para el logro del crecimiento económico e, incluso, como se evidenció en la China anterior a Mao, para no sucumbir ante las potencias imperialistas occidentales.

12 Tecnología, eficiencia y competencia en los mercados que hoy son el norte de sucesivos Gobiernos de aquél país, en buena medida pilotados por una tecnocracia de ingenieros a imagen de aquella factoría de Billancourt.

Este breve ensayo, con esta perspectiva, pretende ser útil a todos aquellos que se planteen de qué manera China, que ya es hoy la mayor economía del mundo, podría complicar o facilitar las cosas al resto de los habitantes del planeta. Sobre todo a los que no somos el uno por ciento que, de momento, marca la agenda aquí y allí.

En la búsqueda de ese objetivo intenté, en lo posible, responder a algunas preguntas sustantivas con claridad, y no perderme en decenas de detalles sin duda relevantes -y siempre inabarcables- en tan gigantesco país. Y hacerlo con brevedad, pero cuidándome de caer en un cierto relativismo equidistante que, con bastante frecuencia, esteriliza no pocos de los análisis disponibles sobre este asunto.

Capítulo 01
China entre el siglo XVI y el XXI: Retorno de un gigante a la centralidad

A tenor de las muy solventes estimaciones de Angus Maddison sabemos que China suponía a comienzos del siglo XVI un 25 % de la producción de riqueza mundial y algo menos, un 23 %, de la población[1]. No se le escapó tal posición privilegiada nada menos que a Adam Smith cuando en 1776 dejó escrito[2] que *"China es un país mucho más rico que cualquier región europea"*. Una situación que se prolongará hasta mediados del siglo XVIII, momento en el que China llega a ocupar un territorio de trece millones de kilómetros cuadrados, superando la extensión de la República Popular actual[3].

Según esas mismas estimaciones debería sorprendernos el que a mediados del siglo XX su peso productivo se hubiese desplomado a la cuarta parte, hasta apenas el 8 %. Aunque no menos sorprendente será comprobar como entre 1950 y 2017 recuperó un peso cercano al 20 %, ya muy por encima del que para 2020 se le estimaba en un informe del Banco Mundial[4].

Hoy las previsiones[5] -con el horizonte de 2050- sitúan de nuevo el peso de China en la economía mundial en los niveles que tuviera a comienzos del siglo XVI. Estamos, en consecuencia, ante el regreso de un gigante que ya supera -en dimensión económica- a otro gigante, como Estados Unidos, que emergió como tal a lo largo del siglo XX.

---

1 Maddison (2002)

2 Tomo esta cita de Arrighi (2007: 34) que la toma de A.G. Frank.

3 Gernet (2005: 429) menos de diez millones de km².

4 Winters y Yusuf (2009: 26)

5 Según PNUD (2018) en PIB y población el 18,6 % del total mundial de 2017. Para Maddison (2007: 103) en China de 2030 con un 23,1% del PIB mundial habría recuperado el peso que tuviera en el año 1700 (22,3%). Mientras que Europa en 2030 supondría un 13% frente al 22% en 1700. Para otras previsiones ver Franklin, D. y Andrews, J. (2012) o Bustelo, P.; García, C. y Olivié, I. (2004: 29)

No sorprende que en la riqueza media por habitante[6], que superaba en China la media mundial hasta comienzos del siglo XVI y que se había desplomado hasta apenas el veinte por ciento en 1950, recuperase el nivel de dicha media mundial en el año 2017. En este crucial indicador China habría recuperado en apenas siete décadas (desde 1950 hasta hoy) lo retrocedido en los cuatro siglos y medio previos. Todo un éxito sin paliativos.

Un éxito que lo es más si reparamos en que en buena parte del mundo durante esos siglos, mientras allí se encerraban como veremos en sí mismos, se sucedieron varias revoluciones tecnológicas (industriales, energéticas, científicas,...) que aceleraron como nunca antes el crecimiento, y el nivel de producción y consumo del mundo que se auto califica de desarrollado.

Con estas premisas es obvio que, dado el enorme tamaño de aquel país, el mundo Atlántico del siglo XX esté dando paso a lo que deberíamos calificar como mundo del Pacífico[7] en este siglo XXI. Cierto es que al hablar de China nunca debemos ignorar que no se trata de un Estado-Nación más, sino de uno de los últimos grandes imperios que han llegado hasta nuestros días. Pues aunque escritura e historia articulen y cohesionen hoy día a todos los chinos, el habla de un cantonés se diferencia de la de un pekinés tanto como el gallego del siciliano[8]. Un mundo de dimensión descomunal, por ejemplo en relación a sus ingentes recursos laborales[9], en el que *"...en lugar de que Vietnam o Bangladesh reemplacen a China como refugio de uso intensivo de mano de obra, Hunan reemplazará a Guangdong"*.

¿Cómo explicar aquel declive secular entre el comienzo de la dinastía Ming (1368) y el final de la dinastía Qing (1911)?, y, tanto o más importante en la actualidad, ¿cómo entender lo sucedido desde mediados del siglo XX hasta la actualidad?. Al primer interrogante daré respuesta en este breve capítulo introductorio, para luego ocuparme del segundo y crucial asunto en el resto de este ensayo.

1.1 Liderazgo chino hasta el siglo XIV

Tanto Carlos Marx como Francis Bacon consideraron claves para el mundo moderno cuatro invenciones chinas: el papel, la imprenta, la brújula magnética y la pólvora[10].

---

6 Datos para el año 1500 y 1950 de Maddison (2002: 263) y para 2017 de PNUD (2018); para Morris (2010: 392, 448) tal supremacía arrancaría en torno al año 550 d.C.

7 El resurgimiento de Asia ya lo pronosticó en 1951 Needham (1969: 174); sobre el Mar de la China Meridional como punto de encuentro de la economía global del siglo XXI, Frankopan (2019: 110-111)

8 Ollé (2005: 244), Gernet (2005: 17-21); Granet (1934: 403) hablaba de la Confederación China; por su parte Mao consideraba que China en sí misma ya constituía unas auténticas Naciones Unidas, en una entrevista realizada en 1965 por Edgard Snow (1971: 245).

9 Shenkar (2005: 186)

10 Leroi-Gourhan (1988: 216, 226, 228)

Otros de sus muchos logros tecnológicos fueron el hierro, la porcelana, los estribos, los arneses, los globos, el sismógrafo, el whisky, los paraguas, las cometas, el arado o las sembradoras. Sin olvidar que habría que esperar a que la azada y el arado chinos llegasen a la Inglaterra del siglo XVII d.C. para potenciar la revolución agrícola en Europa[11]. O que también China fue el país origen del torno de hilar, que abriría para nuestras sociedades el acceso a la aplicación tecnológica del movimiento circular continuo.

En el siglo XI los árabes habían empezado a utilizar, perfeccionándola, la brújula magnética procedente de China para prescindir de la navegación costera[12]. Con el mismo origen, en el año 1241, los barcos de la liga hanseática incorporaron el timón de codaste y el bauprés[13].

Si el caballo llevado a América por los españoles en el siglo XV asombró a los pobladores de aquel continente, no menos impresión causarán por los mares del mundo[14] las flotas chinas de navíos de nueve mástiles (como la de Cheng Ho, en 1407) al compararlas con las carabelas europeas. Se dice que sólo el timón de uno de aquellos navíos tenía de altura la longitud de la carabela española *La Niña;* tal como se observa en un dibujo adjunto sobre el tamaño relativo de una coetánea carabela portuguesa y un barco *Ming* del tesoro.

Tamaño relativo de dos navíos contemporáneos: flota china y carabela europea (siglo XV)
Fuente: Christian (2005:456), o en Smil (1994: 138)

---

11 Teresi (2004: 342, 348)

12 Gimpel (1981: 152), Menzies (2003: 64, 69)

13 Mason (1994: 135)

14 Gernet (2005: 130 y 357 y ss.) desde el siglo II a.C. para corromper y asombrar a los barbaros.

Japón constituye por su parte una buena prueba del gigantesco influjo que irradiaba aquella cultura. Porque el cultivo del arroz, la metalurgia, la escritura, la acuñación de moneda, el budismo, su modelo de burocracia y un estado imperial consciente de serlo fueron algunos de los elementos centrales que los japoneses importaron de China[15].

Y así, bajo dinastías imperiales y plutocracias meritocráticas (pues regirá allí durante siglos la máxima: «*hazte funcionario y te enriquecerás*») la inmensa masa rural será gobernada por una pequeña élite[16].

Y será así que hasta el siglo XV, en asuntos tan determinantes como la brújula, el papel, la pólvora, los altos hornos, la ciencia empírica, la imprenta, los exámenes competitivos, el torno de hilar o el estribo, las coordenadas, cañones, hierro, bielas, pistones, ... China irá por delante de Occidente a una distancia de entre uno y trece siglos[17]. Otro ejemplo: la biela o cigüeñal –que cambia un movimiento de rotación a lineal- ya era conocida en China en el siglo II d.C., si bien no aparecerá desarrollada en Europa hasta el siglo IX.

Desde el siglo XIII la existencia de rutas pacíficas a través de Mongolia va a ser el itinerario clave para que tal trasvase tecnológico se produzca. Sin embargo habrá que esperar hasta el siglo XVIII para que la cerámica europea sea capaz de imitar las porcelanas chinas, y sólo será a finales de ese siglo que los ingenieros occidentales sean capaces de imitar sus puentes de suspensión[18].

Con lo que, a pesar de nuestro eurocentrismo y –como veremos a continuación- de sus involuciones técnicas, no debiera ignorarse que una parte sustantiva de los factores técnicos que confluyen en lo que en Occidente se dio en llamar Renacimiento procederán en buena medida de China (brújula, pólvora, reloj e imprenta); un acervo que también sentará las bases de la cultura japonesa[19].

Anotó Montaigne[20] en 1595: "*en la China, el gobierno y las artes de cuyo reino, sin tener relación con los nuestros ni conocerlos, superan nuestros ejemplos en muchas cualidades excelentes, y cuya historia me enseña hasta que punto el mundo es más amplio y más variado de lo que los antiguos y nosotros comprendemos*". China será,

---

15 Fernández-Armesto (2002: 403)

16 Fairbank (1986: 379 y 392); *"un sistema concebido como un método de abrir el Estado a los más capaces y preparados, se había convertido en la práctica en la vía de acceso a los puestos de poder de los hijos de acaudaladas familias"*, entre 1644-1911 según Aguirre (2000: 155)

17 Needham (1969: 14, 27, 50, 111, 114). Un excelente resumen de los adelantos tecnológicos chinos a la altura del siglo XVI lo hace en apenas una página Eduardo Galeano en *"Espejos"* (Siglo XXI, 2008, Madrid) en el epígrafe *"¿Qué no inventaron los chinos?"* (p. 89-90).

18 Pacey (1974: 181, 182), García Tapia (1994: 37), Gernet (2005: 408) en China en el año 600, en Europa en 1741.

19 Watson (2006: 613, 941), Smil (1994: 32, 45, 114), Fdez. Armesto (2006:141), Fdez. Armesto (2002:145)

20 Montaigne (1595: 1600)

a lo largo del siglo XVIII, un asunto fascinante para los europeos. Leibniz pensaba que en no pocas cuestiones éticas y políticas estaba por delante de Europa, llegando a proponer que el chino se enseñase como idioma universal, Voltaire opinaba lo mismo.

Tengamos presente que antes del siglo XV las economías asiáticas eran las mayores -y de mayor productividad- del mundo. Y que aún entre 1700 y 1770 China tenía mucho que vender a Europa, mientras Europa tenía aún poco que vender a aquél país[21]. Lo que explicaría que los europeos no encontrasen nada con que comerciar allí hasta conseguir hacerlos dependientes del opio[22] a finales del siglo XIX. En contraste, los chinos serán ininterrumpidamente exportadores de productos de lujo (sedas, cerámicas, etc.) hasta ese mismo momento. Los navegantes europeos de la época lo resumían así[23]:

> *"La península gujaratí, en la zona noroccidental de la India, ofrecía algodón y piedras semipreciosas, y en la costa Malabar vendían pimienta y jengibre. Desde la zona de Vijayanagar, el gran Imperio Hindú que dominaba la región meridional de la península Indostánica, se exportaban diamantes, y en Bengala, en la India oriental, se producía algodón, azúcar y arroz. Poco después, aprendieron que el reino de Pegu (la actual Myanmar) disponía de rubíes, y que Malaca, en la península de Malasia, era el punto de conexión entre el océano Índico y Extremo Oriente. De Sumatra llegaba pimienta y alcanfor; de Java, arroz; de las Molucas, nuez moscada, clavo y otras especias denominadas raras; de Timor procedía el sándalo. China era la gran exportadora de sedas y porcelanas, y Japón vendía plata".*

Durante el período que va de los siglos XVI al XVIII d.C. mientras Oriente tenía mucho que ofrecer, tanto en términos de materias primas como en productos manufacturados, en Occidente aún se elaboraban muy pocas cosas que pudieran interesar a las gentes de Asia[24].

1.2 Abandonos tecnológicos de China en el siglo xv

Será justo éste país, y a finales del siglo XV, el que arrincone no pocos ingenios mecánicos (entre ellos los relojes) tras estar a la vanguardia del mundo en su fabricación. Si bien los chinos postergaron entonces sus relojes otros relojes iban a permitir que los frailes jesuitas abriesen, muchas décadas después, con ellos las puertas del pa-

---

21 Pacey (1974: 180 y 276). Lo mismo le había sucedido a Vasco da Gama en 1497, Soler (2003: 47)

22 Gernet (2005: 38, 289); sobre los negocios de opio de los escoceses en Cantón en 1832, Ferguson (2009: 310 y ss.), todo un narcoestado británico luego trasladado a Hong-Kong.

23 Soler (2003: 274)

24 Cipolla (1999: 52), Frankopan (2018 : 219)

lacio imperial de Pekín. Sin embargo, durante ese largo intervalo de tiempo el reloj pasararía a ser en China apenas un curioso juguete[25].

18 Lo que sugiere que el reloj no se inventó allí pensando en fines prácticos o utilitarios. Algo semejante sucedería con la pólvora, que en China era apenas incendiaria o para fuegos artificiales, mientras en Europa se orientó muy pronto hacia la invención del cañón[26]. Y, si bien ya en el siglo XI d.C. Su Song había construido el reloj más perfeccionado de China, habrá que esperar al siglo XVII para que el jesuita Matteo Ricci llegue a la corte de Pekín y abra camino al uso de los relojes europeos[27].

Mientras tanto, en acusado contraste, el reloj habría encontrado en Europa un muy abonado terreno para extender la disciplina horaria, la productividad, el rendimiento, los reglamentos,... asociado a los muchos usos que lo hicieron omnipresente. Pues, como bien observó Spengler, si en la existencia de la Grecia clásica los años no significaban apenas nada, en el moderno occidente europeo las horas van a tener crucial importancia. Y será por eso que Marx, en una carta a Engels del año 1863, destacó el papel arquetípico del reloj para la producción moderna[28].

Mientras en China el reloj continuaba siendo un curioso juguete, en Occidente se convirtió en el artilugio que hizo del hombre una máquina[29]. Y aunque el reloj se había inventado antes allí -y luego repudiado como hemos descrito más atrás- será significativamente "reinventado" en Europa a causa del interés social por establecer horas de igual duración[30]. Como vemos, en ambos casos −relojes o pólvora- por aquel entonces el centro de interés chino radicaba en el aspecto decorativo, recreativo u ornamental; no en el utilitario[31].

Sin embargo no cabe duda de que esos inventos, en cuanto otras sociedades vieron su utilidad práctica, llegaron a modificar la vida de sus ciudadanos. Así entre nosotros Antonio Machado, por ejemplo, consideró el reloj como un artefacto específicamente humano, en el sentido de que la mera animalidad no lo habría inventado nunca[32].

De manera que mientras los chinos ocultaban los relojes en sus mejores salones, los europeos presumían de ellos en las plazas públicas. Y será así que desde las puertas

---

25 Cipolla (1999: 62), Butler (1871: 95-96), Diamond (1998: 471-472)

26 Pacey (1974: 54); discrepa Gernet (2005:33, 280) que documenta usos bélicos desde el siglo XI

27 El primer arzobispo que tuvo Pekín fue el franciscano Giovanni de Montecorvino ya en el año 1288, Soler (2003: 36)

28 Landes (2007: 8, 19, 103), Spengler (1923: 257); se refiere a Marx, Mumford (1967: 469)

29 Cipolla (1999: 15 y ss., 62, 73) para una historia del reloj en Europa a partir del año 1300

30 Mason (1994: 140), Granet (1934: 79)

31 Gimpel (1981; 118-119, 130)

32 Arendt (2005: 311); Machado (1998: 695)

automáticas de los templos de la Alejandría de los siglos III a.C. al telar mecánico[33], o al reloj de la Europa del siglo XVIII, lo que cambia es la orientación: pasar de lo asombroso o de lo recreativo a lo utilitario.

Cierto que ya antes que el reloj los almanaques elaborados por profesores europeos (que, además, enseñaban geometría, perspectiva, astronomía, astrología, cartografía, tablas de navegación o artillería) en los siglos XIII al XVI fueron de suma utilidad para la agricultura y la navegación[34]. Será en ese clima social que en el año 1241 Roger Bacon modifique el invento chino de la pólvora: de silbar y hacer ruido a explotar e impulsar. Se comprueba así que las actitudes china y europea sobre la pólvora fueron característicamente distintas en aquellos años[35].

> *"El problema que la peculiaridad histórica de la ciencia y la medicina chinas plantean al considerador atento es tan sugestivo como arduo y sutil. He aquí las cuestiones centrales: ¿por qué la ciencia y la técnica chinas, que hasta el siglo XVI fueron en algunos aspectos superiores a las europeas, quedaron desde entonces estancadas?; ¿por qué no dieron el paso hacia el modo de conocimiento del cosmos que los europeos llamarán luego «ciencia moderna»?".*

George Basalla contestaría a estas, y a otras, preguntas[36] remitiéndolas a los valores culturales de las élites chinas, de aquellos muy cultos funcionarios confucianos que no querían contaminar su concepción humanística dominante. Ya que consideraban que artefactos y sistemas de valores eran inseparables[37]. Valores en ellos asociados a un mundo agrario con un gigantesco mercado interior basado en la abundancia de mano de obra, que no necesitaba del comercio exterior ni de avances tecnológicos que ahorrasen fuerza humana de trabajo. En una estrategia social basada[38] en *"movilizar los recursos humanos más que los no humanos en la búsqueda de la prosperidad económica"*. Un contraposición entre tecnología y valores que también será, sintomáticamente, un hilo conductor del historiador y sinólogo J.K. Fairbank en su reconstrucción[39] de la evolución China entre los siglos XIX y XX.

---

33 Morris (2010: 443) documenta una hiladora mecánica en la China del siglo XIV, mucho antes que una francesa del siglo XVIII.

34 Giedion (1948: 49-50); Guijarro y González (2010: 34, 59, 67)

35 MacLuhan y Powers (1989: 78), Coon (1968: 402, 435); o en el uso de ruedas hidráulicas para producir en masa oraciones budistas en la India, Mumford (1967: 405).

36 La cita anterior está tomada de Lain Entralgo (1978: 28)

37 Basalla (1988: 208, 214, 215) o a esta otra pregunta: *"¿porque no utilizaron los chinos la pólvora y la navegación para dominar por todos los mares del mundo como hicimos nosotros?"* (op. cit. p. 212). Convendrá evaluar en este ensayo si en la actualidad artefactos y valores son también inseparables (en plutocracias tecnocráticas), Prada (2020: 123 y ss.)

38 Arrighi (2007: 77, 342)

39 Fairbank (1986: 62 y 387); para Japón, Mandelbaum, J. y Haber, D. (2005: 59) sostienen que sería posible tomar *"la tecnología, los saberes, pero no los valores"*.

Y así, mientras en Europa se sucederán sin tregua imperios mercantiles con sus revoluciones técnicas asociadas, en China los mercaderes serán considerados durante siglos un cuarto estrato social, después de funcionarios eruditos, agricultores y artesanos. Y por eso[40], *"la ciencia y la tecnologías chinas estuvieron mucho más avanzadas que las de Europa entre el siglo III a.C. y el XV d.C., [pero]... tras el Renacimiento, Europa comenzó a tomar la delantera, China retrocede a la Edad Media mientras que Europa se colocaba a la cabeza del mundo moderno"*. En esto mismo ya habría reparado Marcel Granet treinta años antes[41]: *"China ha perdido la superioridad que, hasta el Renacimiento, tenía sobre los países de Europa en muchos aspectos, en materia técnica por ejemplo"*.

Coincide Angus Maddison con George Basalla asociando la causa de aquel estancamiento de China -entre los siglos XIV y XX- a sus instituciones, a la política de las autoridades nacionales y a la intromisión colonial[42]: *"la muy instruida elite del país no manifestó ningún interés por el desarrollo tecnológico y el potencial militar de Europa"*. Y nos relata, como ejemplo palmario, cómo en el año 1793 una delegación británica llegando a Pekín con cronómetros, telescopios, productos químicos y otros alardes tecnológicos, recibieron la siguiente respuesta oficial[43]: *"No nos falta nada... no queremos los productos manufacturados de su país"*. Un desdén que pronto pagarían muy caro.

1.3 Cese de la navegación oceánica

Otro ejemplo de involución técnica, no menos desconcertante, se producirá entre los años 1405-1433 d.C. cuando las flotas marítimas chinas abandonen sus empeños de navegación a grandes distancias: circunvalar África, o cruzar el Pacífico e, incluso, llegar a América.

Se desmantelarán por entonces astilleros y flotas del tesoro[44] y se prohíbe la navegación de altura. En esto, como sucediera con los relojes, los emperadores chinos daban marcha atrás en el tiempo. Y lo harán con una enigmática decisión tomada a la altura del año 1433: el abandono de sus flotas navales y de la navegación de larga distancia, así como la disolución del cuerpo de almirantes[45].

Algo que, a la vista de lo que por aquellos mismos años estaba sucediendo en Europa -con nuestro impulso a la navegación trans oceánica- cambiaría el destino de la

---

40 Needham (1969: 107 y 185)

41 Granet (1934: 426), también Gernet (2005: 34, 269) superioridad china entre 950 y 1300.

42 Maddison (2002: 44, 117)

43 Maddison (2002: 117)

44 Compuestas de sesenta navíos y treinta mil tripulantes, Frankopan (2018: 231)

45 Maddison, A. (2002: 66-69), Christian (2005:447), Wolf (1987:314), Frankopan (2018: 233)

Humanidad. Pues si bien China pudo haber "descubierto" Portugal por vía marítima, la realidad fue inversa y serán los portugueses los que lleguen a Macao.

Muy probablemente porque para la dinastía Ming (1368-1644) el comercio lejano no era importante[46]: *"priorizaban el comercio interno y a veces prohibían el comercio con el extranjero"*. Y será así que aquella pionera hegemonía tecnológico-marítima se cierre en 1405 bajo el emperador Yongle con las flotas del tesoro del almirante Cheng Ho. Una hegemonía naval china que quedará suspendida después del último viaje de este almirante, probablemente a causa del enfoque estratégico de una casta de mandarines confucianos que no entendían el imperialismo y despreciaban el comercio exterior[47]. Algo que, siglos después y muy significativamente, calificará Deng Xiaoping como un funesto aislamiento que iba a truncar el desarrollo del país[48].

Hablamos de mandarines, de administradores eruditos o burócratas ilustrados[49] (reclutados de forma meritocrática, no hereditarios) que gestionaban grandes infraestructuras internas de regadío y para los cuales los cambios económicos y tecnológicos exteriores entrañaban en general un alto riesgo. Para ellos era preferible evitarlos, prohibirlos o manejarlos como meros juguetes[50]. Con unos valores tradicionales que, no por casualidad, se pondrán en candelero muchos años después –habrá que esperar al año 1988- en una serie de televisión (*"Heshang - Elegía del río"*) como responsables de la inercia milenaria de China y de su atraso moderno[51].

Valores confucianos vinculados a un mundo agrario del interior de China (como también sucederá paradógicamente en el maoísmo primigenio) transmitidos por una casta de eruditos-escépticos, en absoluto deslumbrados por culturas y sociedades lejanas que, en su opinión, poco o nada tenían que enseñarles. Se producirá entonces la colisión entre la casta de eunucos-almirantes interesados en el mundo exterior y una plutocracia burocrático-meritocrática centrada en objetivos como el Gran Canal (que evitaría la navegación costera) o el traslado de la capital del país. Y serán estos últimos los que triunfen llegando a restringir el comercio exterior[52].

---

46 Arrighi (2007: 333-336)

47 Needham (1969: 37)

48 Defendiendo la *"política de apertura cuando Cheng Ho fue enviado en sus viajes al océano occidental"*, Deng (1987: 182); también lo anota Ferguson (2012: 95)

49 Needham (1969: 34-36, 48)

50 Fernández-Armesto (2002: 510); Acemoglu y Robinson (2102: 276) presentan otras situaciones históricas semejantes: cuando los sultanes otomanos prohíben la imprenta (op. cit. p. 257), cuando no avanza la navegación a vapor en el río alemán Fulda en 1705 (op. cit. p. 242), cuando Francisco I se opone al ferrocarril en 1802 (op. cit. p. 269), o esa misma oposición en Rusia hasta 1851 (op. cit. p. 273).

51 Meisner (1999: 552); https://en.wikipedia.org/wiki/River_Elegy

52 Maddison (2002: 67-69), Golden (2012: 49-51), Gernet (2005: 366) concreta su poder en el control de la policía secreta de la época; una inflexión que se reproducirá en la Revolución Cultural de Mao (1966-1976). El propio Adam Smith habría aconsejado a China *"una navegación más amplia"* para acelerar su crecimiento, citado en Arrighi (2007: 66, 342)

Lo que explicaría que en buena parte de Asia hasta esa época sea frecuente encontrarse con el rechazo a no pocas innovaciones, mientras que los occidentales adoptaríamos cualquier cosa que prometiese una ganancia inmediata, ignorando sus eventuales efectos colaterales. En China, sin embargo, estaba al mando una plutocracia[53] *"tan culta que no quería modernizarse"*.

Lo que permitirá que Cristobal Colón se encuentre con América buscando llegar a China, al tiempo que China –paradójicamente- abandonaba por aquel entonces la navegación en grandes exploraciones. Todo lo contrario de un Colón que trataba de abrir, en beneficio del mundo occidental, una ruta marítima libre hacia Oriente, sin pago de derechos, quebrantando así la interposición del Islam. Pues detrás de los héroes de aquella edad de los descubrimientos europeos es bueno no olvidar que siempre se movían como fuerzas motoras los negociantes. Esa obsesión y codicia explica que Colón muera creyendo haber encontrado nuevas tierras de Oriente, y no un nuevo continente.

La exploración oceánica europea tendría móviles y medios recurrentes, y será en buena medida una consecuencia directa del avance de los turcos al interrumpir el tráfico de especies. Pues ante esto la ventaja relativa europea residía en el mar, ya que en tierra eran altamente vulnerables[54]. Lo que explicaría que, durante un largo período de tiempo, más allá de las plazas y enclaves portuarios, los navegantes europeos casi nunca ampliasen hacia el interior las conquistas territoriales asociadas a esos descubrimientos.

Y será así como la colonización de América irá renombrando sus logros: de una ruta rápida a China, a nuevas islas, y de ahí a un nuevo continente[55]. Fue ésta una empresa de alcance europeo porque, mientras los banqueros genoveses apoyaban a los castellanos, los negociantes florentinos hacían lo propio con los portugueses. Los que las financiaron desde España también estaban vinculados a la explotación de las Canarias, islas éstas que van a tener un papel decisivo en la historia náutica del Atlántico y, en consecuencia, en la de todo el planeta.

Un recurso fundamental para estos navegantes será la cartografía, una herramienta de gran utilidad que les permitirá acabar imponiéndose en todas partes. Un elemento crucial en la apropiación y ocupación del mundo por los imperios europeos en combinación con la superioridad en cañones y barcos[56].

---

53 Fairbank (1986: 388)

54 Fdez. Armesto (2006: 240, 243, 239, 247), Zweig (1964: 20, 52), Cipolla (1999: 93, 180, 182)

55 Conviene recordar que ya los romanos habrían llegado a la India costeando desde Egipto; habrá que esperar al siglo XV (el día 20 de mayo de 1498) para que, otro europeo, (Vasco da Gama) atraque en el puerto de Calcuta, Ritchie (1986: 71 y 114)

56 Fdez. Armesto (2006: 395, 399), Buisseret (2004: 18, 27, 132), Burke (2002: 93, 187) (1550-1670), Cipolla (1999: 95, 139, 169)

Se entiende así que los exploradores portugueses considerasen un secreto de Estado todo lo relacionado con su conocimiento cartográfico de África y de las Indias. Por eso en 1504 el rey Manuel prohibió a sus cartógrafos representar la costa africana occidental más allá del Congo, y exigió que las cartas de navegación ya existentes fueran censuradas. No será hasta Vasco de Gama que la figura geográfica del continente africano quede fijada y probado, contra la opinión de Ptolomeo, que la libre ruta marítima a la India era un hecho[57].

Algo más tarde, para hacer realidad una continua mejora y corrección de los mapas, Colbert crearía en la Francia de 1666 la Academia Real de Ciencias. Aun así, a pesar de todos los esfuerzos realizados en esta dirección, solo será décadas después que se disponga de un mapa con la verdadera longitud del Mediterráneo. Pero en el año 1700 Europa se había puesto a la cabeza del mundo en todo tipo de cartografía, y también el liderazgo científico de Londres se fundamentó en compaginar las funciones de puerto y de capital marítima mundial.

Frente a esta rivalidad y competencia oceánica entre las pequeñas naciones europeas, la unidad del más extenso imperio chino impuso otros planteamientos y finalmente −como ya vimos- su renuncia[58]. Pues nada tenían que ver los móviles y rivalidades europeos con los fines de las exploraciones navales imperiales chinas hasta su total supresión. Ellos en vez de un imperio −algo que ya eran- buscaban la reputación de su hegemonía cultural y social, mostrar poderío y coleccionar rarezas[59]: *"Los chinos no establecieron fuertes en ninguna parte, ni fundaron colonias, ni intentaron convertir a nadie, ni establecieron tribunales de inquisición; no buscaban sino el reconocimiento del estatus de estado tributario y un comercio intensivo disfrazado de intercambio de regalos".*

---

57 Zweig (1964: 28), Morris (2010: 480)

58 Un factor clave que también enfatiza Ferguson (2012: 54)

59 La cita en Needham (1969: 195); Maddison (2002: 67-68); una hegemonía cultural que en el siglo XX habría capitalizado Estados Unidos y mantiene hasta la actualidad.

Capítulo 02

Los grandes virajes de China a partir de 1950

Lo que hemos resumido en el capítulo anterior explicará el declive de China en la producción mundial, así como el simultáneo auge de España y Portugal, o posteriormente -de la mano del liderazgo en la revolución industrial- la emergencia de Inglaterra y Estados Unidos.

De manera que Occidente superará a China en el año 1700 y habrá que esperar al año 2017 para que China vuelva a superar tanto a Estados Unidos como a la actual Unión Europea en su peso económico mundial. E un diagrama relativo a la participación en el PIB mundial de China, Estados Unidos y Europa Occidental entre los años 1500 y 2000 puede el lector corroborar visualmente estas transformaciones[60].

---

60 Morris (2010: 502) sitúa aquella inflexión Occidental también en torno al año 1700. En el epígrafe 3.1. comprobaremos que en el año 2023 China, con el 19 % del PIB mundial, habría superado ya a unos EE.UU. que cayeron al 15% (desde el 22% de esta gráfica) (cuando evaluamos en paridades de poder de compra). La inflexión (superar a EE.UU. en porcentaje mundial de PIBppc) se producirá en el año 2017. Apenas veinte años después del año 1998 con que acaba la gráfica de la página siguiente.

26

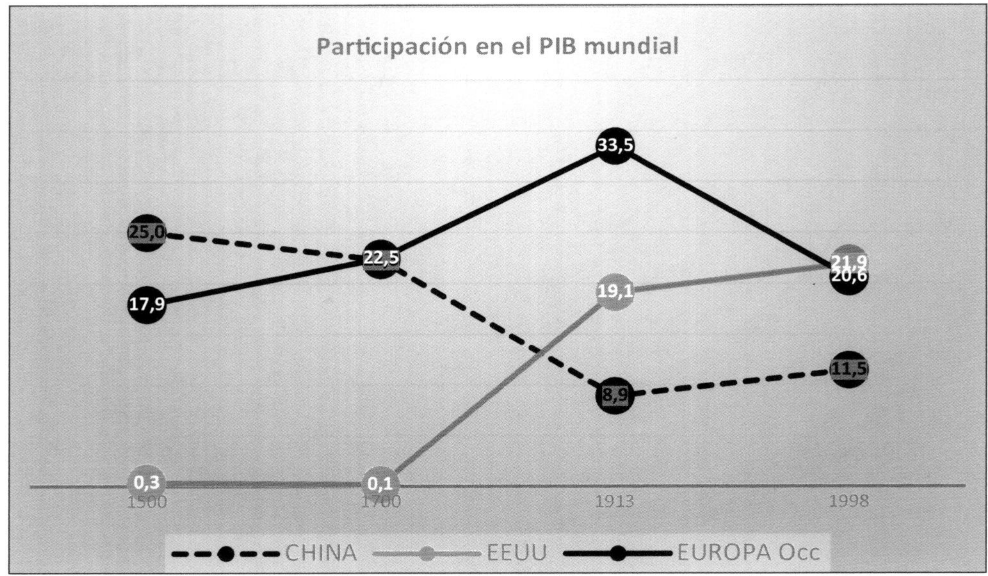

Fuente: elaboración propia con datos de Maddison (2002: 260)

Movimientos y cambios de peso económico que no serán ajenos a que algunas de estas potencias emergentes (Inglaterra o Japón entre otras) actuasen de forma imperialista con un país que había dado la espalda a las sucesivas revoluciones tecnológicas, y que era presa fácil para su maquinaria bélica[61]: *"China no podía responder a los buques de guerra movidos por vapor"*.

Ian Morris relata de forma irónica -e invertida- lo que llegaría a conocerse como guerra del opio, para que el lector occidental pueda hacerse una idea del procedimiento empleado con China; cambiando en su relato imaginario éste país por Estados Unidos y el Reino Unido por México[62]. La situación sería la que sigue:

"No fue el mejor momento del Imperio británico. Las analogías contemporáneas nunca son precisas, pero lo que ocurrió fue más o menos como si después de que la agencia de lucha antidroga de Estados Unidos, la DEA, hubiera logrado capturar un alijo enorme de drogas, el cartel de Tijuana presionara al gobierno

---

61 Arrighi (2007: 354), Needham (1969: 38); mientras Japón había incorporado de forma masiva expertos europeos, tecnologías y conocimientos entre 1875-1889, Marina, J.A. y Rambaud, J. (2018: 457)

62 Morris (2010: 25), que en la página 592 presenta un gráfico de las fulgurantes ventas de opio en Cantón por parte de la Compañía Británica de las Indias Occidentales.

mexicano para que enviara el ejército hasta San Diego para exigirle a la Casa Blanca que reembolsase a los cabecillas de los carteles de la droga el valor de mercado de la cocaína confiscada (más intereses y gastos de envío), y también que se hiciera cargo de los costes de la expedición militar. Imaginemos, también, que mientras pasaba por ahí, una flota mexicana se hiciera con la isla de Catalina y la convirtiera en base de sus futuras operaciones, amenazando con bloquear Washington hasta que el Congreso aceptara entregar el monopolio del tráfico de drogas de Los Ángeles, Chicago y Nueva York a los cabecillas de Tijuana"

También contribuyen a la explicación de aquel declive las sucesivas crisis institucionales de China en la primera mitad del siglo XX. Porque entre 1842-1917 una veintena de países occidentales la obligarían a abrir cerca de cien puertos con bajos aranceles para su comercio, sobre todo británicos, franceses, alemanes, italianos, japoneses y americanos. Por ejemplo en Shanghái. Al tiempo que entre 1894-1931 y entre 1937-1949 japoneses y rusos atacaron y ocuparon parte de su territorio[63]. Como bien se observa estamos ante una secuencia de "relaciones" con el capitalismo occidental rampante que no se pueden considerar en absoluto edificantes argumentos civilizatorios.

Pasado el tiempo el exitoso ejemplo de Taiwán, junto al aún más exitoso de Japón, después de su hundimiento en la segunda guerra mundial, irán convenciendo a los dirigentes chinos de que la incorporación de la tecnología occidental, en combinación con la apertura a los mercados globales, podrían ser dos palancas insustituibles para llegar a consolidar su soberanía nacional en un mundo de superpotencias y para, al mismo tiempo, llegar a igualar progresivamente su nivel de ingresos con la media mundial[64].

Siglos después de aquella reacción confuciana del siglo XV -de la que nos hemos ocupado en las páginas precedentes- rectificarán radicalmente. De entrada diferenciando la evaluación del progreso científico y tecnológico de su uso por los intereses económicos occidentales[65], y contextualizando aquel progreso en relación a su redescubierto y casi olvidado liderazgo histórico en muchas invenciones.

Abriendo así camino (como veremos a continuación con la Unión Soviética primero, y con Estados Unidos después) a nuevas relaciones exteriores que les permitiesen acceder de forma acelerada a dicho acervo científico-tecnológico mundial, a los aprovisionamientos necesarios para movilizarlo (energéticos, materias primas, materiales, patentes, etc.) y a los mercados hacia los que canalizar sus productos.

---

63 Maddison (2002: 117-118); británicos y estadounidenses con narcotraficantes chinos y su apoyo militar, Kissinger (2012: 66, 105)

64 Meta que han alcanzado con 15.300 (dólares en PPC de 2011) en el año 2017, PNUD (2018)

65 Needham (1969: 99-100) relata como ya mucho antes los chinos aceptaron los conocimientos científicos (Galileo, Harvey) que llevaban los jesuitas, pero en absoluto su religión.

Si hemos de hacer caso del erudito sinólogo francés Marcel Granet, que redactó lo que sigue antes de los hechos que en este punto del ensayo estamos analizando (pues corría el año 1934), algo así ya había sucedido en China siglos antes[66],

28

"... nadie vaciló en tomar prestadas, incluso de los bárbaros, las técnicas, las ideas, los símbolos, las maneras de ser; todo cambiaba y todos innovaban; los déspotas querían estar al tanto de todas las novedades y acogían, vinieran de donde viniesen, a los que vendían técnicas, a los que inventaban estratagemas, a los que daban consejos, a los que ofrecían fáciles soluciones".

Cierto que él se refiere a los acontecimientos que cambiaron la China de los siglos V a III a. C. y ahora estamos relatando lo sucedido en el siglo XX. No sería, por tanto, la primera vez que se produjese un tal viraje pendular. De este nuevo viraje surgirá una nueva élite a la medida de una sociedad que quiere auparse sobre las ciencias y tecnologías más modernas, pues como observó en 1960 el que quizás fue el mejor especialista occidental tanto de la historia tecnológica de China como en la explicación de su declive[67], *"hay un gran entusiasmo por la ciencia como medio indispensable de elevar el nivel de vida asiático hasta igualarlo con el resto del mundo ... la ética del funcionario de Partido, director de una fábrica, tiene obviamente algo en común con la del magistrado no hereditario o del ingeniero hidráulico del lejano pasado de China".*

Y así viene sucediendo, no sin turbulencias, desde 1960. Al menos si reparamos en que en el año 2005 la abrumadora mayoría de los integrantes del máximo órgano de gobierno de China eran ingenieros[68], o en cómo llegará a ser una realidad que la rateo de exportaciones sobre el PIB duplique en China, al final del siglo XX, a la de los Estados Unidos[69]. Aunque en nuestro análisis, antes de llegar a este punto, nos conviene retroceder en el tiempo.

2.1 Un gigante subordinado: China entre 1911 y 1950

Con la caída de la dinastía Qing, a comienzos del siglo XX, en China se cerró un largo período de decadencia y aislamiento para dar paso al intento de construir una República democrática homologable a las occidentales de la época[70]. Decadencia de una dinastía manchú considerada extranjera y en connivencia con potencias imperialistas europeas a lo largo del período 1850-1900.

---

66 Granet (1934: 311)

67 Needham (1969: 43, 113, 198), Kissinger (2012: 345, 376) comprobó de primera mano estas prioridades para Deng Xiaoping a partir de 1979.

68 Edgerton (2007:141); Bregolat (2007: 109) lo concreta para el Comité Permanente del Politburó

69 Maddison (2002: 146)

70 Golden (2012: 51 y 71); https://es.wikipedia.org/wiki/Dinast%C3%ADa_Qing

Y, si bien no se consolidaron iniciativas de apertura y modernización como las de Wei Yuan en 1842, de Hong Rengan de 1859, o la del año 1866 del príncipe Gong[71], no serán escasos los esfuerzos de industrialización (ferrocarril, telégrafo, electricidad, arsenales, astilleros, etc.) a lo largo de la segunda mitad del siglo XIX. En el año 1905 se reemplazarán los tradicionales exámenes de ingreso en la función pública por un currículo de corte occidental, permitiendo[72] que *"miles de jóvenes chinos tuviesen acceso por primera vez a las ciencias, a la ingeniería, a la medicina, al derecho, o a las ciencias económicas del mundo moderno".*

Tampoco faltarán teóricos y dirigentes, como Liang Qichao (1873-1929), que por esos años propusiesen la necesidad de un cierto despotismo ilustrado, de un Estado Moderno autoritario que implementase cambios progresistas para garantizar la supervivencia nacional frente a Occidente[73]. Para abrir paso, mucho antes que Deng Xiaoping lo impulsase, a un capitalismo cuidadosamente regulado por el Estado[74], *"animar y proteger a los capitalistas, para que hagan todo lo posible para dedicarse a la competencia exterior. Todas las demás consideraciones estarán subordinadas a esta política".*

Pero lo cierto es que, a pesar de todos estos movimientos e iniciativas, la prolongación de la decadencia económica china en la primera mitad del siglo XX se prolongará (ver en el gráfico adjunto), concretándose en el desplome del ingreso por habitante respecto a la media mundial: de igualarla en el siglo XVIII a no llegar a alcanzar ya la tercera parte en el año 1913. Tampoco se podrá considerar el nuevo período republicano (1913-1950) positivo desde este punto de vista, pues el desplome de dicho indicador continuará, aunque a menor ritmo (pasando del 30 % al 21 %).

---

71 Gernet (2005: 501); iniciativas fracasadas que retomará Deng Xiaoping con éxito a partir de 1973, enlazando con la situación previa a la supresión de las flotas del tesoro, Deng (1987: 182).

72 Mishra (2014: 252), Mao será uno de los primeros alumnos en beneficiarse de estos cambios educativos, por entonces con 16 años. Lo que ejemplifica al máximo nivel, un cambio radical en el reclutamiento de las élites.

73 https://es.wikipedia.org/wiki/Liang_Qichao

74 La cita de Liang Qichao en Mishra (2014: 272 y 438); un programa (subordinando los derechos civiles al alto crecimiento económico) que, como veremos muy pronto, retomará en el último cuarto de siglo XX Deng Xiaoping de la mano de los Estados Unidos. Rousset (2021): *"Deng encarna la opción capitalista dentro de la nueva dirección del PCCh".*

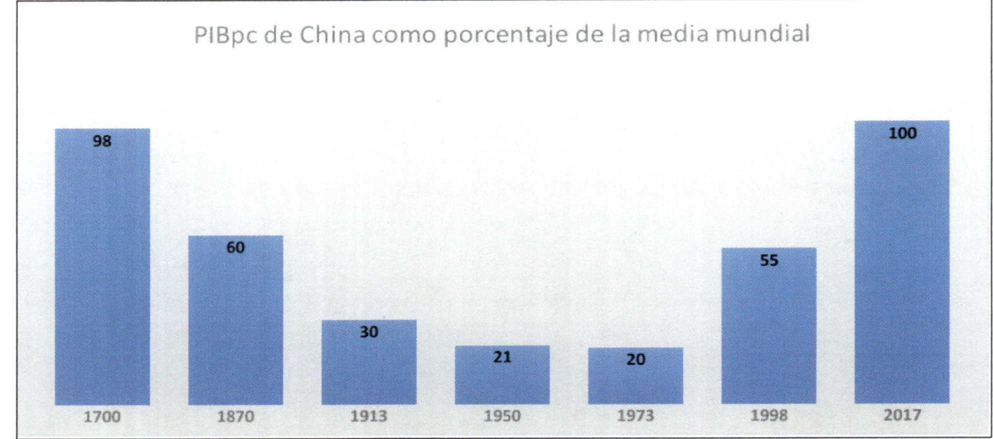

Fuente: elaboración propia con datos de Maddison (2002) y PNUD (2018)

Los graves conflictos sociales y políticos en la China que va de los años 1911 a 1950, en el contexto de una incesante intervención de las potencias colonialistas de la época, se cerrarán con la realizada por Japón entre 1937-1945. Concluyendo así una larga etapa histórica durante la que los chinos[75] *"experimentaron una humillante caída, de una aparente superioridad a una abyecta inferioridad"*.

Cierto es que el desplome y postración del gigante chino será uno más en la larga lista del dominio imperialista, basado en una distribución global desigual del capital, a lo largo del siglo XX. Un dominio que para Samir Amin descansa en los cinco monopolios de que disponen los sucesivos países hegemónicos occidentales[76]: tecnológico, financiero, recursos naturales, comunicaciones y armas de destrucción masiva. Lo que otro autor[77] nombra más recientemente como los *"ases bajo la manga que guardan los países ricos"*.

Contra esos monopolios, y contra esos ases bajo la manga, será que en los años siguientes se abra camino la República Popular China liderada por Mao. En particular

---

75 Fairbank (1986: 12); Gernet (2005: 469-470, 481, 500) resume el desmembramiento territorial en p. 530 op. cit.

76 Amin (1999: 19, 45); monopolios en mi opinión más clarificadores que las seis aplicaciones demoledoras con las que explica Ferguson (2012: 401-402) sus ciclos hegemónicos globales.

77 Milanovic (2012: 126); quizás falte en esa lista la hegemonía social-cultural de la que aún gozan los Estados Unidos a lo largo y ancho del mundo. Ver aquí: https://brandfinance.com/insights/global-soft-power-index-2024-a-world-in-flux; no obstante fenómenos como TikTok serían un síntoma actual de que para 150 millones de usuarios norteamericanos hasta ese terreno se está removiendo.

contra unas ayudas de más de cuatro mil millones de dólares de la administración norteamericana al nacionalista de derechas Chiang kai-shek, más cien mil efectivos militares y el aerotransporte de medio millón de soldados del Partido Nacionalista a Manchuria[78]. Un despliegue del que surgirá en poco tiempo la independiente República de Taiwán, que en su momento permitirá el acomodo de millones de exiliados chinos, contando siempre con el apoyo de los Estados Unidos. Bien es cierto que Taiwán tenía por entonces menos de ocho millones de habitantes y suponía apenas un tres por ciento de la riqueza de la China continental. Pero es importante destacar que, ya en aquel momento, sus ingresos medios por habitante (casi la mitad de la media mundial de la época) duplicaban de forma envidiable dicho indicador en el continente. Un ingreso medio del doble a mediados del siglo XX que no hará sino ampliarse hasta la actualidad, pese a los impresionantes avances de la China continental[79].

También se mantendrá, en todo este período (ocupación japonesa por medio), la situación de Hong-Kong como colonia o territorio de soberanía británica (hasta 1997). Un territorio que contaba con algo más de dos millones de habitantes en 1950, y que apenas suponía un dos por ciento del PIB continental. Aunque con un PIB por habitante también envidiable: pues ya aquél año superaba ligeramente la media mundial, con nada menos que cinco veces el ingreso medio continental.

2.2 La China de Mao (1950-1975)

Entre 1950-1975 según las estimaciones de Maddison[80] el producto interior bruto de China se habría multiplicado por 3,3 (en dólares internacionales de 1990). Lo que permitirá duplicar su PIB por habitante. Como consecuencia de ello en la etapa maoísta China al menos habría conseguido frenar y estabilizar el declive del ingreso medio por habitante respecto a la media mundial, como se visualizó en un gráfico anterior.

No es poco meritorio conseguirlo, sobre todo en un contexto de fuerte crecimiento demográfico, y, lo que no es menos importante, realizando al mismo tiempo algunas de las tareas propias de una revolución burguesa hasta entonces fracasada: un fuerte estado centralizado, unificación nacional, independencia del imperialismo y abolición de las relaciones sociales pre capitalistas[81].

El Partido Comunista Chino (PCCh) y el Ejército Popular de Liberación (EPL) serán a partir de entonces las piezas clave para garantizar la integridad e independencia

---

78 Anderson (2014: 82)

79 Datos para Taiwán y Hong Kong entre 1950-1999 en Maddison (2002: 302-303)

80 Maddison (2002: 296 y 302)

81 Meisner (1999: 469)

nacional que se habían visto despreciadas, entre otros, por Rusia, Reino Unido o Japón. En sus orígenes para Mao el EPL debía ser una escuela de formación de los dirigentes del PCCh, y un modelo de organización social (educativa, productiva, etc.) en secciones, equipos, compañías o brigadas para el conjunto del país[82]. Por eso, para garantizar el objetivo de soberanía nacional, el EPL gestionará la supervisión de la red de comunicaciones de toda China, producirá la mayor parte de los alimentos que él mismo consuma y será en buena medida autosuficiente respecto a la producción de armamento[83]. También tendrá, por tanto, una importancia económica muy singular en el modelo de desarrollo de la República Popular China.

En paralelo Taiwán contará -como ya anoté- con el apoyo de Estados Unidos para quintuplicar su ingreso por habitante en ese mismo período y Hong-Kong con el del Reino Unido para casi triplicarlo. Y desde el año 1979 Taiwán dependerá de Estados Unidos para su seguridad según el *Taiwan Relation Act* (TRA).

Por su parte la República Popular China de Mao contará inicialmente con el respaldo de la Unión Soviética de la época, por ejemplo en su primer Plan Quinquenal (1953-1957), con más de un centenar y medio de proyectos industriales respaldados por la URSS. Será durante ese período que China consiga duplicar el peso de la industria en su economía, convirtiendo dicho sector en dominante con casi la mitad del PIB total[84]. Cambios que se verán acompañados de una intensa urbanización de la población, duplicando en una década los residentes urbanos (de 60 a 130 millones). Un proceso que posteriormente se acelerará aún más, tras la fallida tentativa de desurbanización en el contexto de la Revolución Cultural[85].

En paralelo se pasará de dos millones de cooperativas agrarias a menos de treinta mil comunas rurales (con una media de cuatro mil a veinte mil familias), sin rastro de propiedad privada de la tierra[86]. Comunas que serán posteriormente troceadas entre 1958-1965 en una cifra cercana a las ochenta mil, a las que hay que añadir menos de tres mil grandes granjas estatales[87]. Toda una, como se observa, errática reforma del mundo rural que desembocará, con el paso del tiempo, en un mercado masivo de arrendamientos de tierras para granjas de base familiar.

El llamado *Gran Salto Adelante* de 1958 (con el que se pretendía igualar la producción de acero del Reino Unido) supuso un estrepitoso fracaso al que no serán ajenas las

---

82 Snow (1971: 118, 124)

83 Snow (1971: 138, 152, 154)

84 Lemoine (2007: 25 y 67) situación que se mantendrá hasta finales del siglo XX

85 Bettelheim (1974: 106-107), entre 1966-1976

86 Amin (2014: 284) razona que si la tierra no es una mercancía el capitalismo en China debe ser seriamente matizado.

87 Tamames (2008: 34-36), Rios (2021:65 y 130) de comunas a cooperativas de base familiar de nuevo en 1983

políticas agrarias de la época[88]. Lo que, acompañado de la ruptura con Rusia en 1960, confluirá en una grave crisis alimentaria y una huida hacia delante de las políticas públicas[89]. Se desemboca así en la conocida como *Revolución Cultural* (1966-1976), con la que si bien se pretendía evitar el regreso del capitalismo, paradójicamente va a provocar -como reacción y consecuencia- una progresiva integración en los mercados capitalistas globales a partir de 1978. Con un tratamiento de shock y aceleración tras los sucesos de 1989 de la plaza de Tiananmén[90].

Desde la perspectiva actual, ya en pleno siglo XXI, los dramáticos acontecimientos de la *Revolución Cultural* (1966-1976) en China se revelan clarificadores de muchas tendencias que a día de hoy podrían sorprendernos. Pues en su origen está la ruptura de Mao con la URSS de Khrushchev a causa de que en 1956 éste sometiese a revisión crítica el culto a la personalidad de Stalin, una crítica que se leía en China como amenaza potencial al liderazgo maoísta[91]. Siendo así que en la China de esos años se llegó a hablar de burguesía soviética, de revisionismo o de connivencia con el imperialismo de EE.UU. Es más que sintomático que, en este contexto, el personaje clave de la China del último cuarto del siglo XX (Deng Xiaoping) fuese degradado en el año 1967 por acusaciones directas de Mao, o de su entorno, de seguir[92] una *"línea burguesa reaccionaria"*, de ser *"el Khrushchev de China"* o de ser un *"traidor representante de la vía capitalista"*. Todo ello por haber implementado políticas rurales con mercados libres y pequeñas empresas privadas[93].

Un testigo occidental de excepción anotó[94] como graves desviaciones que debían evitarse en aquel momento *"el elevar el nivel tecnológico sirviéndose de expertos y el subordinar la política a la tecnología"*, por el contrario evitar *"una élite de burócratas o nuevo mandarinato"*, *"el deseo espontáneo de convertirse en capitalista"*. Dirigirían el país *"los rojos antes que los expertos"*. Como recogía el Programa de dieciséis puntos de la *Revolución Cultural*[95] (en el año 1966): *"el blanco principal del movimiento*

---

88 https://es.wikipedia.org/wiki/Gran_Salto_Adelante

89 Brzezinski (1998: 17) considerará, sobre esa base, estratégico alimentar la división URSS-China con la creciente influencia inversora norteamericana.

90 Con la declaración de la ley marcial en Beijing en mayo de 1989 y la subsiguiente aceleración de las reformas, Meisner (1999:565, 571), https://es.wikipedia.org/wiki/Protestas_de_la_plaza_de_Tiananm%-C3%A9n_de_1989

91 Una síntesis de los desmanes morales del maoísmo como variedad del estalinismo puede leerse en Glover (2001: 388 y ss.); como había anticipado Rousseau (1762: 114) sobre los peligros de la unanimidad *"el terror y la adulación convierten en acto de aclamación el acto del sufragio, ya no se delibera, se adora o se maldice"*.

92 Macfarquhar y Schoenhals (2009: 199, 214, 318, 367, 396)

93 Snow (1971: 101)

94 Snow (1971: 27-28, 31, 177); también lo recogía Bettelheim (1974: 69) sobre el terreno: *"privilegiar el incremento de las ganancias, la utilización de estímulos materiales, el dominio de los expertos y aferrarse a los modelos extranjeros"*.

95 Recogido como Anexo en Snow (1971: 281), Fairbank (1986: 367)

actual son aquellos elementos en el seno del partido que ocupan puestos dirigentes y siguen el camino capitalista". Acusaciones que supusieron, entre el de muchos otros ciudadanos, el destierro de Deng Xiaoping durante los años 1969-1973 a un taller de reparación de tractores en la China rural; un trabajo para el que contaba con experiencia previa como inmigrante en Francia en la factoría Renault[96].

Mientras esto sucedía en la política interna china, Estados Unidos (a raíz de sus sucesivos contratiempos en Vietnam, de su creciente déficit comercial con Japón y Alemania, de su rampante reorientación estratégica como imperio[97]) buscará una aproximación a Pekín ya en el año 1969. Una búsqueda que culminará con la visita de Nixon tres años después, no sin precederlo Kissinger con una visita secreta en 1971. Nixon percibirá una hospitalidad que suponía todo un giro copernicano en relación a la posición china sobre las relaciones norteamericano-soviéticas de unos años antes. Sintonía que si bien consolida la ruptura de 1966 con el *"social-imperialismo"* soviético, contrasta con los 320.000 efectivos chinos desplegados -aún en 1968- en Vietnam contra las tropas de Estados Unidos[98].

En esta aproximación entraron en juego[99], a favor, las dificultades norteamericanas en Vietnam, la guerra fría y la eventual destrucción mutua. También, por el lado chino, las dificultades de Mao con la revolución cultural, la realización de la primera prueba nuclear china en 1964, o los conflictos fronterizos chino-soviéticos de 1969. Siendo así que a partir de entonces la nueva relación con Estados Unidos va a ser útil a China en dos frentes complementarios: la seguridad frente a la URSS y el progreso económico[100].

En el relato de la particular conformación del imperialismo norteamericano tras la segunda guerra mundial, frente al bloque soviético (con sus pivotes en Alemania y Japón), como gran estrategia de dominio del planeta por su complejo empresarial y militar, la apuesta por el derrumbe de la URSS y por la emergencia China serán complementarias, al menos hasta que dicho derrumbe sea un hecho[101]. Pues los

---

96 Para lo que luego será su apuesta por el mercado y la apertura al exterior esta experiencia francesa parece más relevante que el preguntarse si Deng habrá o no leído a Adam Smith, Arrighi (2007: 381). Bregolat (2007: 23-25) destaca este contacto del joven Deng con la fábrica Renault de Billancourt, así como con el Singapur capitalista ya en el año 1920. También la documenta Mishra (2014: 277) como una de las opciones que para los jóvenes chinos abrieron las reformas impulsadas por Liang Qichao a comienzos del siglo XX. Reformas que si en el primer cuarto de siglo no pudieron abrirse camino de su mano, sí lo harían medio siglo después de la mano de uno de aquellos jóvenes con formación europea.

97 Anderson (2014: 101 y ss.)

98 Rios (2021: 82, 85), desde la perspectiva de 2024 contrasta de nuevo con la alianza de China y Rusia ante el redivivo hegemonismo norteamericano.

99 Como relata con detalle algo más que un observador privilegiado, Kissinger (2012: 219-233)

100 Kissinger (2012: 252); Varoufakis (2024: 159) lo denomina como *"pacto oscuro"* (me vendes mercancías, me compras bonos): *"Estados Unidos pensó en China como un Japón más grande".*

101 Un excelente relato de este proceso (alternativo al de la globalización) puede leerse en Anderson (2014).

realistas, como Kissinger, aceptarán el comunismo chino como una forma particular de gobierno a la que las democracias occidentales tendrían que acostumbrarse[102].

No será casual que, en este contexto y ya en el año 1973, se rehabilite a Deng Xiaoping, y que Mao le encargue los asuntos exteriores[103], siendo nombrado representante chino en Naciones Unidas al año siguiente. A partir de entonces, y ya tras la muerte y sucesión de Mao, el otrora culpable de la vía capitalista podrá poner en valor sus contactos exteriores, singularmente con EE.UU., para caminar a toda velocidad por dicha vía. Un tránsito que no se detendrá, sino que se acelerará, cuando tenga que decidirse la represión de Tiananmen en 1989. Y será a partir de entonces que la economía de mercado se sobrepondrá en China a casi todo lo demás[104].

El resultado combinado de todos estos esfuerzos, contradicciones y conflictos permitirá a China duplicar su ingreso por habitante[105] entre 1950-1975 y, al menos, frenar (como ya hemos indicado) su deterioro secular precedente en relación a la media mundial. También conseguirá dar un enorme impulso a la esperanza de vida, de 40 a 66 años, y reducir la mortalidad infantil, de 175 a un 40 por mil, gracias a las mejoras en sanidad pública y en servicios sociales, así como a la cobertura médica en comunas y empresas colectivas[106].

Lo que a su vez favorecerá que entre los años cincuenta y comienzos de los ochenta del pasado siglo la población china se duplique[107] (pase de menos de seiscientos millones a más de mil millones), encendiéndose entonces las luces de alarma para muy pronto adoptar lo que será una decidida política de control de la natalidad (1982-2015).

2.3 La China de Deng Xiaoping (1978-1997)

Según las estimaciones que venimos manejando[108] entre 1975 y 1999 el producto interior bruto de China se habría multiplicado por cinco (en dólares internacionales constantes de 1990), casi a doble ritmo que entre 1950-1975. Tal crecimiento habría permitido multiplicar casi por cuatro el producto per cápita, también a doble ritmo que en el período previo. Como consecuencia, el ingreso medio por habitante de Chi-

---

102 Fukuyama (2007: 62) distingue cuatro corrientes norteamericanas en política exterior: realistas, neocons, internacionalistas y nacionalistas.

103 Macfarquhar y Schoenhals (2009: 505-507)

104 Yu Hua (2010: 126); con la excepción de la seguridad nacional.

105 Siempre en dólares internacionales de 1990 según estimaciones de Maddison (2002: 302)

106 Needham (1969: 64), Bettelheim (1974: 16), Lemoine (2007: 24), Snow (1971: 41, 48, 76) *"la comuna distribuye gratuitamente propaganda anticonceptiva y píldoras"*.

107 Fairbank (1986: 370)

108 Maddison (2002: 296 y 302)

na habría ascendido del 20 %, en que lo había al menos estabilizado la república popular de Mao, al 55 % de la media mundial al final de la de Deng Xiaoping[109].

También será al final de este período que se reintegre a China la colonia de Hong-Kong (en 1997). En ese momento esta metrópolis suponía el cuatro por ciento del PIB de la China continental, pero con un ingreso medio que triplicaba la media mundial y sextuplicaba el dato global de China. Un enclave económico en el que, como en otros asiáticos (Singapur, Taiwán, Corea,...), se venía comprobando que los ciudadanos chinos emigrados fuera de su país eran capaces de alcanzar éxitos fulgurantes dentro de una economía de mercado.

No es extraño que, con estos precedentes, el propio Deng declarase[110] aquello de que *"en China no solo debía haber un Hong-Kong sino varios"*. Aunque deba señalarse que la democracia parlamentaria británica nunca permeó aquella colonia, pues aún hoy la mitad de sus diputados representan grupos de interés plutocráticos.

La vecina Zona Económica Especial de Shenzhen, entre 1980-2002, va a ser un magnífico ejemplo del tipo de clonación que tenía en mente Deng Xiaoping. Pues provocará que la producción de manufacturas (electrodomésticos, juguetes, confección, calzado,...) desaparezca a gran velocidad de Hong Kong, y que tres de cada cuatro de sus empleos manufactureros pasen a Shenzhen y, de rebote, a toda la provincia de Cantón. Una deslocalización capitalista en toda regla ya que, al mismo tiempo, los inversores de Hong Kong controlarán el 60 % de la Inversión Directa Extranjera (IDE) recibida en Shenzhen[111]. Un ejemplo entre muchos de como una parte sustantiva de la IDE recibida en China en este período lo será de chinos expatriados en otras partes del mundo. Pues serán ellos los más hábiles en sortear las normativas de todo tipo, y en conseguir ser competitivos subcontratistas locales de las empresas multinacionales extranjeras[112]. Como el caso emblemático del hijo de expatriados Terry Gou Tai Ming, en la gigantesca *Foxconn*, donde también es inversor *Vanguard Group*[113]. Magnífico ejemplo de lo que en este ensayo denominaremos *Chimérica*[114].

---

109 Una biografía útil sobre su caída en desgracia en 1966, acusado de impulsar el capitalismo, hasta su reaparición en 1973 de la mano del primer Ministro Zhou Enlai, y su definitivo papel estelar a partir de 1977 ya como viceprimer Ministro, en Lubetkin (1991: 87 y ss., 97 y ss.)

110 Citados por Ollé (2005: 47 y 175); la colonia portuguesa de Macao se reintegrará en 1999 (aunque ya en 1974 se lo habría propuesto a China el nuevo gobierno de Portugal).

111 Fishman (2006: 130-132)

112 Arrighi (2007: 366)

113 https://es.wikipedia.org/wiki/Foxconn; https://es.wikipedia.org/wiki/Terry_Gou_Tai_Ming

114 Prada (2019: 43-46); hasta el año 1985 la economía entrelazada mundial posterior a la segunda guerra mundial aún quedaba bien resumida en la triada (Japón, Estados Unidos y Unión Europea), Ohmae (1991: 109-110) (1991b: 169), sin apenas referencia a China. Incluso Fukuyama (2007) aún en 2005 apenas hace dos referencias colaterales a China.

Una expresión que tomo prestada de Niall Ferguson[115] aunque él mismo se desmarque muy pronto de lo que califica como un *juego de palabras,* y pase a razonar en los habituales términos de hegemonía. No obstante, en nuestro análisis por aquellos años debe constatarse que[116] *"los chinos están más comprometidos con la idea del libre mercado que los estadounidenses",* y es en ese sentido que enfatizo –y no como un juego de palabras- el concepto de *Chimérica.* Abducción neoliberal de China que, por razón de su tamaño, puede mutar en una simbiosis de dependencia para su abductor: Estados Unidos.

La posibilidad de esta deriva la veía ya Ernest Mandel así en los años 70: *"El capital monopolista internacional se interesó en producir en los países subdesarrollados los mismos productos terminados que podían venderse en sus propios mercados nacionales a precios de monopolio"* reservándose en las metrópolis niveles diferenciales de acumulación de capital en procesos semiautomatizados[117]. De paso disponiendo de un gigantesco ejército industrial de reserva externo para contener los costes laborales internos en Estados Unidos y acelerar así una automatización interna masiva.

Tal sería el paquete funcional para China de la globalización pilotada por el capitalismo occidental[118]: *"Los mercados pueden elegir a sus pobres en los circuitos ampliados; el catálogo se agranda porque a partir de ahora existen pobre pobres y pobres ricos; y siempre se encuentran pobres más pobres, menos rebeldes, menos «exigentes»".*

De resultas de todo ello no debe extrañar que en los mercados occidentales hayamos transitado del *made in Japan, made in Taiwan* o del *made in Hong-Kong* al *made in P.R.C.* Porque en la actualidad también Taiwán depende en buena medida de sus exportaciones a China y de los turistas que recibe de dicho país. Por lo que, en un tal contexto, no sorprende que años más tarde, en 2005, Taiwán y China inicien un proceso de acercamiento para su eventual reunificación. Taiwán en ese momento supone un ocho por ciento del PIB que anota la República Popular de China (la única reconocida a nivel internacional), aunque quintuplica su ingreso medio.

De manera que en esta etapa asistimos a una mejora notable del ingreso medio en la China continental, a la incorporación del muy rico Hong-Kong (con uno de los mejores aeropuertos del mundo y el mayor puerto marítimo de contenedores) y a un nuevo escenario para la reunificación con Taiwán. Tres logros con los que la China de Deng Xiaoping cerrará el siglo XX.

---

115 Ferguson (2008), (2009: 353-362), (2012: 413, 483)

116 Ferguson (2012: 419); para Morris (2010: 671) el significado de Chimérica sería más bien que *"el mundo entero se habrá vuelto occidental"*, con lo que Oriente y Occidente "volverán a significar bien poco" (op. cit. p. 706)

117 Mandel (1979: 65-66 y 179)

118 Forrester (1997: 58) un exitoso ensayo en el que, por cierto, se refiere unas doscientas veces al "trabajo" (a su caída y desaparición en los países ricos) pero nunca a la reducción de la jornada laboral.

Cambios que en conexión con el previo despegue capitalista de Japón y Corea del Sur, convertirán la geo posición[119] de China, en el contexto de la emergencia de las economías del Pacífico, en un factor clave acelerador para su propio despegue en la prolongada oleada globalizadora del capitalismo mundial. Con el resultado de toda una reestructuración del sistema global de negocios en los finales del siglo XX y comienzos del XXI. Como resume[120] Thomas Piketty, *"el poscomunismo... en China... se ha convertido a comienzos del siglo XXI en el mejor aliado del hipercapitalismo"*.

Para ello se perfilará e implementará, hasta 1998 de forma cautelosa y desde entonces de forma vertiginosa, un conjunto de políticas de reforma y modernización que muy poco tendrán que ver con las del período precedente[121]. Pues si el período maoísta estuvo marcado por una tendencia a la autarquía como expresión de profundos sentimientos antiimperialistas, la apertura al exterior del denguismo a partir de 1978 no encaja en absoluto con la larga tradición china que hemos resumido en las páginas precedentes[122]. Toda una política de puertas abiertas para el comercio exterior, la tecnología y las inversiones que supone una rotunda *"oscilación de péndulo"* en la revolución[123].

Es más que probable que para los artífices de este viraje su diseño sea el resultado de un atento análisis y evaluación desde China de los procesos que en las décadas anteriores (1950 a 1970) resultaron exitosos en países asiáticos vecinos como Japón, Singapur, Taiwán, Corea o Malasia. Procesos de crecimiento acelerado en los que también se combinó el acceso y transferencia a la tecnología occidental, la garantía de acceder a mano de obra barata y disciplinada, una tasa de ahorro público elevada que no se enfrenta a un sistema generoso de protección social y un control financiero público y de empresas estratégicas[124]. Pues las nacionalizaciones y las empresas estatales bien pueden resultar funcionales para suministrar a unos emergentes sectores privados capitalistas sus condiciones generales de producción en lo relativo a infraestructuras, energía, comunicaciones, innovación o incluso defensa[125].

---

119 Anotaban ya este factor como sustantivo Bustelo y Fernández (1996: 149), por ejemplo para la IDE procedente de Hong Kong hacia China. Soler (2003: 106) detalla para el año 2000 que la IDE recibida era asiática en un 62% (de la que Hong-Kong tenía una cuota del 38%).

120 Piketty (2019: 20, 692)

121 Período anterior sobre el que Deng dictó en 1981 un balance de 70% de aciertos y un 30% de errores, Meisner (1999:503); Wang (2002) califica el período 1978-1989 como neoliberalismo chino hacia una economía de mercado. Estamos ante un proceso clásico de capitalismo de Estado tras una revolución social tal como la resumieron para la URSS Beramendi, J. y Fioravanti, E. (1974) vol. 2 p. 241.

122 Fairbank (1986: 374 y 380).

123 Así lo calificó ya en su día Fairbank (1986: 369) respecto al año 1800. El vínculo entre IDE y acceso a la tecnología en Muñoz (2018: 54). A partir de 2010 se condiciona aún más la entrada a su mercado a ceder tecnología, Feijóo (2021: 211)

124 Bustelo, P.; García, C. y Olivié, I. (2004: 40-43) detallan estos factores para Japón desde 1950.

125 Mandel (1979: 470)

Lo que también podría considerarse como la traslación de una apuesta del capitalismo global (singularmente norteamericano) por un nuevo espacio asiático de dimensiones (productivas y de mercado) sin precedentes; que irá sustituyendo procesos productivos antes deslocalizados a Japón, Taiwán o Hong Kong[126]. Se habría cumplido así finalmente en China lo vaticinado[127] por Marx y Engels en 1848: el capitalismo *"obliga a todas las naciones a abrazar el régimen de producción de la burguesía o perecer; las obliga a implantar en su propio seno la llamada civilización, es decir, a hacerse burguesas"*. Que ello fuese obra de un Partido Comunista de China (PCCh) al mando, tiene no poco que ver con la rehabilitación como su máximo dirigente de un líder histórico que, como hemos visto, había sido depurado en la Revolución Cultural: Deng Xiaoping. Y, no por casualidad, a causa de acusaciones directas de Mao de tomar la vía capitalista[128] ya a la altura de 1964, después de haber sido elegido en 1956 nada menos que Secretario General del PCCh y pilotado con Liu Shaoqi las reformas y cambios del año 1962 concretadas en una agenda conocida como *"Reunión de los siete mil"*.

Tras ser rehabilitado en 1973 (cuando Mao reconoce haberse equivocado con él, y es nombrado Viceprimer Ministro), en el año 1978 recuperaría el control pleno del Partido y del Estado para poner en marcha las mismas reformas por las que catorce años antes había sido depurado: apertura, descentralización y privatización[129]. No sin antes haber sido de nuevo destituido por Mao en el año 1976. Bien es cierto que, al menos en lo relativo a la descentralización, contaría con que el propio Mao habría manifestado ya en 1970 su admiración por el modelo federal norteamericano[130]. En esta ocasión su programa de modernización sí incorporará a China tanto a la frontera tecnológica de los países más ricos del mundo, como a los mercados globales. Si en el primer intento, fallido, de Mao el apoyo externo vino de la URSS, en este caso lo hará de los Estados Unidos (vía Taiwán o Hong Kong). Un país en el que desde entonces cada año pasarán a estudiar nada menos que unos cuarenta mil ciudadanos chinos en sus Universidades[131].

---

126 Como veremos más adelante no será casual que la depreciación del yuan chino entre 1978-1999 contraste con las paralelas, sucesivas, y forzadas, revaluaciones del yen japonés, Bustelo, P.; García, C. y Olivié, I. (2004: 45-52, 73).

127 Tomo la cita del *"Manifiesto comunista"*; un sistema de capitalismo global incluida China para Wright (2014: 60)

128 Macfarquhar y Schoenhals (2009: 30-32); Rios (2021: 59, 76, 112); Bustelo y Fernández (1996: 42) refieren y detallan sus reformas entre 1963-1965.

129 No tendrá esa suerte Liu Shaoqi que será expusado del PCCh, morirá en 1969 y solo rehabilitado en 1981, Rios (2021: 104, 127)

130 Entrevista con Edgar Snow (1971: 206), la cita también Kissinger (2012: 245)

131 Ollé (2005: 273). La retirada del apoyo soviético tuvo mucho que ver con la ruptura ideológica de Mao con Khrushchev entre 1956-1964 a raíz de las críticas de éste al culto a la personalidad de Stalin, Macfarquhar y Schoenhals (2009: 19-24)

Dentro de ese conjunto de reformas del último cuarto de siglo XX, debe destacarse la apertura comercial al exterior (que culminará con la entrada en la Organización Mundial de Comercio en 2001) (OMC) que acelerará la llegada de inversores extranjeros (y de tecnología a ellos asociada) sobre todo hacia las denominadas zonas económicas especiales[132] (ZEE).

Inicialmente cuatro en 1980 y catorce más en 1984, siempre a lo largo del litoral. Siendo así que en 1985 ya vivían unos ciento cincuenta millones de personas en dichas zonas especiales de China. Aunque dichas zonas sean inicialmente no poco embarazosas tanto por motivos socialistas como nacionalistas. Ya que la subcontratación en ellas de multinacionales (con bajos impuestos, salarios y protección social) generará *"príncipes"* (mil millonarios) en una emergente clase política enriquecida[133]. Zonas en las que no sólo los impuestos sobre los beneficios de las empresas se reducían a menos de la mitad, sino que serán beneficiarias de productos importados, destinados a montaje o transformación para la exportación, exentos de derechos arancelarios[134].

También cabe destacar entre estas reformas la descentralización y privatización parcial del sector público estatal, en combinación con la promulgación de legislación sobre sociedades anónimas y de responsabilidad limitada. De manera que tanto en empresas estatales como locales se podrán retener ahora parte de sus ingresos como incentivos. Lo que, a partir de entonces, abonará aún más el terreno para la corrupción y la aparición de una minoría de super ricos[135]. Sin olvidar una reforma agraria orientada hacia la paulatina concesión de parcelas para usufructo por explotaciones familiares, en las que cuanto más trabajen sus miembros tanto más producirán para ellos. Siendo así que en 1984 ya casi no quedarían en China comunas agrarias, situándose en 1980 el inicio de la privatización de rendimientos agrarios y de la liberalización de dichos mercados[136]: una *"cuasi-privatización de la propiedad agrícola"*.

En el origen de todas estas reformas hay que situar, reitero, la incorporación a la ONU en 1971, el acercamiento a los Estados Unidos (visita del presidente Nixon en el año 1972) y la apertura al mundo (*Kaifang*) definida por Deng en 1978, una apertura con la que se habrían superado tanto la autarquía maoísta como el ancestral milena-

---

132 Detalla esta política su protagonista Ziyang (2011:170 y ss., 245 y ss.); Ollé (2005: 34); Rios (2021: 135); mercados a cambio de tecnología en Feijóo (2021: 211)

133 Meisner (1999: 514), Klein (2007: 38, 256)

134 Lemoine (2007: 47 y 49)

135 Fairbank (1986: 376 y 379), Lemoine (2007: 36); analizamos y detallamos más adelante la aceleración de este proceso privatizador empresarial en la década posterior a 1995.

136 Detalla todo esto uno de sus protagonistas, Ziyang (2011: 221 y ss.); Fairbank (1986: 372), Ollé (2005: 56); Fishman (2006: 77 y 102), Bustelo y Fernández (1996: 59), Amin (2014: 286) argumenta en pro de su continuidad socialista.

rismo chino de considerarse el centro del mundo[137]. También es significativa la no casual invitación en 1980, por parte del propio Deng Xiaoping, a que Milton Friedman impartiese cursos de alto nivel a funcionarios que, con el tiempo, llegarían a la secretaría general del PCCh o incluso a la presidencia de la República[138].

Toda una aproximación a un realismo neoliberal norteamericano para el que[139] *"en algunos casos sean preferibles los autoritarismos modernizadores a las democracias impotentes … autoritarismos liberales que por algún motivo parecen concentrarse en el Este asiático".*

En este ambiente sucederá que a partir del año 1975 la protección social (vivienda, escuela, sanidad, economatos, etc.) que hasta entonces dependía de la comuna o de la empresa estatal -lo que se denominaba «*danwei*» (*bol o tazón de arroz de hierro*)- mute en «*liumang*»: buscarse la vida, individualismo y consumismo[140]. Con lo que para cientos de millones de personas, sobre todo para la galopante población flotante recién llegada a las ciudades, no existirá apenas ninguna red de protección social.

Un radical viraje, de un planteamiento colectivo a otro individualista, que de forma acelerada conducirá a China hacia una sociedad de mercado[141]. Y así, en la década de los 80 se importarán de forma masiva cadenas de fabricación completas para cerrar la brecha tecnológica que se había abierto entre el siglo XVII y el XX: ciento quince para fabricar televisores, setenta y tres para frigoríficos, veintidós de chips informáticos o treinta y cinco cadenas de fabricación de aluminio[142].

Y será así que lo que en su día supuso la caída del muro de Berlín y el golpe de Yeltsin (1989-1993) en la URSS tendrá su equivalente en la plaza de Tiananmen de Pekín en 1989. Un shock o catástrofe social tras la cual, como deseaba Friedman, el mercado suplanta progresivamente a lo público mediante un proceso en el que es el propio

41

---

137 Ríos (2016: 145); no obstante, en las negociaciones previas a la entrada en la OMC de 1996 se moduló una gradual desprotección de las industrias nacientes y del mercado interno chino, Bustelo y Fernández (1996: 217)

138 Será el caso de Zhao Ziyang que deja constancia de ello en sus excepcionales memorias, Ziyang (2011: 345); Klein (2007: 27, 249-251); Ollé (2005: 329-330); Sandel (2020: 83) enlaza a Deng con Reagan y Thatcher compartiendo la fe en los mercados y en la meritocracia; diseño de un cierto despotismo ilustrado para introducir la economía de mercado con teóricos *neo autoritarios* como Wu Jiaxing, en las antípodas de la llamada *nueva ilustración* de Wang Hui y otros.

139 La cita es de Fukuyama (2007: 148-149)

140 Chuang (2021): *"la gran mayoría de sus bienes de consumo básico (vivienda, ropa, comida e incluso entretenimiento) se proporcionaron de forma gratuita a través de su "danwei",* o unidad de trabajo, vinculada a una empresa en particular". Golden (2012: 54-55), Meisner (1999: 531); Sandel (2020: 99) enfatiza como la debilidad del Estado de Bienestar corre pareja al individualismo de las sociedades (Estados Unidos, China: Chimérica).

141 Para Zakaria (2009: 118) China es *"una pujante sociedad de mercado, con la población mayor del mundo".* Así, en la actualidad, el portal de ventas online Tmall de Alibaba se sitúa en tercera posición en el ranking mundial Alexa, mientras que Amazon se sitúa en treceava posición.

142 Xiaobo (2009: 104); Muñoz (2018: 40) también enfatiza la coincidencia de las reformas internas con el proceso de globalización; ver también Cavazzini (2024) citando a Bürbaumer (2024)

Estado el que impulsa la sociedad de mercado. Una catástrofe que convierte lo que era políticamente imposible en inevitable[143].

42

Porque ya en el mes de junio del año anterior a esa masacre, Deng Xiaoping tenía las cosas muy claras en relación a un eventual tratamiento de shock[144]: *"Las reformas no pueden llevarse a cabo una a una, sino que hay que acometerlas todas a la vez. Es mejor sufrir durante un breve período intensamente y resolver el problema".* No será tampoco casual que, justo un año antes, Milton Friedman propusiese liberalizar los precios en China, con la secuela de unos precios de los alimentos que llegarían a subir en algunas grandes ciudades[145] hasta un 60 % en 1988. Y con el resultado de dar paso a un *"período dramático"* en palabras de un analista que, sintomáticamente, evita aludir explícitamente a los sucesos de Tiananmen[146].

Bien es cierto que hasta ese momento, como resume Dani Rodrik, las autoridades chinas habrían también acertado justo en todo aquello en lo que se resistieron a las reglas de una rotunda globalización neoliberal (hiperglobalización), tal como resumo en el siguiente esquema[147].

Globalización: China a su aire

* *Coexistencia de mercado y Estado en sector agroalimentario*

* *Entre propiedad privada y Estatal empresas de propiedad local*

* *Mantener aranceles, barreras no arancelarias y licencias para importar*

* *Impulso del Gobierno a ZEE para exportar y atraer inversiones*

* *Subsidios a la exportación y discriminar a empresas locales y mixtas*

* *Intervención en mercado de divisas y de flujos de capital a corto plazo*

Fuente: Elaboración propia, basado en Rodrik (2011:170 y ss.)

---

143 Klein (2007: 189, 257), para esta autora Friedman ocupa un lugar central en el contexto de los sucesos de la masacre de Tiananmen (op. cit. p. 252)

144 Bregolat (2007: 187); el entonces Secretario General del PCCh dejó escrito *"rehusé convertirme en el secretario general que ordenó la ofensiva contra los estudiantes"*, Ziyang (2011: 109) lo que le costaría el cargo y un arresto domiciliario de por vida.

145 Bregolat (2007: 351)

146 Xiaobo (2009: 117-121). Ni el embajador español Bregolat ni el entonces Ministro Ordóñez se sumarían al boicot internacional por esta crisis, Muñoz ((2018: 168)

147 Rodrik (2011: 170 y ss. para el recuadro), la cita en p. 176-177. Rodrik usa el termino *"hiperglobalización"* (op. cit. 184 y 206) del que se habría alejado China con una prudencia confuciana *"llevar las teorías a los hechos antes de convertirlas en una norma que los demás deban seguir"*, Baver (2009: 63)

China se habría integrado con su particular globalización en una economía de mercado sin privatizaciones indiscriminadas, sin desregulaciones masivas, ni tipos de cambio flotantes, ni libre movilidad de capitales, ni apertura total: porque *"un mundo complicado requiere políticas de zorro"*. Rodrik añadirá, algunos años después, lo que sigue[148]:

> *«China lo ha hecho extremadamente bien con una heterodoxa combinación entre las fuerzas de mercado y el dirigismo estatal. Han reformado la gestión de su economía, pero siempre a su ritmo. Creo que el resto del mundo no tiene mucho que enseñar a los chinos sobre cómo deben gestionar su economía. Y tampoco hay razones por las cuales los líderes chinos deberían escuchar esos «consejos»».*

El éxito de esta estrategia (como veremos en los epígrafes 4.1. y 4.2. de este ensayo) les permitirá sacar partido del horizonte globalista de Chimérica hasta la crisis de las economías más ricas del mundo en 2008, y solo se verán forzados a maniobrar hacia un horizonte de rivalidad y bipolaridad ante el giro proteccionista y radicalmente hegemonista de Estados Unidos. Se cerrará así el circulo de una absoluta globalización (capitalismo multinacional y trans nacional) ya imposible, al producirse graves contradicciones en lo relativo a la seguridad y a la soberanía nacional[149] (defensiva, sanitaria, alimentaria, digital, energética, ...).

Retornando al punto temporal de nuestro relato en este apartado, este conjunto de reformas tendrá su momento de shock en los sucesos de 1989 (en los que se reclamaba libertad, justicia social y redistribución de la riqueza coincidiendo con la visita de Gorbachov). Ya que debe enfatizarse que el Partido Comunista Chino a quien temió en Tiananmen de verdad fue a los trabajadores no a los estudiantes, y eso explica que la represión fuese especialmente intensa con los *"que pretendían crear sindicatos independientes"*, dado el pánico del PCCh a un movimiento tipo Solidaridad como en Polonia. El caso más conocido será el del dirigente obrero Han Dongfang[150].

El que fuera excepcional protagonista y testigo de estos acontecimientos (mano derecha de Deng Xiaoping en su estrategia de reformas económicas como primer Ministro y en esas fechas secretario general del PCCh), Zhao Ziyang, nos dejará testimonio detallado de todo ello en sus memorias clandestinas gravadas en su arresto

---

148 Entrevista a Dani Rodrik en El Confidencial el 3.12.2018:
https://www.elconfidencial.com/economia/2018-12-01/dani-rodrik-entrevista-globalizacion-trilema_1674846/
por eso están prohibidas monedas como el bitcoin, Feijóo (2021: 95)

149 Tal como anota Rodrik (2011: 219) con su trilema

150 Bregolat (2007: 194 y 242), la cita en Golden (2012: 154), Meisner (1999: 567, 570), Vaz-Pinto (2010: 143 y ss.); para Blackburn (1993: 7) fueron matanzas de varios miles de personas que instaban al comunismo a reformarse; https://en.wikipedia.org/wiki/Han_Dongfang

domiciliario de por vida[151]. En ellas se pone de manifiesto como un grupo de veteranos, de no más de diez personas, decidían la hoja de ruta del país. Y cómo en este año decisivo de 1989 el equilibrio se decantó hacia una *"economía de mercado socialista"* en lo que pasaría a denominarse *"fase inicial del socialismo"*. Teniendo muy claro, en palabras del citado Zhao, que *"Deng se oponía especialmente a un sistema multipartidista, a la división de poderes y al sistema parlamentario"*.

Con lo que el pánico a replicar el desmoronamiento de la URSS, a convertir en irrelevante el PCCh y a perder la soberanía nacional fueron determinantes para el inmovilismo político de aquél momento. No deja de ser una doble ironía histórica que el querer evitar en China la deriva soviética de Khrushchev de 1956 condujese a la Revolución Cultural, y que, más tarde, el querer evitar el desmoronamiento de Gorbachov en 1989 condujese a la represión de Tiananmen (blindando el poder absoluto del PCCh) acelerando el camino a una imparable sociedad de mercado[152].

Pero los inversores extranjeros sí tomarán buena nota de la contundencia gubernamental y redoblarán a partir de entonces su apuesta por China, porque[153] *"... habían comprendido que por encima de todo les interesaba contar con la presencia de un poder capaz de imponer la ley y el orden"*. Y así, una vez más, no será la mano invisible la que conforme esta gigantesca sociedad de mercado, sino la mano de hierro[154] de un Estado controlado por el PCCh. Y lo será, en no pocas ocasiones, no para crear mercados competitivos, sino variopintos oligopolios controlados por un capitalismo de amiguetes vinculados a la corrupción del Partido-Estado. Una lógica de mercados no competitivos que por ejemplo se puso de manifiesto en la entrada en 1998 de Kodak en China, comprando el sector estatal de la fotografía, pero exigiendo[155] *"que ningún otro competidor extranjero pueda entrar en China"*. Ejemplo de manual de abducción neoliberal del Estado no para generar competencia sino monopolios[156].

Como consecuencia entre 1992-2000 se producirá una masiva entrada de inversión directa extranjera (IDE) con el resultado de que y solo un tercio del PIB va a ser generado en empresas no privadas, en las que aún encontrarían ocupación ciento veinte

---

151 Ziyang (2011: 311-312, 332), la cita textual en op. cit. p. 374; cita a Deng que en 1987 afirmaba que así *"Nuestra eficacia es mayor: hacemos las cosas tan pronto como las decidimos"* (op. cit. p. 376). Ziyang compartirá con Deng el haber sido represaliado en la llamada revolución cultural y luego rehabilitado, suerte que otros muchos no tuvieron.

152 Después de un par de años de pausa, Bregolat (2007: 209); según Kissinger (2012: 472) en Pekín se consideraba por entonces a Gorbachov un hombre que vivía en el error, por anteponer la reforma política a la reforma económica. De hecho firmaría la disolución del Partido Comunista de la URSS, para que, acto y seguido, un neoliberal como Yegor Gaidar desplegase en 1992 el tipo de reformas económicas que Deng Xiaoping había implementado mucho antes bajo la batuta del PCCh.

153 Mandelbaum, J. y Haber, D. (2005: 71, 78); Wang (2002) destaca en su relato de esta crisis como los neoliberales internos manejaron en lo económico la crisis a su favor.

154 Optando por el dogmatismo ideológico frente al pluralismo, Mandel (1989)

155 Xiaobo (2009: 216)

156 Para Trías (2020: 97) tanto China como Rusia *"comparten la antropología neoliberal"*.

millones de trabajadores pero que ya suponen apenas una quinta parte del empleo total[157]. Todo ello en el contexto de una acelerada onda de globalización comercial e inversora a escala mundial a partir de 1998 (como se aprecia en el gráfico que se acompaña).

Aceleración de la globalización comercial y financiera hasta 2008
Fuente: Papeles de Economía Española, página 61, n.º 181 (2024)

Abriéndose así camino lo que, desde el año 1992, se definirá como una economía socialista de mercado, pero que también podría considerarse un atrabiliario comunismo neoliberal[158]: una sociedad plutocrática de mercado, insolidaria y ultra competitiva, que cada vez está más lejos de una democracia social o una sociedad decente. Entendiendo aquí por *plutocracia*[159] cierta forma de oligarquía en la que la sociedad está gobernada o controlada por una minoría formada por sus miembros más ricos, aunque suela camuflarse como una meritocracia tecnocrática, en buena medida ya

---

157 Datos de ocupación en Ríos (2016: 51) y Maddison (2002: 344). Sobre IDE ver Xiaobo (2009: 173)

158 Ollé (2005: 42); de la mano de Deng se clonará en China la "*burguesía soviética*" que en 1965 era la bestia negra de Mao; Miliband (1993: 25) comparte el calificativo de *estalinismo de mercado*. Arrighi (2007: 367-370) discrepa de calificar como neoliberal la opción de los dirigentes chinos.

159 También utiliza el calificativo de plutocracia, o capitalismo político, para China, Branko Milanović, en una entrevista en el diario El País publicada (29/12/2019).

hereditaria[160]. Desembocamos en una post-democracia o corrupción de la democracia -al gusto del tándem Friedman/Hayek- hacia la que se camina poco a poco en Occidente y a la que se muta directamente en China[161].

46 Ya que cuando se considera que[162] *"el mejor modo de resolver los problemas sociales y políticos es recurriendo a expertos caracterizados por su elevada formación y por la neutralidad de sus valores estamos ante una idea tecnocrática que corrompe la democracia y despoja de poder a los ciudadanos corrientes".*

Lo que nos aleja de una sociedad justa o decente y en la que los viejos modelos revolucionarios se arrinconan[163], pues en *"una sociedad en la que el dinero, el mercado y la movilidad cada vez se valoraban más, las personas no ganaban mucho siguiendo ejemplos de sacrificio. Como reza un dicho popular: «Nadie quiere ser como Lei Feng, pero a todo el mundo le gustaría tenerlo como vecino»".* Y será así cómo una minoría de ingenieros y tecnócratas, fascinados con las maneras de gestión de empresas capitalistas, gobiernen el país a-democráticamente según el modelo de voto desigual de los accionistas o de las castas de ejecutivos.

Acierto y eficacia, alta formación o estabilidad, serán ahora las palabras claves para gobernar un país como si se tratase de una empresa[164]. Modalidad de régimen jerárquico en la que unos pocos se imponen a los muchos, con el resultado de que[165] *"hoy en China hay ciertamente clases sociales, y también lucha de clases".* Una tecnocracia y plutocracia en la que una elite tiene el poder de decidir sobre las leyes y las políticas que los ciudadanos están obligados a obedecer. Un tutelaje (no democrático) de los presuntamente mejores que[166]:

"...corre el riesgo de degenerar desde una aristocracia del talento a una aristocracia del nacimiento... tenderán a convertirse en déspotas valiéndose de la corrupción, el nepotismo, la promoción del interés individual o de grupo, y mediante el abuso de su monopolio sobre el poder coercitivo del Estado para eliminar la crítica, extraer riqueza de sus súbditos y asegurar la obediencia mediante la coerción".

---

160 Sandel (2020: 41, 156), aristocrática de otra manera. Sandel argumenta que una meritocracia, aún en el improbable caso de ser perfecta, siempre será insatisfactoria moral y políticamente, op. cit. p. 36

161 Kissinger (2012: 213-214) se refiere, sin complejos, a la emergencia de *"una nueva clase de mandarines"* burocrático-tecnocráticos tanto en Estados Unidos como en los países comunistas.

162 Sandel (2020: 96, 157)

163 Landsberger (2008: 446). Lei Feng era, hasta entonces, el abnegado modelo-icono de la China maoísta: https://es.wikipedia.org/wiki/Lei_Feng

164 Dahl (1989: 392-395); como anotaran ya mucho antes Beramendi, J. y Fioravanti, E. (1974) vol. 2 p. 242 en un país con capitalismo de Estado *"la clase dominante, incrustada en el aparato estatal, ejerce el control del capital de toda la sociedad".*

165 Yu Hua (2010: 32)

166 Dahl (1999: 83 y 86-87) y Dahl (1989: 392-395)

En China esa minoría aplicará tal gobernanza al conjunto de la sociedad para así maximizar el crecimiento económico del país. No sin importantes efectos colaterales pues está bien comprobado que bajo su barniz de eficiencia estas tecnocracias despilfarran la energía de los excluidos, malgastan tiempo y energías subordinando a los escalones inferiores o bien, directamente, devorándose entre sí (en China dentro de la casta de los "*veteranos*") como comprobamos aquí de forma recurrente.

Será en el contexto de esta deriva institucional que en el XIV Comité Central del PCCh de 1993 se defina[167] a China nada menos que como un "*sistema socialista de economía de mercado*" de la mano del ingeniero y dirigente de la política económica Zhu Rongji. Que se convertirá en primer ministro en 1998 y para el que, en el más puro denguismo[168], "*el ingreso en la OMC fue concebido como un estímulo para hacer cosas dolorosas pero inevitables*", bajo la presidencia de Jiang Zemin (1989-2002).

Se continúan así las reformas con las que se quiso tomar distancia de la deriva y desaparición[169] de la vieja URSS de Gorbachov (que derivó por su parte en una plutocracia capitalista formalmente democrática), aunque no sea menos cierto que en China, bajo el control permanente de su Partido Comunista[170] se ha ido generando año tras año una plutocracia de millonarios capitalistas con un poder creciente (dentro y fuera del PCCh), en paralelo a una galopante desigualdad y un deterioro ambiental que poco tienen que envidiar al destino post-soviético que se decía querer evitar.

Siendo así que, de la misma forma que las democracias burguesas -según el riguroso análisis de Robert A. Dahl- habrían mutado paulatinamente en formas de tutelaje iliberal (plutocracias u oligarquías de facto), algo semejante habría sucedido con las democracias populares. En ambos casos, para regocijo de los Friedman & Hayek, el Estado serviría para que unos pocos (las élites tecnocráticas de tutelaje: los más ricos, más estudiados o presuntamente más virtuosos) se impongan a la voluntad de los muchos[171].

---

167 Para otros analistas ya desde 1978 se abandonaría el proyecto comunista para construir un socialismo con economía de mercado, Jiang Jueniang en Muñoz (2018: 15).

168 Friedman (2006: 125); la cita en Bregolat (2007: 321); Kissinger (2012: 464) considera a Zhu una pieza económica clave: https://es.wikipedia.org/wiki/Zhu_Rongji. En la actualidad lo sería Liu He según Vidal, M. y Santiso, J. (2020): https://es.wikipedia.org/wiki/Liu_He . Lo que Rios (2021: 187) denomina "*los pragmáticos*".

169 Llama poderosamente la atención que Brzezinski (1998) no haga una sola mención a Gorbachov en lo que él denomina "desintegración" de la URSS, aunque si se refiera mucho y bien a Yeltsin y sus "*asesores occidentales*" (op. cit. p. 95 y 104); un relato menos maniqueo en Anderson (2014: 118-119 y 125 y ss.)

170 Un cuarenta por ciento de los propietarios de empresas privadas son hoy miembros del PCCh, Poch (2009: 51); una plutocracia ya que "*líderes empresariales y altos cargos gubernamentales se solapan*", Fishman (2006: 133). No faltan analistas que sostienen que el PCCh ya no es un partido comunista sino un mandarinato moderno muy eficaz, una meritocracia, Muñoz (2018: 29, 64) citando a Mariola Moncada.

171 Dahl (1989: 37, 333, 402-405), también Stiglitz (2014: 186 y ss; 217 y ss.; 316 y ss, y p. 352) ; la alternativa sería una "*democracia contra el capitalismo*" como razona Poch-de-Feliu en CTXT 29/12/2023 «*Dilemas de la democratización en China*», glosando un ensayo de Ci Jiwei

Sabemos que los mecanismos para conseguirlo son variados y transferibles[172]: que la delegación acabe siendo enajenación y el pueblo no tenga la última palabra, que las oportunidades reales de participación dependan de los recursos o conocimientos, que la información y posición social favorezcan ser *"gobernados por una élite dominante"*, o que *"se reduzcan dramáticamente las posibilidades de participación política directa en las decisiones de gobierno nacional"*.

Y así, si bien según el relato de Deng Xiaoping el PCCh habría abducido al capitalismo (lo copiaría para sobrevivir tal cual), según su ideologema: *"esencia china, contingencia occidental"*, no es exagerado postular que esté sucediendo justamente lo contrario[173], que el autodenominado comunismo chino se haya *"convertido al cristianismo neoliberal"*. Que el capitalismo y la sociedad de mercado hayan generado un franckenstein estrafalario: un PCCh patriótico y crecientemente neoliberal[174].

En la actualidad el Presidente de la República Popular China, Xi Jinping, de entrada encajaría a la perfección con el perfil y herencia de Deng Xiaoping. Hijo, *principito*[175], de un vice primer ministro −Xi Zhongxun- que fuera depurado en 1968 en plena Revolución Cultural por trabajar en favor de la restauración del capitalismo[176], que luego apoyaría a Deng en el desarrollo de lo que sería la ZEE de Shenzhen.

Su hijo, y actual Presidente, dirigirá previamente el PCCh en la emblemática ciudad de Shanghái así como la organización de los Juegos Olímpicos de Pekín. Aunque se habría distanciado de Deng al aprobar en 2018 una reforma constitucional que suprime el límite de mandatos para los cargos de presidente y vice-presidente que aquél había implementado, lo que le deja libre el camino para un liderazgo prolongado del Estado chino. Como si de una gran corporación empresarial privada se tratase.

Se estaría replicando así un relato de dinastías (antes imperiales, ahora del PCCh) en las sucesivas generaciones de presidentes, desde Mao a Xi. Éste habría destilado una ingeniosa síntesis entre el maoísmo y el denguismo aderezada con una recuperación nacionalista de la tradición confuciana. Esta síntesis inspira a unos líderes que tienen como único norte el de una administración honesta que permita a China enriquecer al conjunto de la nación y alcanzar la armonía social[177]. El jefe supremo

---

172 Dahl (1989: 140-142, 303, 388, 382)

173 Anderson (2014: 185)

174 *"China se ha sometido por completo a los dictados del capital y a las actividades del mercado"*, Wang (2008: 159); también en Ollé (2005: 118) o para Ohmae (2005: 82); para Fishman (2006: 130) *"el genio del capitalismo se salió de la botella"*. Sobre la imparable abducción neoliberal y sus mecanismos, Prada (2019: 60 y ss.)

175 Lampton (2015: 60). Hijos de altos dirigentes en general mutados en nuevos burgueses, Meisner (1999: 534), industriales, inmobiliarios, rurales, etc. Bregolat (2007: 275) se refiere al affaire de la sociedad Kanghua presidida por Deng Pufang, en este caso hijo de Deng Xiaoping; https://es.wikipedia.org/wiki/Xi_Jinping

176 Rios (2021: 86)

177 Síntesis amable en la linea de Rios (2021: 391-395)

combinaría las virtudes del tecnólogo y del ilustrado, del benefactor del bien público y el impulsor del individualismo, en la estela de las recomendaciones políticas de un Confucio o un Mencio[178].

Y si ya Confucio animó a un gobierno reservado para quienes sobresalían en virtud y capacidad, lo cierto es que también en la China actual[179] *"los ricos y los poderosos... han convertido la meritocracia en una aristocracia hereditaria"*. Una meritocracia que es, en realidad, una plutocracia encubierta[180]. Aunque nada de lo anterior autoriza a ignorar los logros de crecimiento (del PIB y del PIBpc), o de mejora del nivel de vida y bienestar, alcanzados en China en favor de una importante parte de su población.

49

---

178 Granet (1934: 348, 405, 430) sobre el relato histórico como dinastías, op. cit. p. 257; para Mishra (2014: 385) el PCCh se habría desmarcado de su inicial erradicación del confucianismo, para deslizarse hacia esa perspectiva (como visualizan los actuales Institutos Confucio), un ejemplo aplicado a la China actual en Hernández, E. y García, L.M. (2022: 131 y ss). Que entre 2004-2020 se extendieron en número de quinientos por todo el mundo, Economy (2023: 76)

179 Sandel (2020: 40, 156); como veremos más adelante este profesor lo comprobará de primera mano en sus visitas a Universidades chinas. Sobre virtudes confuciano-marxistas Rios (2021: 288, 304, 332) que cita las 14 perseverancias, los 7 tabús o los 10 principios.

180 Dinastía orgánica o neomandarinato meritocrático para Rios (2021: 368, 395)

Capítulo 03
Panorámica socioeconómica de la China actual

"Sólo un occidental que hubiera vivido cuatrocientos años podría haber experimentado dos épocas tan diferentes, mientras que a los chinos sólo les ha hecho falta cuarenta años para conocerlas. Cuatrocientos años de conmociones resumidas en cuarenta años: la experiencia no tiene equivalente"

Yu Hua (2009)

Xiongdi-Brothers

3.1 LUCES Y SOMBRAS A COMIENZOS DEL SIGLO XXI

China pasará de registrar la mitad del PIB medio por habitante mundial[181] en el año 1998, año que podemos considerar como final de la República de Deng Xiaoping, a igualarlo en el año 2017. En apenas dos décadas. Un espectacular resultado de dos fuerzas convergentes. Por un lado de una aún mayor aceleración de su crecimiento económico que la anotada entre 1978-1997. Aceleración con la que conseguirá superar ese mismo año por primera vez el PIB total, y el peso en la economía mundial, de los Estados Unidos[182].

---

181 Maddison (2002:28 y 302) y (PNUD 2018)

182 FMI (2020c: 33); Maddison (2007: 95 y 102) ya situaba en sus previsiones para 2015 el PIB de China por encima del de EE.UU., también Kagan (2008: 43); Zakaria (2009: 163) aún cita previsiones para 2025 en ppc con China por debajo de EE.UU. Sin embargo para Muñoz (2018: 72) o Delage (2022: 14) en 2014 China ya habría superado el peso económico mundial de EE.UU. Cuando, en vez de paridades de poder de compra, se manejan dólares corrientes las previsiones apuntan al año 2031 como el año en que China superará a EE.UU., Vidal, M. y Santiso, J. (2020)

	CHINA	EE.UU	MUNDO
PIB miles millones 2023 (PPC, dólares 2017)	31226	24662	165803
Población millones 2023	1411	335	8020
Ingreso nacional habitantes 2023 (PPC, dólares 2017)	21952	74190	20388
IDH en 2022	0,788	0,927	0,739

DATOS BÁSICOS DE CHINA, ESTADOS UNIDOS Y TOTAL MUNDO
Fuente: elaboración propia con datos del Banco Mundial

Pues frente al 19 % de China, la economía norteamericana[183] supone ya solo el 15 % en el año 2023 (un tamaño semejante al de la actual Unión Europea). Cierto es que aquella convergencia en ingresos por habitante con la media mundial también depende de una contención del incremento de su población por debajo de las tasas medias mundiales.

La penetración del capitalismo en el gigantesco país que gobierna el Partido Comunista de China -que revisamos en el capítulo anterior- resultará ser una veloz rampa de aceleración de la producción de riqueza y del tamaño de su economía a escala mundial. Se habría alcanzado el reto soberanista de Deng Xiaoping para China, según el cual[184] *"para conseguir la verdadera independencia política uno debe salir primero de la pobreza"*. Aunque sin duda, dada la asimetría de las poblaciones respectivas, China aún hoy se encuentre muy lejos de la riqueza norteamericana por habitante: menos de la tercera parte. Sin embargo, la igualación con la media mundial de ingresos es un logro que no debe infravalorarse, sobre todo si (como se comprueba en el recuadro de datos globales para China, Estados Unidos y el conjunto mundial) también se acompaña de su convergencia con el índice de desarrollo humano (IDH) medio mundial.

Pues cuando evaluamos el IDH de China a la altura del año 2022 nos encontramos con que ocupa la posición 75ª a escala mundial, lo que ya le permite situarse en el 87 % del IDH medio de los sesenta y nueve países de más alto desarrollo humano del mundo[185]. Muy cerca ya de la convergencia.

---

183 https://datos.bancomundial.org/indicador/NY.GDP.MKTP.PP.KD?most_recent_year_desc=true&view=chart
Acierta en su previsión del 15% para Estados Unidos en 2020 Brzezinski (1998: 212), pero en absoluto en su previsión para China (op. cit. p. 165)

184 Deng (1987: 173); Meisner (1999: 528)

185 https://hdr.undp.org/data-center/country-insights#/ranks, mientras los 69 países referidos anotan 0,90. No obstante Cuba con unos ingresos por habitante de la mitad que China se sitúa solo diez posiciones por debajo de China en IDH.

Esa misma evaluación realizada para el año 1990 (algo menos de treinta años antes) informaba que China solo alcanzaba por entonces el 64 % del índice medio de ese grupo privilegiado de países (sobre un total de casi doscientos países evaluados por Naciones Unidas). Habría recortado en nivel de desarrollo humano más de veinte puntos porcentuales en menos de treinta años. No es extraño que un analista chino califique tal progresión como un *milagro de desarrollo humano* a escala planetaria[186]. Pues supone incorporar nada menos que mil cuatrocientos millones de personas a los otros mil cuatrocientos que, hasta entonces, habían conseguido entrar en ese exclusivo club a escala mundial. Hablamos, por tanto, de duplicar la población mundial que está muy por encima de la media en nivel de desarrollo. Y eso es así porque el conjunto de los mil cuatrocientos millones de personas que viven en China se acercaron de forma veloz e inequívoca al club mundial de países con más alto nivel desarrollo humano.

Pero debe precisarse que cuando el Índice de Desarrollo Humano se desglosa para cada una de las provincias de China mientras el indicador agregado nacional confirma de nuevo que se sitúa a la altura de la media de los 112 países del mundo que anotan un IDH alto, no es menos cierto que el 42 % de la población de China (dieciséis de sus treinta y dos provincias) están por debajo de dicha media[187]. Se comprueba así que existen dos Chinas muy asimétricas en lo relativo a su desarrollo humano.

3.2 Apertura al exterior y globalización

Estos logros son sin duda el resultado de una vertiginosa aceleración socioeconómica vinculada a la apertura al exterior. Ya que a unas crecientes exportaciones habrá que añadir las importaciones de recursos (materias primas y energía desde todos los puntos del globo) necesarios para generarlas y, al mismo tiempo, cubrir una demanda interna a cada paso más elevada. Pero también importaciones de productos de alta tecnología como semiconductores[188] que a la altura del año 2020 suponían una cifra de 170.000 millones de dólares, por encima de las importaciones de petróleo. Por eso en los comienzos de la década actual la apertura global[189] de su economía (exportaciones más importaciones) supera a la de los Estados Unidos en más de diez puntos sobre el PIB.

---

186 Angang (2003) citado por Golden, S. (2012: 125)

187 UNDP (2016: 32, 141)
https://www.undp.org/ch/content/dam/china/docs/Publications/UNDP-CH-%20NHDR%202016%20 EN.pdf

188 Economy (2023: 235-237)

189 En 2023 China 35%, Estados Unidos 20% y la Unión Europea 26%:
https://www.sinpermiso.info/textos/guerra-comercial-desde-estados-unidos-china-y-las-asimetrias-euro-peas
También es cierto si solo consideramos las exportaciones, Steinberg (2008: 258)

OTROS DATOS	CHINA	EE.UU	MUNDO
Población usuaria internet por cien en 2021	76	92	63
Población con teléfono móvil por 100 en 2022	125	110	108
Millones turistas recibidos 2019	162,5	165,4	2400
Gasto militar sobre PIB entre 2022	1,6	3,5	2,3
Exportaciones como %PIB en 2020	19,7	11,6	26,3
Importaciones como %PIB en 2023	17,6	15,4	28,7

Fuente: elaboración propia con datos del Banco Mundial

Exportaciones e importaciones (muchas veces asociadas a lo que se denominan cadenas globales de valor) que tendrán mucho que ver con la actividad en China de numerosas empresas extranjeras[190]. Pues en no pocas ocasiones se trata de una inversión condicionada, así, por ejemplo, en el sector del automóvil se presionó[191] *"para que los extranjeros constituyan empresas conjuntas con el Estado"*, al tiempo que no se permite que esos inversores controlen más de la mitad del capital en tales empresas.

Todo lo cual explica que en los últimos veinte años lo *made in PRC* haya triplicado su peso exportador en el mundo, superando el de otros grandes exportadores como Estados Unidos (14 % frente a 8 %), cierto que aún se situarían en la mitad del conjunto de la Unión Europea según los datos para 2023 del Banco Mundial[192]. Y siempre sin olvidar que[193] *"a menudo made in China quiere decir algo producido principalmente por compañías en Japón, Taiwán, Corea del Sur o Estados Unidos, que usan China como estación de montaje final de sus vastas redes mundiales de producción"*.

En esta imbricada y gigantesca *Chimérica* será paradigmático el caso de *Wall-Mart*. Un gigante de la distribución que a partir de 2004 se aprovisionará cada vez en mayor medida desde China[194], provocando despidos en las manufacturas de Estados

---

190 La mitad de las exportaciones para Fishman (2006: 36) o para Shenkar (2005: 32); el 80% de las exportaciones chinas de alta tecnología serían obra de empresas extranjeras, Poch (2009: 221)

191 Fishman (2006: 293-295), Lemoine (2007: 78), Honda solicitó permiso para abrir una planta solo para exportar; Soler (2003: 95-96) detalla los porcentajes de participación extranjera admitidos en distintos sectores al incorporarse China a la OMC.

192 Datos: https://datos.bancomundial.org/indicador/TX.VAL.MRCH.CD.WT?most_recent_value_desc=false&view=chart; https://es.wikipedia.org/wiki/Made_in_China

193 Ríos (2007: 66), sobre el caso de Japón o Estados Unidos buscando bajos salarios en China ver Friedman (2006: 44, 135), una Chimérica como Tierra plana.

194 https://es.wikipedia.org/wiki/Walmart; Friedman (2006: 149 y 433) en las páginas 432-433 detalla el origen de las componentes de un ordenador DELL como ejemplo de ese mundo plano que aquí llamo

Unidos, forzando reducción de salarios y costes para sus subcontratistas asiáticos en China y acelerando el consumismo en Estados Unidos. Un ejemplo paradigmático porque nada menos que cinco mil de los alrededor de seis mil proveedores de este gigante mundial de la distribución son chinos, con lo que bien puede decirse que si Wal-Mart fuese una economía nacional, ocuparía el puesto número uno en la clasificación de los socios comerciales de China.

Estamos ante *"las maravillas del mundo plano"*: un socio gigantesco para un país gigantesco. Aunque este socio no sea un buen referente para dar lecciones constructivas a China en relación a una política sindical democrática, ni sobre la adecuada cobertura de seguros sociales a sus trabajadores[195]. Pero es así como se complementa Chimérica. Es también un problemático ejemplo de cómo funciona y se genera tal apertura exterior, bajo la batuta de la lógica empresarial de una corporación norteamericana que en su día desplazó a la General Motors en la cumbre del ranking empresarial de esa superpotencia. Aunque muy simple: pues a comienzos de este siglo si una hora de trabajo en las manufacturas norteamericanas costaba 21 dólares, y en México menos de 3 dólares, en China era menos de 1 dólar[196].

Por todo ello, como bien señala el analista Dong Tao, habría que considerar al menos parcialmente que[197] *"el saldo comercial entre Estados Unidos y China es tan indiferente como el que se da entre Nueva York y Minnesota…"*. Ya que esas cifras de comercio exterior deben ser corregidas, por ejemplo, con las importaciones de alto valor añadido que se incorporan a bienes ensamblados y luego son re exportados desde China, en lo que se denominan cadenas globales de valor. Pues en muchas ocasiones China será apenas el último eslabón de la *"cadena de montaje asiática"* con Hong-Kong, Taiwán, Japón, u otros países al servicio de las multinacionales globales[198].

Con lo que se estima que, por tal motivo, el saldo comercial negativo de Estados Unidos con China debiera reducirse en un 35 % de tener en cuenta estas correcciones, ya que[199] *"esta compleja arquitectura de los procesos de producción distorsiona la interpretación de los saldos comerciales bilaterales"*, explicándose así *"la merma de peso del sector manufacturero en los países avanzados, donde se ha hecho un*

Chimérica, un mundo que hoy está saltando por los aires. También en Bregolat (2007: 113) o Shenkar (2005: 166, 205) que reitera este ejemplo y añade, entre otros, el del gigante norteamericano de mobiliario Furniture Brands.

195 Stiglitz (2006: 247)

196 Shenkar (2005: 181), Fishman (2006: 222); Arrighi (2007: 182, 317); *"el creciente peso económico de China y las otras economías emergentes erosiona la ventaja comparativa de las economías desarrolladas en sectores intensivos en trabajo"*, Requena (2017: 35)

197 Citado en Barboza (2006)

198 Winters y Yusuf (2009: 84); Bregolat (2007: 114); Kagan (2008: 48) señala las atenciones con China de las multinacionales más poderosas.

199 Gandoy y Díaz-Mora (2017: 48)

uso más intenso de estas estrategias". Una lógica que desde el año 1959 habría ido conformando esta singular *"empresa mundial"* chimericana, tanto respecto a las materias primas, como a la mano de obra o a los mercados de venta[200].

56 También el muy elevado indicador (observe el lector el anterior recuadro de datos) de uso de telefonía móvil (mayor que en EE.UU.) y de uso de internet (por encima de la media mundial) en China, tendría no poco que ver con esa apertura exterior, siendo este un sector en el que los inversores extranjeros habituaban controlar completamente el capital[201]. Ya en 1985 Motorola inició el despliegue de la telefonía móvil en China[202], esta telefonía e internet se sumarían así a otros vectores de consumo (como televisión, lavadora o frigorífico) crecientes para los sectores sociales que más han mejorado su renta en China[203].

Pero a día de hoy la disputa entre Huawei y Google, por el liderazgo global[204] en las redes 5G, pone de manifiesto que en lo relativo a la revolución tecnológica de las TIC, lo digital y el big data, la China actual ya no está dispuesta a dejar que le vuelva a suceder lo mismo que con la revolución industrial en el siglo XIX y buena parte del XX. Baste señalar que hoy Apple tiene ya como rivales muy serios a marcas chinas (*Xiaomi, Meizu, ...*), algo a lo que no es ajeno el hecho de que esos productos se decidieran ensamblar en su día fuera de Estados Unidos[205] (aunque no sea menos cierto que la mayor parte del valor añadido lo captura Apple, Inc. en California). Con lo que no debiera sorprendernos que del total de contribuciones técnicas al estándar 5G realizado por las cinco primeras compañías del mundo, se compruebe que casi la mitad de las mismas se localizan en China.

---

200 Clee (1959)

201 Lemoine (2007: 110); no así las empresas con las que subcontratan todos sus aprovisionamientos como por ejemplo Foxconn (que trabaja entre otros para Apple con más de un millón de empleados), Lampton (2015: 278). Siendo así que el 100% de los iPhone se ensamblan en China, Rosales (2022: 509).

202 Fishman (2006: 299), sobre las cesiones de Microsoft-Windows para entrar en China (op. cit. p. 340); Microsoft inaugura en 1998 en Pekín su *Microsoft Research Asia*, Friedman (2006: 282)

203 Winters y Yusuf (2009: 56); para Mandelbaum, J. y Haber, D. (2005: 49) la demanda interna china ya explica en parte las crecientes inversiones extranjeras.

204 Por ejemplo presiones y limitaciones en Gran Bretaña, entre otros muchos países de Europa o fuera de Europa. Rosales (2022: 514) detalla el papel central de Huawei. Resume la génesis de Huawei, Economy (2023: 198 y ss.)

205 Zakaria (2009: 167); sobre el espionaje en el sector de la automoción alemán en China, Crespo (2020) relata su paulatina acomodación.

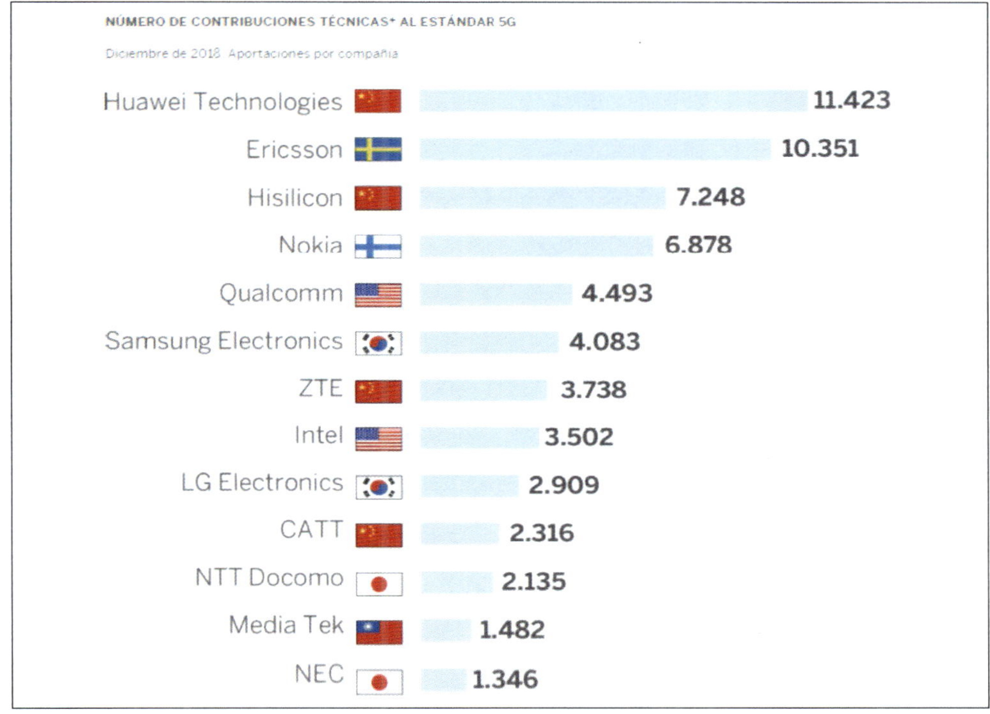

Fuente: *El País de* 25 de mayo de 2019

Porque se entrelazan aquí argumentos de soberanía nacional y de autonomía/resiliencia económica de los que habrían tomado en China muy buena nota. Razones que por lo demás, como se señaló más atrás, explican la presencia del sector de la defensa y del EPL en diversas actividades económicas, o el que las tres mayores empresas de telecomunicación (*China Mobile, China Unicom y China Telecom*) sean estatales[206]. Y ello a pesar de que las cifras oficiales de gasto en defensa de China están por debajo de la media mundial y en la mitad de las de Estados Unidos.

Es esta una conexión de la que también se es perfectamente consciente en esta parte del mundo, ya que el 5G se considera una cuestión de seguridad defensiva

---

206 Frankopan (2019: 49); anotarán serias turbulencias y suspensiones de cotización en la bolsa de New York en el año 2021, El País (6/1/2021)

también para[207] la OTAN y el Pentágono: *"Stoltenberg mencionó la importancia de las redes 5G y de acordar requisitos comunes para fortalecer la resiliencia de la Alianza frente a los retos cibernéticos"*.

58   Asia, en cualquier caso, concentra casi la mitad de sus exportaciones, mientras Estados Unidos y Europa solo una quinta parte cada una de ellos[208]. Pero, mientras que con el conjunto de Asia la economía china anota un déficit, con EEUU y la UE registra un abultado superávit a su favor. Siendo así que el conjunto de la Unión Europea ya anotaba[209] con China en 2020 un déficit comercial que casi igualaba el superávit comercial total de la UE. Superávit que también anota China con Hong-Kong que actúa como *mesa giratoria*, importando componentes que reexporta a China, y que importa ya ensamblados para reexportar al resto del mundo. A diferencia de Taiwán con quién registra déficit comercial debido a ser destino de sus exportaciones de componentes electrónicos[210].

En lo que atañe al capítulo importador de esta gigantesca economía, debe destacarse que casi la mitad procede de países emergentes o menos desarrollados[211] (energía y materias primas sobre todo). Lo que, al mismo tiempo, explica que la mitad de los contenedores que llegan a Estados Unidos con origen en China regresen vacíos[212].

Otro síntoma de su creciente apertura exterior es el hecho de que en 2019 a China llegasen tantos turistas como a EE.UU.; lo que ha desbordado las previsiones de la Organización Mundial del Turismo de alcanzar en 2020 los cien millones de visitantes recibidos y otros tantos emitidos[213].

En este punto debe señalarse que mientras la balanza de mercancías tuvo un superávit para China de un 3 % del PIB en 2018, la de servicios le era deficitaria por un - 2

---

207 Conferencia de prensa, Jens Stoltenberg, Secretario General de la OTAN, 29/XI/2019. La cita en Simón y Martín (2019: 2). Para la UE ver Comisión Europea (2019: 11) donde Huawei tiene una más que notable implantación. Lo que explicará el veto en 2019 de la administración Trump por razones de seguridad nacional (El País 29/5/2019). Brasil no aplicará el veto a Huawei a cambio de recibir vacunas contra el Covid, Correa (2021)

208 Tabla 11-5 de *China Statistical Yearbook* 2017, cifras muy semejantes a las de diez años antes, Lemoine (2007: 115-120)

209 En 2023 el déficit comercial de la UE con China ya alcanzaba el doble del saldo comercial total positivo de la UE (sin aquel déficit el superávit sería del triple) según datos del Banco Mundial y del Ministerio de Economía.

210 Brenner (2009: 524) consideraba ya en 2002 a China el *"mayor exportador de productos de alta tecnología a EE.UU."* y causa del aumento del déficit externo de EE.UU.

211 Tamames (2008: 202, 319 y 346) refiere cobre, caucho, metales preciosos, de: Chile, Tailandia, Sudáfrica, Brasil, Argentina, Venezuela, México, Cuba, Colombia, etc. Australia también se favorece del bum chino, Fishman (2006: 216); ver un documentado informe, de Correa (2021), en el que China permite amortizar prestamos a estos países con pagos en materias primas.

212 Thomas Fuller (New York Times 30 enero 2006); también seis veces más contenedores entre China y Madrid que en sentido inverso, Ríos (2019: 100)

213 Golden (2012: 214-216), más de un millón de chinos visitan París y Europa, que podría llegar a ser un balneario del turismo asiático de los superricos.

%, debido sobre todo a la sub balanza de turismo[214] (- 1,7 %). Con lo que, en conjunto bienes y servicios aportarían en dicho año un saldo neto de apenas un + 1 % sobre el PIB. Lo que significa que la contribución neta de la demanda externa al crecimiento económico de China no es tan abultada como suele suponerse[215], ya que la balanza por cuenta corriente en 2020 siguió perdiendo vigor, llegando a restar en 2023 medio punto en el crecimiento[216] del PIB. Por dos razones: la primera que las importaciones necesarias para alimentar su gigantesca economía son también crecientes, la segunda que la sub balanza de servicios le es muy deficitaria.

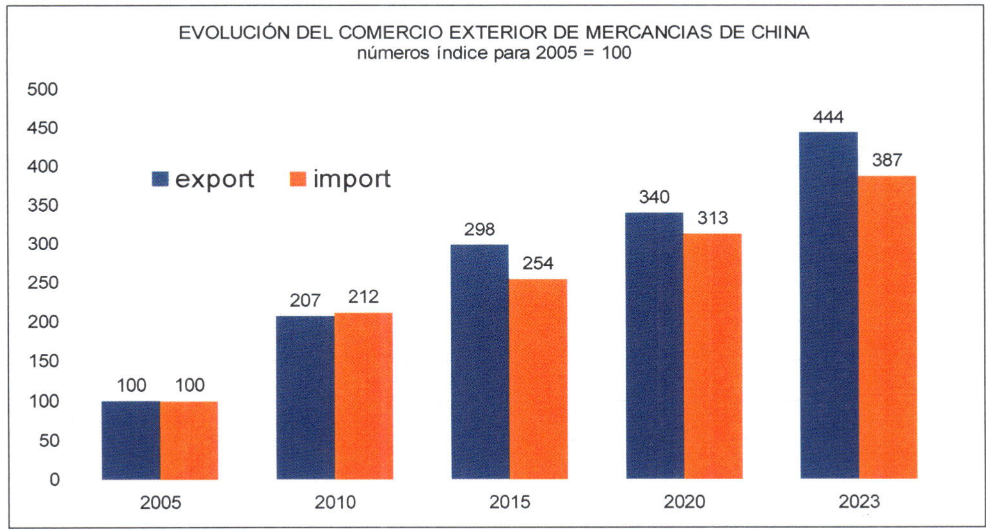

Fuente: elaboración propia con datos NBS

China disfruta, en suma, de una demanda externa y una balanza por cuenta corriente favorables, que nada tienen que ver con el signo negativo de Estados Unidos[217], pero

---

214 Datos OCDE (2019: 21):
https://www.oecd.org/content/dam/oecd/en/publications/reports/2019/05/oecd-economic-surveys-china-2019_g1g9f49b/eco_surveys-chn-2019-en.pdf#page9

215 En relación al PIB, sí lo es en términos absolutos. Lin Yue (2013: 216), señala su máximo en 2007 y posterior declive. Shenkar (2005: 28, 174) destaca también esta tendencia: pequeño superávit e importaciones crecientes. Y señala que para Estados Unidos la situación es inversa: déficit comercial y gran superávit en servicios.

216 https://data.stats.gov.cn/english/easyquery.htm?cn=C01

217 Brenner (2009: 522-523) anota para EE.UU. un déficit externo del -8% del PIB en 2005 desde que *"comenzó a desperezarse el dragón chino"*.

que en 2020 aún tenía una cuota sobre el PIB de la quinta parte de lo que este vector supone en el conjunto de la economía de la zona euro.

En lo relativo a sus Inversiones Directas en el Extranjero (IDE) siendo crecientes, con algo más de cien billones de dólares en 2016, representan un stock inversor muy inferior al de Japón o EE.UU. (que superaban los seiscientos billones). No obstante, ya a la altura de 2010 se estimaba que más de trece mil compañías chinas contaban con instalaciones en casi doscientos países del mundo[218]. De forma que frente al clásico poder duro militar, China ejercería paulatinamente un poder blando basado en su influencia indudable como cliente gigantesco de muchos países. Gracias a una acelerada apertura al exterior con características propias. Pues no cuenta más que con una base militar en el mundo (a diferencia de otras potencias globales) y solo participa militarmente a escala global a través de la ONU. Defiende un no alineamiento en bloques, practica la coexistencia pacífica y unas diferenciadas relaciones con el Tercer Mundo[219].

Coherentemente, como se puede comprobar en el recuadro estadístico inserto al comienzo de este apartado, su esfuerzo militar (gasto en defensa como porcentaje del PIB) es muy inferior al de EE.UU. e incluso a la media mundial. Y así, mientras en 2011 en EE.UU. se destinaban para defensa dos mil doscientos dólares per cápita en China apenas se superaban los cien dólares[220].

Sobra decir, como le sucede a todas las grandes economías occidentales -desde la de Estados Unidos a la Unión Europea- que China actúa en un mundo sin instituciones globales efectivas que gobiernen una nunca tan vasta mundialización del mercado. Pues es una tarea que realiza a-democráticamente una plutocracia económica global de grandes grupos financieros y fondos de inversión[221] (*Vanguard, Blackrock, …*). Y que lo hacen tanto a nivel global (en la OMC, el FMI, el BM, la OCDE, etc.) como dentro de cada una de las democracias parlamentarias de los estados más ricos del mundo.

218 OCDE (2019: 63), ECFR.EU (2012): https://ecfr.eu/archive/page/-/China_Analysis_Facing_the_Risks_of_the_Going_Out_Strategy_January2012.pdf Es emblemático el peso chino sobre Daimler-Benz, en el que el grupo privado chino Geely posee casi el 10 % de las acciones y en el que el estatal BAIC quiere tener otro tanto, https://www.elmundo.es/motor/2019/12/17/5df8a585fdddffafb68b45d4.html

219 El multilateralismo chino en el seno de la ONU sería revalidado en 2005 por Hu Jintao según Kissinger (2012: 513), así en 2008 China era el principal contribuyente a las misiones de paz de Naciones Unidas. Durante mucho tiempo sin bases militares, Bustelo (2010: 57), aunque hoy ya cuente con una en Djibuti, Rios (2021: 302)

220 Golden (2012), la media mundial eran doscientos cuarenta dólares. En 2019 China gastaba 261 mil millones mientras que Estados Unidos llegan a los 700 mil millones, Economy (2023: 81)

221 Plutocracia financiera en las GAFAM norteamericanas por encima de sus populares CEOs (Musk, y Cía.) al igual que sucede en China entre la plutocracia del PCCh y los CEO de Alibaba (Jack Ma), Baidu (Robin Li), Huawei (Ren Zhengfei), Tecent (Poni Ma) o TikTok (Zhang Yiming). Analizo en Prada (2019) la imbricación y consecuencias de este hipercapitalismo digital (tanto en oriente como en occidente), tanto con el Estado como con la sociedad.

A esta plutocracia global se estarían incorporando los mil millonarios y grupos financieros chinos[222] (como del *Industrial and Commercial Bank of China, China Construction Bank, Bank of China y Agricultural Bank of China*) que ya ocupan nada menos que cuatro de los cinco primeros puestos del ranking bancario mundial. Mil millonarios de un capitalismo de Estado que han disparado tanto las ventas de marcas de lujo en China (Chanel, Prada, etc.), como la adquisición, por poner un ejemplo, de grandes propiedades vinícolas en Francia[223].

3.3 Privatizaciones, desigualdad... ¿capitalismo?

El proceso de convergencia y apertura al capitalismo global por parte de China que aquí estamos analizando se verá acompañado de la multiplicación de empresarios multimillonarios, no pocos familiares de miembros destacados del PCCh. Que llegarán a serlo después de privatizar activos del Estado, o bien que deben su fortuna a sus conexiones con los funcionarios del gobierno del PCCh[224]. Lo que se viene acompañando[225] de *"...apropiación indebida de fondos, conspiración para el robo, conspiración para el fraude, soborno, falsificación de documentos financieros, incitación al depósito ilegal de fondos, ocupación ilegal de terrenos agrícolas, falsificación de contratos o fraude de crédito"*. Cosas todas bien conocidas en el mundo capitalista occidental.

Reaparece así un nexo secular entre la plutofilia de la antigua China y la plutocracia actual, pues ya en el siglo I a.C. para Sima Qiam los funcionarios[226]: *"fabrican sellos falsos y falsifican documentos, haciendo caso omiso de las mutilaciones que les aguardan como castigo si son descubiertos, porque se hallan sumergidos en sobornos y regalos... para acumular dinero"*.

Y así, en la China actual, la consecuencia será que ya en 2015 el diez por ciento más rico de la población acaparaba en China un porcentaje de riqueza muy cercano al que esa misma fracción de la población disfrutaba en Estados Unidos y muy por encima del de Francia (67 % en China y 55 % en Francia). Siendo así que[227],

---

222 Datos para 2016: https://es.wikipedia.org/wiki/Bank_of_the_Year_Awards

223 Frankopan (2019: 36 y 41). Lo que también explica que las denominadas Golden Visa de residencia en España se concedan a inversores chinos de forma muy destacada.

224 Klein (2007: 249, 256); una cleptocracia, Ollé (2005: 83), con una casuística de corrupción creciente comprobable en numerosos procesos judiciales y administrativos; también Winters y Yusuf (2009: 207, 242). Jinglian (2010) señala la corrupción y la concesión de monopolios como causa de desigualdad en China.

225 Yu Hua (2010: 171); la mezcla explosiva de burocratismo, conexiones, amiguismo y corrupción ya la había señalado mucho antes Fairbank (1986: 394) al final de su minucioso trabajo sobre la China de XIX-XX.

226 Aplica el concepto de plutofilia, a la antigua China, Skidelsky (2012: 99), de quién también recojo la cita de Sima Qian (op. cit. 102)

227 La cita en Yu Hua (2010: 131), los datos en OCDE (2019: 58)

"La China de hoy es una China de gigantescas disparidades. Es como si, caminando por esa realidad, viésemos a un lado de la carretera un extravagante festival de abundancia y en el otro lado un escenario profundamente desolador. Podríamos decir que vivir hoy en China se parece a asistir a un teatro en el que en la mitad del palco se representa una comedia y en el otro lado se asiste a una tragedia".

Como corrosión de fondo debe anotarse que entre 1998-2002 muchas empresas hasta entonces estatales pasaron a ser públicas de ámbito local que ya podían ser participadas[228], estimándose que hasta veinticinco millones de trabajadores perdieron así su empleo en dicho cuatrienio. Otra estimación[229] -para los sectores no agrarios- considera que el empleo estatal o público se habría desplomado desde un 35 % en 1995 (109 millones de trabajadores sobre 295 millones), al 18 % en 2005 (con 62 millones sobre un total de 313 millones de ocupados no agrarios) lo que supone un descenso nada menos que de cuarenta y siete millones en diez años.

En este contexto, y si hemos de considerar como criterio para dilucidar si el socialismo ha perdido o no la partida en China[230] el de si *los productores directos han perdido el control sobre los medios de producción"*, resultaría que ya en 2005 tal premisa sería cierta (trabajar en empresas privadas) nada menos que para cuatro quintas partes de los trabajadores no agrarios (unos 255 millones de trabajadores), y para dos tercios de la producción nacional. Aunque no sea menos cierto que entre 2005 y 2017 el descenso de ocupados en el sector estatal se habría estabilizado: de 65 a 60 millones[231]. En cualquier caso para 2017 la, en este asunto poco sospechosa, Oficina Nacional de Estadísticas de China (INECh) considera que ya solo un tercio de los trabajadores urbanos lo son en empresas con participación estatal, colectiva o de cooperativas[232].

Se habría hecho realidad aquello que treinta años antes Deng Xiaoping anotaba como improbable, aunque posible[233], cuando consideraba que *"algunos están preocupados porque China pueda volverse capitalista, no podemos decir que carezcan totalmente de base"*. Para dilucidarlo, según el propio Deng, el criterio debiera ser si

---

228 Ollé (2005: 71-72)

229 Maddison (2007: 171) con datos del *China Statistical Yearbook*. Fishman (2006: 113) eleva los empleos destruidos del sector estatal entre 1996-2001 a nada menos que 53 millones.

230 Más allá de que ya sea, sin duda, una sociedad de mercado. El criterio de si es o no capitalista, en la cita textual, la tomo de Arrighi (2007: 38)

231 Tabla 4-3 del China Statistical Yearbook de 2018. Posiblemente relacionado con un *"feroz debate sobre la dirección de la reforma económica"* en el seno del PCCh, Bregolat (2007: 308), que define siete sectores en los que el Estado debe tener un control absoluto (op. cit. p. 287) (ver aquí infra)

232 Lemoine (2007: 39), Tabla 4-3 del China Statistical Yearbook de 2018; Torras (2013: 131) cifra el sector privado industrial en 2003 en un 72%; cifras semejantes en Bregolat (2007: 98), Roberts (2025) sitúa las empresas estatales entre un 25-35% del PIB.

233 Deng (1987: 102); aunque no se debiera identificar "público" con "Estatal", sobre todo si el Estado sólo puede estar ocupado por un único Partido.

existe un *"predominio de la propiedad pública"*, o evaluar[234] si *"los medios de producción seguirán siendo de propiedad pública... [si]... la economía de propiedad pública seguirá siendo predominante"*.

La economía China sería socialista (según este criterio) en la medida en que se compruebe un predominio de la propiedad pública de las empresas, con lo que la cuestión a plantearse sería, *"¿qué porcentaje de propiedad pública se requiere para poder hablar de «sistema socialista»"*. Quién se formula esta pregunta se responde a sí mismo que, para ser predominante[235], *"puede significar menos del 10 % de los sectores secundario y terciario"*.

Por mi parte muy difícil se me hace considerar esa predominancia socialista cuando, no solo para la mayoría de los trabajadores asalariados chinos la propiedad capitalista de su empresa -que acabamos de comprobar- impediría cualquier tipo de control sobre sus medios de producción, sino porque en todas las empresas chinas (ya privadas, ya de propiedad estatal) no existen garantías de libertad de sindicación, negociación colectiva, cualquier tipo de cogestión o una cobertura de servicios públicos universal, a tenor de un índice internacional que resume al respecto casi cien indicadores[236].

Bien al contrario, estaríamos más bien en presencia de un gigantesco espacio para un capitalismo salvaje (ya privado, ya estatal), que haría las delicias de Milton Friedman o de su mentor Hayek. Como se comprueba con claridad en el gráfico que inserto sobre el rampante deterioro de la cuota de las rentas salariales en el conjunto del valor añadido de aquél país[237].

---

234 Deng (1987: 80 y 102)

235 Bregolat (2007: 288)

236 ITUC (2018: 10); en China está prohibido organizar sindicatos libres, Meisner (1999: 515); Mandel (1990) no reconoce una planificación socialista sin democracia y pluralismo político, imposible con un único Partido.

237 Si en China se desploma del 45% al 36% en Estados Unidos lo hace del 67% al 59% (op. cit. p. 36). Se refieren a un *"estrangulamiento del socialismo en el interior del mercado mundial"*, Negri, A. y Guattari, F. (1999: 153)

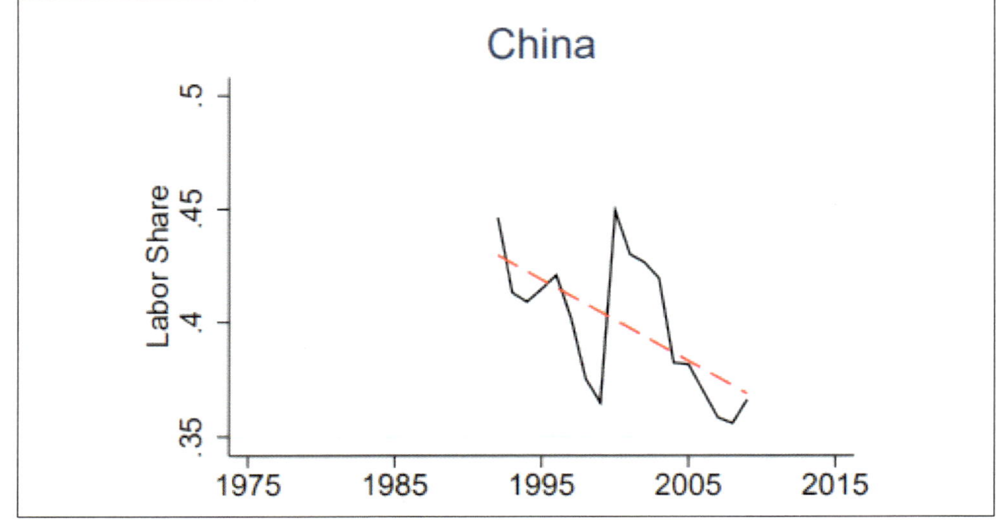

Cuota de las rentas salariales en el PIB
Fuente: Karabarbounis_2014, http://www.nber.org/papers/w19136

Y ello al margen de que la propiedad estatal (que no pública o colectiva) de los medios de producción se mantenga -de forma limitada hoy en China- en aquellos sectores considerados estratégicos para la seguridad e independencia nacional, más que a consideraciones de tipo estrictamente económico o social. Lo que explica que la Comisión Estatal para la Supervisión y Administración de Activos acote siete sectores en los *"que el Estado debe tener absoluto control a través de empresas de propiedad estatal"*: armamento, carbón, petróleo, generación y distribución de energía, navegación, aviación y telecomunicaciones[238]. Pues no se debe ignorar que dicha propiedad estatal es una condición si acaso necesaria, pero en absoluto suficiente para que se produzca una *"apropiación social real"* o *"un control colectivo de los trabajadores"*, al menos cuando la propia organización de los trabajadores se ve seriamente limitada y cercenada[239].

Suplementariamente datos recientes informan de una deuda empresarial sobre el PIB del 160 %, en su mayor parte relacionada con esas empresas estatales estraté-

---

238 Citado por Bregolat (2007: 287) que añade otros sectores donde las empresas estatales debieran ser determinantes: hierro y acero, materiales no ferrosos, maquinaria, automóvil y TIC. Para las TIC, Frankopan (2019: 49). Para Lampton (2015: 140) en 2009 ya solo el 11% de la producción industrial era estatal.

239 Señalaba esta diferencia entre lo necesario y lo suficiente Bettelheim (1974: 10 y 117), por su parte Mandel (1990) considera que no puede haber planificación socialista sin democracia y pluralismo político.

gicas (mineras, siderúrgicas, etc.) en las que estarían en peligro, y solo para aquellas consideradas *zombis*, casi dos millones de empleos. La importancia de la citada deuda empresarial[240] elevaba la deuda total en China a un 250 % del PIB en 2018, un nivel muy superior al de la deuda pública aunque ésta crezca aceleradamente[241]. Con estas tierras movedizas incluso aquel 18 % de empleo no agrario estatal o público podría disminuir aún más en los próximos años a causa de dichas debilidades. Téngase en cuenta que en España el empleo público sobre el total se sitúa en un 17 %, y nadie duda que se debe considerar a España un país capitalista[242].

A ese radical declive de las áreas productivas estatales debe añadirse el hecho de que el peso de los ingresos tributarios del Estado sobre el PIB se situó en China durante la última década (2007-2017) por debajo tanto de la media mundial como de Estados Unidos, y en una senda decreciente[243]. Lo que explica una progresiva incapacidad para cubrir servicios públicos universales y redistributivos[244] (sanidad, educación, desempleo, pensiones, exclusión, dependencia, etc.) y se traduce en un crónico consumo público defectivo en relación al PIB. La situación relativa del conjunto de sus ingresos públicos (central y provincial) en 2019 refleja con meridiana claridad su menor peso en el conjunto de la economía y, en consecuencia, su mayor proximidad a una sociedad de mercado como la norteamericana que, incluso, a la del conjunto de sociedades de la zona euro[245].

---

240 El País 25/10/2019 y OCDE (2019: 10)

241 Según datos FMI (2020b) un 54,4% del PIB en 2019. En 2013 era del 37%. China, como Japón, cuenta con un excepcional ahorro nacional para su financiación, a diferencia de otros países.

242 Según la Encuesta de Población Activa del INE del cuarto trimestre de 2024, https://www.ine.es/jaxiT3/Datos.htm?t=4492

243 En el recuadro el PNUD (2018) estima un 9,4 %, mientras en 2000 era un 14 % según Tamames (2008: 73) y de un 17,3 % en 2005 según Maddison (2007: 90)

244 Lo analizaremos de inmediato desde la perspectiva del consumo público como parte del PIB.

245 Lo mismo en el déficit público en 2019: EE.UU. un -5,8 y China un -6,4% (FMI 2020b). El dato homogéneo de Naciones Unidas (PNUD, 2018) nos informa de unos ingresos tributarios del 13,8 % sobre el PIB para España, frente a un 9,4 % en China. Esto sugiere que los datos PNUD son solo del Gobierno Central que habría llegado a ese 10% en 1995 desde un 30% en 1970 según Winters y Yusuf (2009: 238), lo que es coherente con una gigantesca descentralización hacia lo regional y local. Para el año 2023 los ingresos públicos sobre el PIB estarían en el 17%: https://data.stats.gov.cn/english/easyquery.htm?cn=C01, superando los ingresos locales a los centrales.

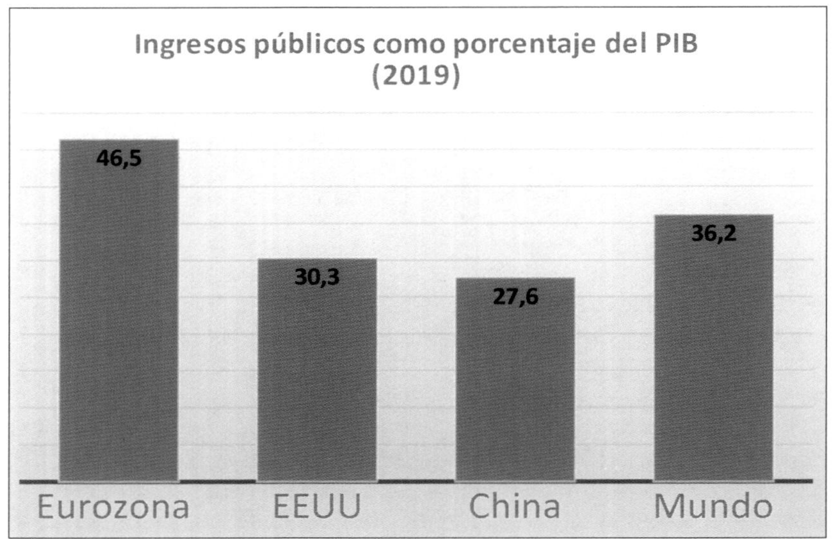

Fuente: elaboración propia con datos del FMI (2020b)

Estamos, por tanto, ante el debilitamiento de dos cruciales vectores clave que alejarían a China no ya del socialismo, sino incluso del tránsito hacia una sociedad decente (sociedad armoniosa[246] – *héxié shèhui*- en sus documentos oficiales desde 2004), y que la abocan a ser considerada una pura y dura sociedad de mercado.

Una economía en la que el mercado a cada paso ocupe más y más áreas en detrimento de formas públicas o asociativas. Y, en consecuencia, ante los eufemismos[247] de un socialismo con economía de mercado, socialismo de características chinas, sistema mixto de actividades públicas y privadas, economía de mercado con características chinas, economía de mercado socialista, etapa primaria del socialismo o proceso de transición socialista ... habría que concluir que estaríamos más bien hablando de una sociedad de mercado con características chinas.

A la vista de su nivel de ingresos públicos, y para negarse a calificar a China de capitalismo o capitalismo de Estado no me parece buena estrategia citar[248] entre los

---

246 https://es.wikipedia.org/wiki/Sociedad_armoniosa

247 O «economía mercantil planificada basada en la propiedad pública» en 1984, para ser «economía socialista de mercado» en 1992, pasando por estar en la *primera etapa del socialismo* en el Congreso del PCCh de 1987, para llegar al *«socialismo con peculiaridades chinas»* en 2017, en R ios (2021: 134-139, 161, 286)

248 Así lo hacen Herrera, R. y Zhiming, L. (2021: 82 y ss.) que se abstienen de insertar en su análisis cualquier cuadro o gráfico comparativo con países indudablemente capitalistas. Sobre el empleo industrial

"numerosos rasgos netamente distintos del capitalismo" los sectores educativo y de investigación, sanitarios, de defensa o infraestructuras porque -con dichos ingresos públicos- es más que dudoso que en China dispongan de un sector público o estatal mayor que en la media de las economías de la OCDE. Más bien al contrario, a la vista de ese esfuerzo fiscal, es obvio que China dispone de un potencial de gasto para empleo público y/o redistributivo[249] muy inferior al de la zona euro. Singularmente en vectores como el educativo o sanitario.

Aunque deba tenerse en cuenta que, tanto desde la perspectiva de los ingresos como de los gastos, el nivel local[250] tiene en la actualidad un muy superior peso en China del que tiene por ejemplo en España (54 % de los ingresos y 86 % de los gastos en China). Nivel local que goza de una gran autonomía respecto al gobierno central al recaudar por sí mismo buena parte de sus recursos[251]. Se comprueba así en este país una muy superior descentralización de la administración pública hacia el nivel local, que habría pasado de gestionar buena parte de la sanidad, educación, suministro de agua o la mayoría de las vías públicas, de forma especialmente intensa en las llamadas Zonas Económicas Especiales. Un papel que se acrecienta según las empresas públicas van desapareciendo o dejan de ser responsables de la vivienda o la educación de los hijos de sus trabajadores[252] (aunque sigan cubriendo los sanitarios o de pensiones). Pero esta descentralización, favorecedora de la polarización del crecimiento en el litoral del país, no estaría contribuyendo positivamente a que el Estado central actúe como un potente redistribuidor territorial y personal de riqueza desde un cada vez más rico litoral hacia un subdesarrollado interior.

No debe entonces sorprendernos el que la galopante desigualdad social en ingresos se vea acompañada de esta paulatina laminación de garantías sociales equitativas (educativas, en sanidad, jubilación, etc.) y de la mutación del sector público en cómplice de sistemas monopolísticos y/o corruptos[253]. Aspectos sobre los que volveremos más adelante.

---

estatal (tutelado por *"responsables del Partido Comunista"*) que no socialista, líneas atrás queda analizado su declive.

249 La reducción del índice de Gini antes/después de impuestos y transferencias es muy escasa en China según OCDE (2019: 55), por ejemplo cuatro veces menos intensa respecto a lo que sucede en España. Abordaremos el esfuerzo público en protección social al final de este ensayo como un síntoma clave en China de su deriva hacia una sociedad de mercado.

250 https://data.stats.gov.cn/english/easyquery.htm?cn=C01; OCDE (2019: 40). Estimaban un 44% de ingresos públicos del ámbito local para 1994 sobre el total de ingresos públicos, Bustelo y Fernández (1996: 95).

251 Una fuente de ingresos excepcional de las administraciones locales en China es de hecho disponer del monopolio sobre las superficies urbanizables, Soto, R. y Valdés, L. (2024: 44)

252 Bustelo y Fernández (1996: 117), Bregolat (2007: 143); Torras (2013: 52, 124-125), lo que abonaría la habitual promoción meritocrática de dirigentes locales del PCCh para el Gobierno estatal.

253 Wang (2008: 113, 122, 137-138) realiza un balance de estas sombras; *"... es precisamente el carácter opaco del sistema político lo que permite el desarrollo fulminante de la economía china"* Yu Hua (2010: 151)

Pero tampoco es ajeno a esta debilidad fiscal central un esfuerzo militar por debajo de los dos referentes que venimos utilizando, como se observa en el recuadro de otros datos económicos[254]: 3,5 % para EE.UU. entre 2022 y para China 1,6 % del PIB. Lo que se ajustaría, en un caso, a la estrategia de un Estado capitalista que ejerce una hegemonía militar global (Estados Unidos y la OTAN), y en el otro a la de una gigantesca sociedad de mercado (China en la ONU) centrada a día de hoy en defender su soberanía, multilateralismo y neutralidad[255].

La absoluta autonomía del EPL chino respecto al Estado (Parlamento, Ejecutivo) con su dependencia directa del PCCh explica que, como también sucede en Estados Unidos, al Congreso le sea muy difícil controlar a la jerarquía militar[256]. En ambos casos, por razones de seguridad y soberanía nacional, el aparato militar condiciona también múltiples conexiones e intereses en relación a los esfuerzos de investigación y desarrollo tecnológico, así como sobre los sectores más novedosos y punteros de la economía[257] (TIC, biología, nanotecnologías, etc.). Sin olvidar su papel crucial en la supervisión de las amenazas a la operatividad en unas rutas marítimas (como en el Mar de la China Meridional y el estrecho de Malaca) que podrían colapsar la economía china en sus canales de aprovisionamiento[258]. Y es así como, en paralelo a una menor presencia formal de altos mandos del EPL en las instituciones públicas, su influencia y presiones corporativas serían crecientes. Todo ello en aras de poder garantizar la soberanía y autonomía nacional de China en un creciente escenario global que condiciona sus intereses económicos estratégicos.

Es en este punto que encaja la *Iniciativa de la Franja y de la Ruta* como diversificación de sus canales de aprovisionamiento y logísticos: con su eje sino-ruso y de Asia central, el de Europa-Oriente Medio y África, el de sudeste asiático, India y Pacífico y su extensión natural a América Latina y el Caribe[259]. Llegando para ello incluso a

---

254 Datos de gasto militar por áreas del mundo en SIPRI 2019 p. 6. Mientras EE.UU. gastaba en defensa 649.000 millones, China gastó 249.000 millones (2,6 veces menos) (página 7). Como el PIB ese año era de 17.662.000 millones \$ (de 2011) en EE.UU. y de 21.223.000 en China, el gasto militar sería el 3,3% del PIB en EE.UU. y del 1,2% en China.

255 Para Fairbank (1986: 383) el EPL era solo defensivo; más recientemente Arrighi (2007: 103) y Torras (2013: 186); Bregolat (2007: 323) señala que Jiang Zemin desvinculó al ejército del mundo de los negocios y pasó a contar solo con financiación por vía presupuestaria.

256 Dahl (1989: 89, 299), aunque debiera ser al revés *"deben ser gobernados y no gobernantes"*

257 Lo que vale tanto para Huawei o Baidu como para Alphabet-Google. A la altura de 1985 los militares habrían perdido la primacía en el Comité Central del PCCh según Fairbank (1986: 370), pero hasta 1997 tendrían presencia en sectores productivos como el textil, medicamentos, refrigeradores, motocicletas o televisores, Aguirre (2000: 33) y fueron la vanguardia en la ZEE de Shenzhen.

258 Sobre soberanía en rutas de aprovisionamiento, Frankopan (2019: 141-142); sobre el dilema de Malaca, Kagan (2008: 53), Ríos (2019: 139) o Economy (2023: 161-165); aprovisionamiento de recursos por vía marítima como debilidad china, Ferguson (2008); alternativas a Malaca en un mapa de Zamora (2022: 158).

259 https://es.wikipedia.org/wiki/Iniciativa_de_la_Franja_y_la_Ruta. Sobre estos ejes, Ríos (2019: 46-59). En este contexto es en el que en 2006 se produce la primera cumbre China-África de la historia, Santiso (2008: 341), no en vano en África trabaja casi un millón de técnicos y trabajadores chinos, Muñoz

la compra directa de terminales europeas como en El Pireo, Bilbao o Valencia por la china COSCO, o Marsella, Le Havre o Saint Nazaire por Chine Merchants Holdings[260]. De lo que se deduce que la China actual se mueve en las antípodas de la posición aislacionista que adoptara hace siglos suprimiendo las expediciones de Cheng Ho.

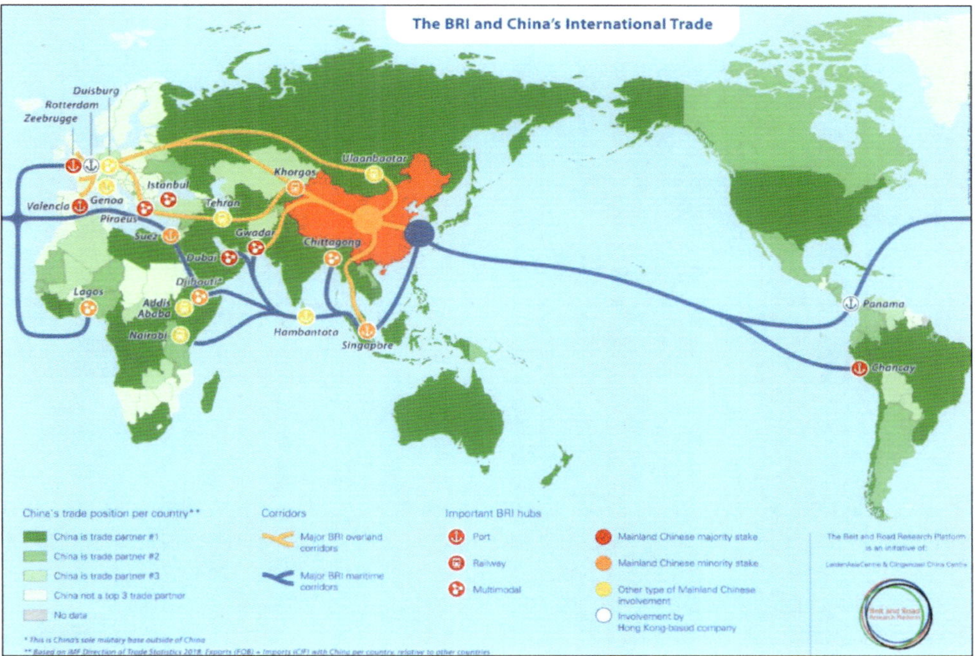

Iniciativa de la Franja y de la Ruta
Fuente: Insuasty et al. (2023: 213), a su vez tomado de
Martin, X. (2021). *New map of the belt and road initiative.* Clingendeal.

(2018: 83)

260 https://es.wikipedia.org/wiki/COSCO
https://www.infolibre.es/mediapart/china-control-docena-puertos-europeos_1_1177456.html
COSCO en Chankay (El País 16/11/2024)

3.4 Demografía y empleo

Con algo más de mil cuatrocientos millones de habitantes en China reside en la actualidad cerca de una quinta parte de la población mundial mientras que, por ejemplo, la de Estados Unidos no llega al cinco por ciento. La buena noticia es que China, en las últimas décadas, ha conseguido frenar de forma sustantiva su crecimiento demográfico, mientras la tasa media mundial o en Estados Unidos continúa en positivo. Y lo sostengo por un doble motivo.

DEMOGRAFIA Y EMPLEO	CHINA	EE.UU	MUNDO
Crecimiento población 2023	-0,1	0,5	0,9
Porcentaje de población urbana 2023	65	83	57
Tasa fertilidad entre adolescentes 2022	11	15	42
Tasa > 65 años en 2022	14	18	10
Empleo en agricultura como % total 2017	23	2	26
Tasa empleo > 15 años en 2023	63	60	58

Fuente: elaboración propia con datos del Banco Mundial

Por un lado porque este factor ha contribuido a que igualase de forma acelerada la cifra media de riqueza por habitante a escala mundial como ya demos revisado. Por otro, porque ha reducido su responsabilidad en una explosión demográfica mundial que pone en serio peligro la sostenibilidad de la actual civilización en la Tierra[261]. Una reducción del crecimiento demográfico que es, sobre todo, el resultado de implementar en 1979 la política de hijo único que, entre otras cosas, garantizaba la escolarización y atención médica gratuitas a las familias que lo cumpliesen. Para conseguirlo también fueron adecuadas las medidas de educación sanitaria y control de la natalidad que han sido especialmente eficaces entre la población adolescente. Pues China anota (ver el recuadro anterior) tasas de fertilidad[262] en esa franja de edad inferiores a las de Estados Unidos y de la cuarta parte de la media mundial.

Así se consiguió que China realizase su particular transición demográfica[263] (conjugando bajas tasas de natalidad y mortalidad). Lo que haría posible que en los cuarenta últimos años la población no se duplicase, como sí sucedió entre 1950 y 1980, pasando entonces de quinientos a mil millones. De no haberse implementado dicha política, hoy China contaría con seiscientos millones de habitantes más. Mientras

---

261 Me ocupo de esto en Prada (2017: 52 y ss.)

262 Nacimientos por cada mil personas entre 15-19 años media 2015-2020

263 Fishman (2006: 148), Lemoine (2007: 55)

que, de continuar con la misma, China podría estabilizar su población e incluso hacerla disminuir[264] a la altura del año 2030.

Sin embargo es este un asunto que se está revisando en la actualidad, pues inducido por aquella política de freno demográfico, parece estar observándose un incipiente envejecimiento de la población. China ya supera en la actualidad la tasa media mundial de dependencia de mayores de 65 años y, aunque se sitúa aún por debajo de la de Estados Unidos[265], se empieza a contemplar con preocupación el riesgo de envejecimiento[266] y, como reacción, se asiste a una revisión de la política de hijo único pasando a dos hijos[267] en 2016 e incluso a tres en 2021.

No se observa la misma contención en lo relativo a los flujos de población del mundo rural al mundo urbano. Y ello a pesar de implementarse en 1958 un sistema (*hukou*) de control de la movilidad por medio del registro familiar rural y urbano[268]. Pues en este caso al rebufo de la incontenible atracción del crecimiento económico cosechado en sus provincias litorales (donde los residentes urbanos gozaban de prestaciones sociales −vivienda, educación, sanidad, transporte, etc.- asociadas a sus unidades de trabajo o *danwei*) se disparó la concentración urbana de la población en gigantescas metrópolis.

Una inmigración interna que será muy intensa, aunque decreciente en los últimos años, atraída por las manufacturas de las provincias costeras[269]. Como consecuencia China superaba ya en 2017 la media mundial de población en núcleos urbanos, aunque en 2023 estaba aún por debajo del indicador de Estados Unidos (65% frente a 83%). Pero de contabilizar la población flotante que no tiene residencia oficial en municipios urbanos del litoral es probable que China esté más cerca ya de los EE.UU. de lo que las cifras de Naciones Unidas indican.

Tampoco podemos perder de vista que se trata de cifras medias en un territorio muy desigual. Para la OCDE esa tasa media era del 60 % en 2018, aunque mucho más acusada en las provincias de mayor nivel de renta[270]. Y no cesan de documentarse sobre este asunto situaciones explosivas. Así en 2005 en Shenzen mientras la po-

---

264 Bustelo (2010: 25); nótese que la tasa en el recuadro es ya del -0,1% para 2023 en China.

265 Por cada cien personas entre 15-64 años, se estima que alcanzará la tasa de Estados Unidos actual (2017) en el año 2032, UNDP (2016: 84); hoy la tasa de dependencia media aún es inferior a la de Estados Unidos o Japón (OCDE 2019: 128)

266 Que se acelerará hasta el año 2050, Muñoz (2018: 27)

267 El País (31/5/2021)

268 https://en.wikipedia.org/wiki/Hukou, integrado en un más amplio sistema de ficha personal (dang'an), en la actualidad digitalizado: https://en.wikipedia.org/wiki/Dang%27an

269 OCDE (2019: 95); Ohmae (2005: 162-166) califica estas provincias costeras de regiones-Estado y reproduce un mapa de estos complejos industriales chinos con la denominación de *Estados Unidos de Chunghwa*.

270 OCDE (2019: 93); http://spanish.xinhuanet.com/2020-01/20/c_138719696.htm

blación permanente oficial se cifraba por debajo de los dos millones, los inmigrantes recibidos se estimaban en seis millones[271]. Siendo esta una cuestión clave para la protección social, ya que en China sólo quien disfruta de residencia oficial tiene derechos en el ámbito local, ámbito que gestiona la mayor parte de las competencias en aquel sentido[272]. Por ello es comprensible que sea crucial alcanzar en China lo que señala la conocida como *Carta 08* en su punto octavo[273] *"debemos crear un sistema que conceda los mismos derechos constitucionales a todos los ciudadanos y les provea de la misma libertad para vivir dónde se quiera".*

Como consecuencia de estos intensos flujos migratorios hacia las megalópolis urbanas, a la altura del año 2017 ya solo se ocupaba en el mundo rural y agrario un 17,5 % de la población, cifra que se sitúa muy por debajo de la media mundial (26,5 %) estimada por Naciones Unidas. Sin embargo el Anuario Estadístico[274] del Instituto Nacional de Estadísticas de China (INECh) para 2017 eleva el empleo en el conjunto del sector primario al 28 % con 214 millones, mientras la industria alcanzaría 223 millones (el 29 %) y los servicios 337 millones (el 44 %). Cifras que presagian que tales flujos millonarios desde el mundo rural aún podrían continuar durante años.

En paralelo a estos trasvases de población, y como quiera que todos los terrenos son públicos (gobiernos locales), ha proliferado una corrupción masiva para alquilar fincas urbanas, edificadas y desalojadas o para derruir, recalificar y desarrollar presuntos proyectos de interés general[275]. Lo que desde la óptica neoliberal y norteamericana se observa con indisimulada envidia[276]: *"los gobiernos autocráticos son capaces de planear y ejecutar importantes proyectos de infraestructura con una eficacia incomparable".*

3.5 Estructura sectorial y productiva

La particular estructura sectorial de la población china que acabamos de concretar se perfila, y complementa, con la serie temporal elaborada por Angus Maddison para el conjunto de los sectores productivos (entre 1952-2003, y con datos más recientes de la OCDE) en cuanto a la distribución del valor de la producción. Según estas cifras en cada período considerado el sector agrario habría perdido la mitad de su peso, en

---

271 Ríos (2007: 94-95)

272 Se explica así que, en el mercado extraoficial de *hukou*, los permisos de residencia se coticen en Shanghai o Pekín a veinte mil dólares, Soler (2003: 151)

273 https://es.wikipedia.org/wiki/Carta_08, Para Hu Angang (2009: 287) "es *especialmente importante que los trabajadores emigrados a las ciudades estén incluidos en este sistema de seguridad social*".

274 Tabla 3-6 de dicho Anuario; UNDP (2016: 151)

275 Hu Angang (2009: 286), Fishman (2006: 158), Winters y Yusuf (2009: 207, 242)

276 Zakaria (2009: 125)

favor del sector industrial y del de servicios. Sectores que acaparan en la actualidad, cada uno de ellos, cerca ya de la mitad de la producción nacional[277].

	1952	1978	2003	2017
Primario	59,7	34,4	15,7	7,9
Industria	8,3	33,5	51,8	40,5
Servicios	30,3	28,7	27,2	51,6

Distribución sectorial del PIB
Fuente: Maddison (2007: 60 y 158) y OCDE (2019:8) para 2017

Con semejante peso del mundo agrario -demográfico y en el valor de la producción- aún en el año 1996 el rector de la nueva Universidad Agrícola de China sostenía que su país[278] *"debe y puede alimentarse a sí mismo hoy y en el futuro"*. Sin embargo la realidad se impondrá y en muy pocos años, entre el año 2000 y el 2017, las importaciones de cereales realizadas por China -para alimentar su consumo interno- pasaron de un 0,7 % de su producción anual a un 4,1 %. Esto, por otro lado, se ajusta a un cambio de su dieta alimentaria en sintonía con los crecientes ingresos medios per cápita. Lo que en conjunto aumenta la presión sobre los precios, los aprovisionamientos y la sostenibilidad ambiental en el resto del mundo[279].

La modernización agraria de China está detrás del consumo de cuatro quintas partes del agua del país (un recurso en estado crítico como veremos) y de una contaminación por agroquímicos en casi cien millones de hectáreas, unos datos que triplican la del resto del mundo[280].

Pero lo que destaca sobre todo, en relación al actual patrón productivo de las áreas más ricas de la economía mundial, es su alta cuota de empleo y del valor de la producción industrial. Con un peso del doble[281] que en los Estados Unidos en 2023. En buena medida asociada a la presencia de clientes e inversores extranjeros. Aunque en este punto deba enfatizarse que China no es el mercado de mano de obra manu-

---

277 En la Tabla 3-6 del citado Anuario la industria alcanza el 41% y los servicios un 50% para 2015, mientras la agricultura anota un 9%. Cifras semejantes para 2014 en UNDP (2016: 149).

278 Citado por Smil (2003: 362)

279 Las importaciones de cereales de China pasaron de tres millones de toneladas a casi veintiséis millones entre 2000-2017 según el Anuario Estadístico del INECh; aunque Ziyang (2011: 163) ya las situaba en 20 millones en el año 1980. Sobre las repercusiones mundiales de que China no fuese capaz de alimentarse a sí misma, Smil (2003: 343)

280 Muñoz (2018: 127); sobre deterioro de la fertilidad del suelo a la altura del año 2000 ver Murray, G. y Cook, I.G. (2004: 94)

281 https://datos.bancomundial.org/indicador/NV.IND.TOTL.ZS; la cuota en las exportaciones mundiales de las manufacturas chinas alcanza el 30%, Roberts (2025).

facturera más barata del mundo; anunque sí de la más numerosa y disciplinada. Con un matiz de género concordante: por ejemplo en la ZEE de Shenzhen tres cuartas partes de la mano de obra es femenina[282].

74 La apertura exterior de China, la importancia en la misma de los inversores extranjeros en busca de una plataforma exportadora y su singular peso industrial no son las únicas razones del intenso crecimiento del PIB chino. Pues en el año 2016, de un crecimiento total del 6,7 %, el Instituto Nacional de Estadísticas de China[283] en su *Anuario de 2017* imputa al consumo 4,3 puntos, a la inversión 2,8 puntos y a la demanda externa - 0,4 puntos[284]. Ello se debe a que el superávit comercial de mercancías no es tan espectacular como podría suponerse[285] (debido a que sus importaciones también crecen a tasas y volúmenes no menos elevados en los últimos diez años), al tiempo que tal superávit comercial se ve seriamente erosionado por una desfavorable balanza de servicios, que lo transformaba nada menos que en la mitad de su cuantía en dicho año[286].

Por el contrario la participación de la inversión (formación bruta de capital fijo) en la contribución al crecimiento de la producción nacional sí se sitúa por encima de lo que supone en la Unión Europea o Estados Unidos[287] (20 % en estos casos frente a un 44 % en China). Y lo hace en detrimento tanto del consumo de los hogares como del consumo público[288]. Consumo éste que no puede dar así acomodo a una cobertura universal de las necesidades preferentes asociadas a la protección social, tal como ya hemos señalado y volveremos a detallar.

---

282 Fishman (2006: 132 y 214); sobre la desigualdad salarial de género, Muñoz (2018: 28)

283 http://www.stats.gov.cn/tjsj/ndsj/2017/indexeh.htm, Tabla 3-17, la OCDE (2019: 15) recoge estos mismos datos. Liu He propone un crecimiento más lento, más sostenible, basado en el consumo sin descuidar la mirada al exterior: https://www.elmundo.es/economia/macroeconomia/2020/01/16/5e1f5b4a21efa0d67b8b4640.html

284 En 2023 en China la demanda externa restó de nuevo seis décimas al crecimiento del PIB mientras en Estados Unidos sumó seis décimas, https://www.sinpermiso.info/textos/china-y-estados-unidos-cambian-su-motor-externo

285 Krugman (2024) llega a sostener que: *"Resulta revelador que China dé la impresión de estar jugando con sus cifras comerciales en un intento de hacer que sus superávits parezcan menores de lo que realmente son"*.

286 Tablas 11-2 y 11-11 del Anuario citado.

287 Para Estados Unidos ver OCDE (2019: 44), para la UE ver Eurostat; coincide con estas cifras Lin Yue (2013: 196); también coincide en estas cifras para 2005, Brenner (2009: 545) que lo traduce como contribución china al exceso de oferta industrial global.

288 Para Beramendi, J. y Fioravanti, E. (1974) vol. 2 p. 240 *"una reducción considerable del consumo de las masas"* es una nota característica del capitalismo de Estado (ya sea en la URSS del pasado o, añado yo, en la China actual).

DESGLOSE DEL PIB (%)	UE28	CHINA
	2016	2016
Consumo hogares	55	39
Consumo público	20	14
Formación de capital	21	44
Demanda externa	3	2
PIB total	100	100

Fuente: elaboración propia con datos de Eurostat e INECh

Este esfuerzo defectivo en consumo público y en la cobertura de necesidades preferentes aflorará por ejemplo seriamente en la crisis del Covid-19 durante el año 2020 porque[289]:

"...el coronavirus fue originalmente capaz de arraigarse y propagarse rápidamente debido a una degradación general de la atención sanitaria básica entre la población en general. Pero precisamente porque esta degradación ha tenido lugar en medio de un crecimiento económico espectacular, se ha ocultado detrás del esplendor de las ciudades brillantes y las fábricas masivas. La realidad, sin embargo, es que los gastos en bienes públicos como la atención sanitaria y la educación en China siguen siendo extremadamente bajos, mientras que la mayor parte del gasto público se ha dirigido a la infraestructura de ladrillos y mortero: puentes, carreteras y electricidad barata para la producción".

Como se ve, tal asimetría en el uso de la riqueza nacional genera un círculo poco virtuoso del que no va a ser fácil escapar. Pues para no depender de un modelo entrelazado con las exportaciones, y hacerlo con otro más vinculado al consumo interno, el problema[290] a enfrentar es que *"los ahorradores chinos no cambiarán sus hábitos hasta que el gobierno aumente considerablemente su gasto en salud, desempleo y otras prestaciones sociales como las pensiones"*. Algo que no será nada fácil de modificar de perseverar en un modelo de crecimiento económico volcado hacia la ampliación, futura y acelerada, del mismo y que limita sus beneficios inmediatos para la ciudadanía[291].

---

289 Chuang (2021)

290 Lanxin (2009: 95), Rios (2021: 355). Esas mismas dificultades para hacer que el consumo familiar tire de la demanda interna y del PIB y este sea menos dependiente de las exportaciones las señalan Vidal, M. y Santiso, J. (2020), también Rosales (2022: 507).

291 Cuando el Estado no distribuye los frutos del crecimiento sino que prioriza contribuir a la competencia mundial, Laval y Dardot (2013: 287), se ajusta al mantra neoliberal. George Magnus (investigador del Instituto de China de la SOAS en Londres) señala la incompatibilidad entre estimular el consumo y mantener en China las tasas de inversión que movilizan la demanda externa, citado en Vidal, M. y Santiso,

Sin embargo este modelo sí favorece una mejora constante de la productividad como comprobamos en el gráfico siguiente que evalúa la productividad con un indicador de la evolución del ingreso medio generado por persona activa en dólares constantes en lo que llevamos de siglo[292].

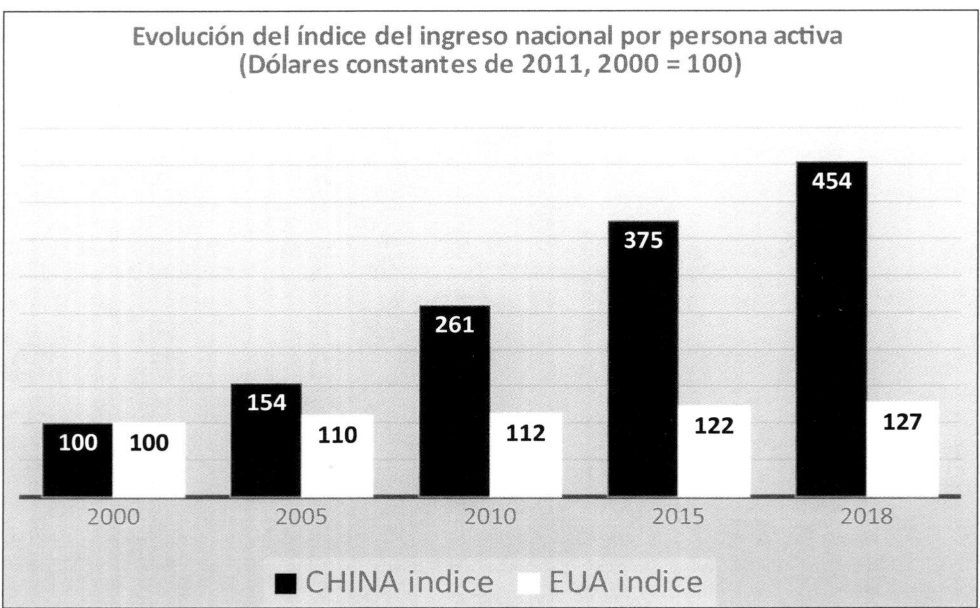

Fuente: elaboración propia con datos del Banco Mundial

Pues mientras en Estados Unidos la mejora en esos casi veinte años alcanzó casi un treinta por ciento, en China lo hizo quince veces más[293]. Un resultado perfectamente acoplado a aquella cuota, del doble, destinada año tras año a formación bruta de capital en relación a la riqueza nacional generada en ambos países. Algo que también se pone de manifiesto en la posición que China ocupa en el ranking mundial de robots por cada diez mil trabajadores, superando a países como Alemania, Japón o Estados Unidos, y solo por detrás de Corea y Singapur.

J. (2020). También lo señala Stiglitz (2010: 273).

292 https://datos.bancomundial.org/indicator/NY.GNP.MKTP.PP.KD; Roberts, M. (2022) estima que en lo que llevamos de siglo XXI China triplicó el crecimiento de la productividad del trabajo de los EE.UU. (7 % frente a 1,6 %)

293 Aun así, el ingreso medio por activo en 2018 era en China de la cuarta parte del anotado en Estados Unidos.

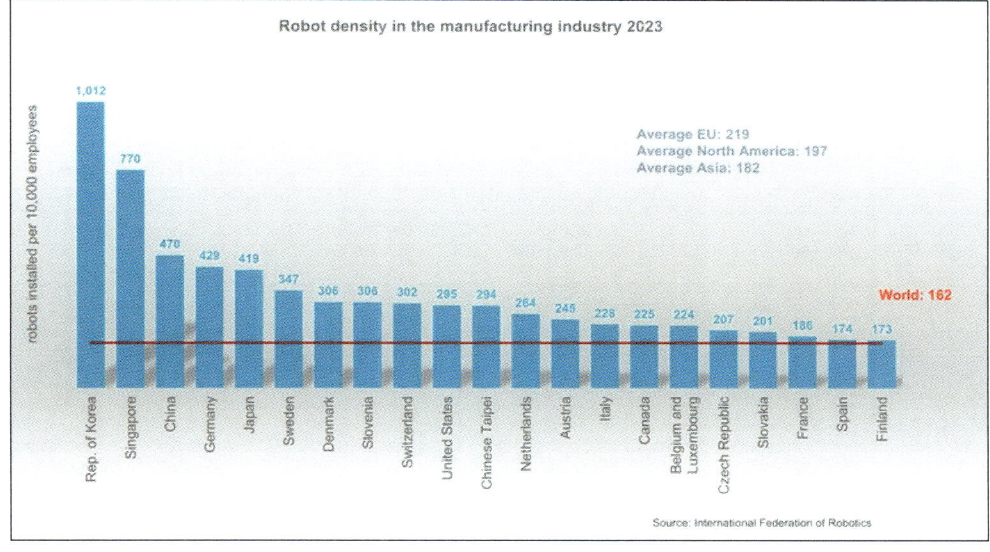

Fuente: International Federation of Robotics[294]

No obstante, debo reiterarlo, la otra cara de la moneda de tal aceleración inversora será que se sustraen a la ciudadanía los beneficios inmediatos del crecimiento. Por una doble vía, por un lado porque la inversión empresarial descansa en unos beneficios extraordinarios asociados a unas remuneraciones laborales defectivas; y, por otro, erosionado por un intenso ahorro público que detrae recursos de programas de protección social en favor de programas de inversión o de infraestructuras[295].

Lo cierto es que, una vez pagado ese alto precio, China consigue unas tasas de crecimiento del PIB espectaculares. Logra en suma mucho más crecimiento, aunque no tanto desarrollo social[296]. Siendo así que el muy acelerado crecimiento chino (orientado a la inversión y a las exportaciones) condiciona -y condicionará- tanto su política externa como interna. Porque hace que su estabilidad política dependa[297] de *"mantener una tasa de crecimiento por encima del 7 % anual que le permita seguir creando*

---

294 https://ifr.org/ifr-press-releases/news/china-leads-post-pandemic-recovery

295 Lin Yue (2013: 205, 212); Hu Angang (2009: 287); también para Bustelo (2010: 53) *"la mejora de los servicios públicos, especialmente de salud y de las pensiones, permitiría un aumento del consumo"*.

296 No conviene identificar el ritmo de mejora del crecimiento con el del desarrollo social y humano, y hablar de *"desarrollo económico acelerado"*, Muñoz (2018: 74, 121-122). Son cosas distintas tanto en China como en Estados Unidos.

297 Steinberg (2008: 258).

más de veinte millones de empleos al año y evitar así una fractura social que ponga en riesgo su estabilidad política y su integridad territorial".

3.6 Finanzas y tipo cambio

Tanto los superávits externos como el ahorro nacional permiten a China y Japón ser grandes financiadores del déficit por cuenta corriente de EE.UU. No deja de ser paradójico que un prestamista crucial del Tesoro norteamericano lo sea un país con unos ingresos por habitante muy inferiores[298]: *"un país pobre cuyo excedente de ahorro contribuye a financiar la economía de uno de los países más ricos del planeta"*.

Así se explica que en el año 2006 las reservas internacionales de China ascendiesen a novecientos mil millones de dólares, de las que un tercio estaban invertidas en Bonos del Tesoro de Estados Unidos. Una cifra que no ha dejado de crecer[299]. Conformando una situación financiera que aprecia de forma sistemática el dólar, al tiempo que no desincentiva el recurrente déficit público y comercial de EE.UU. Por ambas vías se podría acabar desembocando en un problema de *"riesgo extremo"* económico para dicho país[300]. Un riesgo que se podría concretar en una radical devaluación del dólar con la consiguiente depreciación de dichos activos, entre otros graves problemas, y ante tal riesgo las autoridades chinas parece que desde el año 2013 han ido reduciendo esa multimillonaria cartera de bonos[301]. Para, de paso, empujar hacia una no devaluación del dólar y la consiguiente apreciación del yuan. Habrían tomado muy buena nota de lo que provocativamente afirmó en su día Paul Krugman[302] *"... si debes cien dólares a alguien tienes un problema pero si lo que debes es un billón, como a los chinos, el problema lo tiene China, no tú"*.

---

298 Lemoine (2007: 113), Arrighi (2007: 204)

299 Tamames (2008: 266 y 367), Lin Yue (2013: 221) actualiza la cifra a 1,15 billones invertidos por China en dichos Bonos del Tesoro, mientras Rodrik (2011: 296) la eleva a dos billones y Olier (2019: 16) a 3,1 billones. Por su parte Economy (2023: 153) estima en cinco billones los préstamos de China a países en desarrollo para el año 2017.

300 Lampton (2015:234) enfatiza que *"debido a la enorme proporción de activos denominados en dólares, China tiene un gran interés en que el dólar estadounidense no se deprecie"*. Propone su devaluación Richard Koo en El País (15/6/2024) como alternativa a la guerra arancelaria del año 2024.

301 Hasta 700.000 millones en 2024: https://es.investing.com/news/forex-news/japon-y-china-reducen-sus-tenencias-de-bonos-del-tesoro-de-ee-uu-en-diciembre-93CH-3021288
https://diario24.es/finanzas/china-disminuye-su-inversion-en-bonos-de-ee-uu-alcanzando-niveles-de-2009-7174_20250219/amp/

302 Entrevista realizada por El País en Sevilla (15.3.2009); Stiglitz (2006: 328) por su parte señala al respecto que *"Tiene cierta ironía que China haya financiado de facto un recorte de impuestos que beneficia a los más ricos del país más rico"*. Más aún después de la congelación de los activos rusos en dólares a raíz de la invasión de Ucrania.

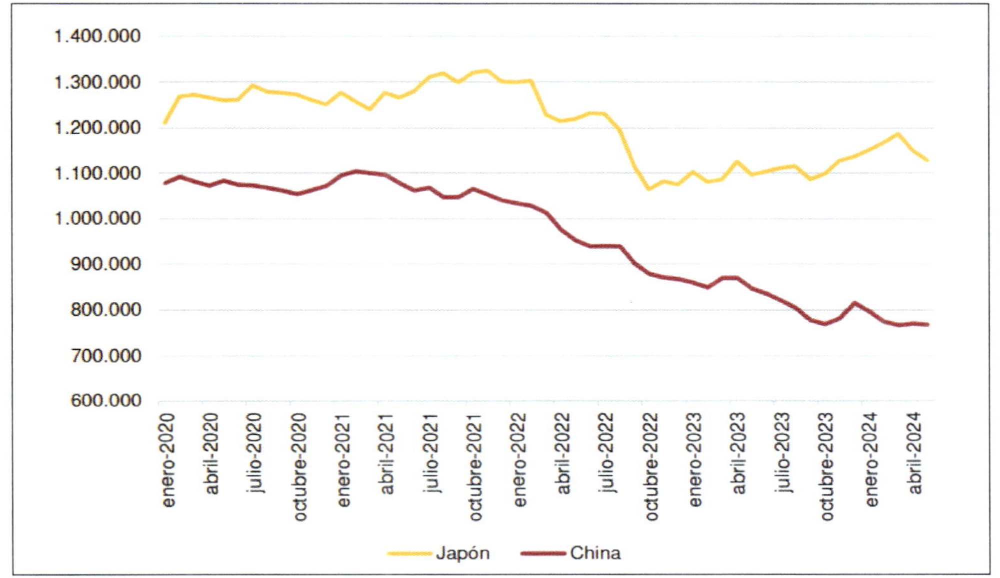

Tenedores de deuda pública estadounidense por los inversores japoneses y chinos

Fuente: Arnal, J. (2024), ARI 123, Real Instituto Elcano

Y como quiera que desde China también se invierte en bonos de empresas de EE.UU., China acaba participando en los beneficios de las empresas norteamericanas globales allí localizadas[303]. Otro vector que conforma la imbricación mutua de lo que aquí venimos denominando Chimérica.

---

303 Fishman (2006: 363, 371)

Globalización digital y financiera: Chimérica

Cierto es que esas inversiones empresariales, de momento, se producen con limitaciones, porque cuando China optó a la compra de UNOCAL a través de la empresa estatal CNOOC, dicha operación se vetaría en el Congreso norteamericano por razones de seguridad nacional y de control de la hegemonía energética mundial[304]. Y finalmente sería la norteamericana CHEVRON quién comprase UNOCAL.

También debe destacarse que las principales entidades financieras chinas son aún públicas, aunque ya con una presencia del capital internacional destacada, teniendo el sector financiero un peso semejante al que detenta el sector primario en el valor añadido global de su economía. Y no menos debe destacarse que de los cinco mayores bancos del mundo, por su volumen de capital, cuatro tenían en 2017 nacionalidad china[305]. Y que entre los considerados sistémicos (los que tienen capacidad de desestabilizar la totalidad del sistema financiero y afectar seriamente a la economía

---

304 Arrighi (2007: 242) señala que Paul Krugman también se opuso a dicha inversión. Algo semejante sucedió con Rio Tinto por *"Chinalco de 19.500 millones de dólares para incrementar su participación en Río Tinto y así tener el control del grupo minero anglo-australiano"* (Rovetta 2009: 249). Sí progresó la venta de la empresa alemana de robots *Kuka* al grupo público Chino *Midea*, aunque Alemania vetó la compra de la empresa de microchips *Aixtron*, Muñoz (2018: 84)

305 https://es.wikipedia.org/wiki/Bank_of_the_Year_Awards, Ranking bancario mundial Los cinco primeros son: Industrial and Commercial Bank of China, China Construction Bank, JPMorgan Chase, Bank of China y Agricultural Bank of China. Amin (2014: 290) enfatiza el carácter público del sistema financiero chino como particularidad de su capitalismo de Estado, así como del control de su moneda y de los movimientos de capital. Un factor clave para hablar de competencia interimperialista según Mandel (1979: 328)

real de un país en caso de quebrar) se encuentran también en cabeza no menos de cuatro entidades chinas.

JP Morgan Chase	
Citigroup Deutsche Bank HSBC	
Bank of America **Bank of China** Barclays BNP Paribas Goldman Sachs **Industrial and Commercial Bank odf China Limited** Mitsubishi UFJFG Wells Fargo	
Agricultura Bank of China Bank of New York Mellon **China Construction Bank** Credir Suisse	

Bancos globales sistémicos
Fuente: https://www.fsb.org/wp-content/uploads/P161118-1.pdf

Entre 1998-2005 el Estado chino a través del BCCh se verá obligado a recapitalizar sus bancos[306], liberándolos de créditos dudosos, por casi un treinta por ciento del PIB. Es éste un síntoma de que el riesgo de burbuja inmobiliario-financiera (macro sector que en China supone nada menos que casi un tercio del PIB) añadido al riesgo de sobreendeudamiento de los gigantes industriales públicos y de sectores estraté-gicos (defensa, eléctrico, petroquímico, carbón, TIC, aviación, fluvial) constituyen uno de los talones de Aquiles latentes de la economía china[307].

No es, por tanto, sorprendente que Zhou Xiaochuan, gobernador del BCCh, conside-re[308] que a día de hoy *"la seguridad financiera es una parte importante de la seguridad nacional"*. Y que por tal motivo, como señala Joseph Siglitz, no permitan en China la entrada de dinero caliente especulativo al dictado de la liberalización del mercado de capitales que se animó desde el llamado Consenso de Washington[309].

---

306 Lemoine (2007: 41)

307 Talón de Aquiles según el Banco Mundial en Bregolat (2007: 140), Garrido (2024: 9); sin embargo Soto, R. y Valdés, L. (2024) relativizan ese riesgo. Aunque en 2024 parece afectar a la solvencia de las ad-ministraciones locales, https://www.sinpermiso.info/textos/china-se-prepara-para-el-choque-con-trump

308 Citado por Frankopan (2019: 219)

309 Stiglitz (2006: 35 y 55)

El banco central de China, Banco del Pueblo (BCCh), depende del Consejo de Estado y no dispone de autonomía para fijar los tipos de interés y los tipos de cambio; las transacciones internacionales deben[310] *"realizarse al tipo oficial y a través de un banco del Estado"*.

Lo que explica que entre 1997-2004 su moneda se cotice estable en ocho yuan por dólar y que en la actualidad aún lo haga en siete yuan, a pesar de que se estima que el yuan estaría depreciado en torno a un treinta por ciento. Ya que si el cambio fuese, por ejemplo, a cinco yuan por dólar exportar desde China se haría más difícil, al tiempo que se erosionaría el valor de sus activos en dólares[311].

Como contrapunto suele considerarse que Estados Unidos necesitaría depreciar el dólar (lo que de facto supondría un impago encubierto a sus acreedores), así como una simultánea revaluación del yuan y el yen, para reequilibrar su balance externo[312]. No obstante mientras un dólar se cambiaba por 1,6 yuan en 1978 y lo hace por 6,6 en 2016 (lo que supone de hecho una intensa devaluación del yuan), por el contrario en 1976 un dólar se cambiaba por 303 yenes, mientras en 2016 lo hace por solo 118 (lo que implica una prolongada e intensa revaluación). Lo primero facilita las exportaciones chinas y lo segundo dificulta las exportaciones japonesas[313]. Con esta combinación se estaría favoreciendo una mayor concentración de las economías del Pacífico en China.

No obstante debe señalarse que una improbable y eventual revaluación del yuan acompañada de aranceles, podría suponer, bien al contrario -así lo considera Gregory Mankiw[314]- que otros proveedores sustituyesen a los chinos y no se produjese el pretendido regreso a la producción nacional, pero sí inflación, pérdida de competitividad y más desempleo en Estados Unidos. Una problemática cosecha a la que habría que añadir los conflictos sociales derivados de provocar desempleo en China[315].

Pero lo cierto es que hemos pasado de menos de dos yuan a siete yuan por dólar. A pesar de ello, aún en enero de 2020, el Departamento del Tesoro de EE.UU. habría

---

310 Fishman (2006: 356-357, 359, 366), Lemoine (2007: 51)

311 Lanxin (2009: 96), Rodrik (2011: 295-296) sobre todo a partir de 2001 en que China entra en la OMC. También el euro estaría apreciado frente al dólar y el yuan, lo que no incentiva nuestras exportaciones en euros, y sí nuestras importaciones desde China.

312 Arrighi (2007: 211-212); en 2017 la Administración norteamericana también consideraba infravalorado el euro: https://www.reuters.com/article/idUSKBN15F27X/

313 Anderson (2014: 104) sobre la revalorización del yen y el marco obligada por el imperio del dólar.

314 Citado en Arrighi (2007: 218) de G. Mankiw: «Mr. Wen's Red Carpet», The Economist 11-12-2003. En esa línea en 2018 Walmart alertó del efecto inflacionario en EE.UU. de imponer tarifas arancelarias a China, Frankopan (2019: 151). En cualquier caso es oportuno recordar que solo la cuarta parte del déficit comercial norteamericano en 2023 tiene su origen en China (datos de BEA y del Banco Mundial).

315 Así lo señaló Wen Jibao en 2010 citado en Kissinger (2012: 508); Stiglitz (2006: 327) comparte el diagnóstico: *"China sabe que si apreciase su moneda, pagaría un coste muy alto —con un beneficio muy pequeño para Estados Unidos-. Y, presumiblemente, Estados Unidos también lo sabe"*.

desistido de considerar a China un país manipulador de su divisa (por devaluación) para obtener una ventaja competitiva. Y, lo que es aún más importante, ambos gobiernos acordaron en esa fecha no realizar devaluaciones competitivas[316]. Todo un encadenamiento simbiótico de lo que venimos denominando Chimérica.

Dicho acuerdo se vinculaba, además, a otro comercial según el cual China incrementaría sus importaciones alimentarias de EE.UU. para reducir el abultado déficit comercial que este país anota con China. Un déficit que es, en buena medida, resultado de los intereses de las cadenas globales de producción norteamericanas, cadenas que aplaudieron con su presencia la firma de tal acuerdo[317]. No menos significativo, del encaje de los intereses de China en todo este asunto, será el hecho de quedar fuera de dicho acuerdo cualquier compromiso para corregir su política de subsidios y de apoyo a sus industrias estratégicas, así como cualquier compromiso de Pekín en relación a una mayor transparencia en el manejo de datos y en la ciberseguridad[318].

Señalar por último en este epígrafe que a la altura del año 2016 el peso de lo digital (un vector tecnológico decisivo en las finanzas actuales, el comercio y en muy numerosas actividades) en la economía china se situaba en la mitad de importancia de la que tenía en economías como la norteamericana o la japonesa. Aunque en China las cifras absolutas sean siempre asombrosas (con quince millones de empleos en el sector TIC), el porcentaje del empleo total ocupado en estas manufacturas se situaba también por debajo del de aquellos referentes. Reiteramos que se trata siempre de cifras medias que no visibilizan de manera precisa la singular presencia de la economía digital y las TIC en las provincias costeras[319].

En las finanzas online y los modernos sistema de pago (en paralelo a lo que en occidente supone *eBay*, propietaria de *Pay-Pal*, controladas por Vanguard Group y Blackrock) destaca en China *Ant Group*, propietario del gigante online de pagos[320], préstamos y seguros médicos, *Alipay* que tiene como clientes a nada menos que mil millones de ciudadanos. Pero si bien en 2015 el Banco Central de China impulsó un proyecto piloto de integración de comercio electrónico y software sobre reputación personal con *Ant Financial* de *Alibaba* (sistema *Sesame Credit* de IA para cuatrocien-

---

316 Lo que atañe más bien a EE.UU. (devaluación del dólar) puesto que China, si acaso, tendría que revaluar el yuan. Sobre este acuerdo desde un punto de vista alternativo ver Hernández, E. y García, L.M. (2022: 108-109). Varoufakis (2024: 171 y ss.) incide en el nuevo escenario que la irrupción del yuan digital supone desde 2022 en compañía de las finanzas en la nube.

317 Martinez (2020: 64) a pesar de ello lo considera negativo desde un punto de vista globalizador

318 El País 15 enero 2020 y 13 enero 2020; es significativo el que Liu He, responsable chino en esta negociación, se haya formado en New Jersey y Harvard (El Mundo 16 enero 2020).

319 OCDE (2019: 66-67)

320 Del que el Banco Central suspendió su salida a bolsa en noviembre 2020
https://www.elconfidencial.com/mercados/2020-11-03/reguladores-chinos-frenan-salida-a-bolsa_2817476/
https://www.eldiario.es/tecnologia/china-pone-firmes-tecnologicas-partido-comunista-carrera-eeuu_1_8287080.html

tos millones de usuarios), muy significativamente en 2017 retirará su apoyo a dichos programas impulsados desde el sector privado[321].

84 Lo que no impide que, aún con estas cautelas y prevenciones públicas, desde el año 2018 China sea ya el mayor mercado de comercio electrónico del mundo[322].

3.7 Servicios preferentes: salud y educación

La cobertura universal de las necesidades preferentes en salud y educación se trastocará en China a raíz de la reducción drástica de las empresas públicas y de las cooperativas rurales que cubrían vivienda, enseñanza, gastos médicos o jubilaciones. Pues las empresas privadas que las sustituyeron no cubrirán en muchos casos estas contingencias. Lo que explica que, en la actualidad, el ahorro de las familias se haga necesario para hacer frente a este tipo de gastos[323].

SALUD	CHINA	EE..UU.	MUNDO
Gastos en salud % PIB en 2021	5,4	16,6	10,3
Esperanza vida al nacer 2022	79	77	72
Médicos cada 1000 personas 2021	2,4	3,6	1,7
Camas cada 1000 personas 2017	4,3	2,9	2,9

Fuente: elaboración propia con datos del Banco Mundial
https://datos.bancomundial.org/indicador

El esfuerzo de gasto sanitario (agregando el privado y el público[324]) asciende a algo más de un cinco por ciento del PIB, casi en la mitad de la media mundial y en la tercera parte de los Estados Unidos según los datos homogéneos de Naciones Unidas. Aunque buena parte de dicho esfuerzo corre cada vez más a cargo de los propios pacientes[325] pues *"la reforma del sector sanitario iniciada en 1996 supuso una disminución del gasto público y el recurso creciente a los mecanismos de mercado"*.

---

321 Zuboff (2020: 520-521); otros casos en Feijóo (2021: 70 y ss); se multará a Alibaba con 2.300 millones por vulnerar leyes antimonopolio, El País (10/4/2021); señala estos enfrentamientos entre Xi y sus nubelistas-capitalistas, Varoufakis (2024: 187) y Dillon (2024: 77-79), que señala la inflexión respecto a la subordinación del partido a las mismas en tiempos de Hu Jintao.

322 Feijóo (2021: 26), Rosales (2022: 503)

323 Bregolat (2007: 85-87, 143)

324 Para 2016 el INECh (Tabla 22-19) estima un 6,2% del PIB del que al menos el 30% es privado. En 2014 era 5,5% según UNDP (2016: 161) y el 32% privado.

325 Lemoine (2007: 89-91), Ríos (2007: 82, 95)

Con seguros médicos privados que se potencian en una sociedad de mercado meritocrática, premiando de facto a los que puedan llevar mejores y más saludables vidas y evitándoles que se les disparen las primas de seguro de su sistema sanitario a causa de ciudadanos más indolentes o desafortunados[326]. Porque solo de entre un tercio a la mitad de los trabajadores urbanos en 2003 tenían cobertura médica, y ésta cubría a menos de la quinta parte de la población en el mundo rural, ya que solo quién tiene residencia legal tiene derechos (sanidad por ejemplo) en el ámbito local. En este aspecto crucial del bienestar social, se estaría registrando una regresión preocupante. Sobre todo en el mundo rural en el que, antes de la apertura a la economía de mercado, la cobertura sanitaria dependía de las comunas. A partir de entonces[327]: *"con la desaparición de las comunas populares el sistema de cooperativas médicas de los campos se ha hundido"*. Por tal motivo en las regiones rurales y occidentales de China[328], *"el ochenta por ciento de las personas que caen enfermas muere en su casa porque no se puede financiar la atención en un hospital, el coste medio de hospitalización en las zonas rurales equivale al ingreso anual per cápita"*. También las dotaciones sanitarias son en la actualidad mucho mejores en el litoral que en el interior, ya que el gasto sanitario por habitante urbano multiplica por 2,5 el de uno rural, lo que sin duda explica que se anote una sustantiva diferencia en la esperanza de vida entre la China más rica y la más pobre[329].

No obstante debe reiterarse que en las ciudades, con la caída del empleo estatal en empresas públicas, esa cobertura apenas beneficia a la mitad de la población. Con estas premisas no deja de ser meritorio que la esperanza de vida al nacer media en China supere ya hoy a la media mundial e, incluso, a la de los Estados Unidos. Lo que no debe ser ajeno al hecho de que la rateo de médicos y camas por cada diez mil habitantes sea superior a la media mundial.

El esfuerzo educativo en China se sitúa por debajo de la media mundial, también fundamentalmente gestionado por los gobiernos locales, sin que ello quiera decir que la primaria o la secundaria obligatorias sean gratuitas. Los años promedio de escolaridad alcanzados, ligeramente por debajo de la media mundial, serían el resultado de un esfuerzo defectivo en paralelo al problema, que de nuevo conviene subrayar, de que sin residencia legal (*hukou*) en un ayuntamiento no se tiene acceso a la primaria ofertada. Lo que alimenta un selectivo reclutamiento de alumnos entre los sectores urbanos más favorecidos (que también pueden enfrentar mejor los gastos educativos) y una exclusión de los hijos de inmigrantes y población sin residencia legal.

---

326 Sandel (2020: 65)
327 Lemoine (2007: 90), Tamames (2008: 160)
328 Ríos (2007: 44)
329 Doce años superior en Shanghai que en Tibet, UNDP (2016: 142 y 161)

EDUCACIÓN	CHINA	EE..UU.	MUNDO
Gastos público educación % PIB 2022	3,3	5,4	3,7
Alumnos por profesor en primaria 2018	16	14	23
Gasto I+D sobre PIB 2021	2,4	3,4	2,6

Fuente: elaboración propia con datos del Banco Mundial

Se explica así el estancamiento del volumen de alumnos en los niveles que debieran ser obligatorios y gratuitos, mientras que en los niveles no obligatorios (preescolar y universitario), más dependientes de los recursos familiares, sí se observa una clara progresión en los millones de alumnos escolarizados.

	1978	2005	2022
Preescolar	7,8	21,8	46,2
Primaria	146,2	108,6	107,3
Segundaria	65,4	85,8	78,2
Universitaria	0,8	15,6	40,9

Millones de alumnos en China por niveles educativos
Fuente: Maddison (2007: 66) y INECh para 2022 (Tabla 21-2)

Una progresión que está detrás de que el contingente de graduados universitarios se duplicase entre 2005 y 2015, pasando de tres millones a casi siete millones[330]. Debe precisarse, no obstante, que llevará su tiempo que China reduzca su déficit histórico en el porcentaje de su población total con estudios universitarios[331], pues mientras en la media de la UE se alcanza el 36 % en China se situaba aún en el 3 %. Aunque, no obstante, impresiona observar en cifras absolutas su contingente anual[332] de titulados en STEM (Ciencia, Tecnología, Ingeniería y Matemáticas) que recogemos en una gráfica.

---

330 UNDP (2016: 51)

331 Muñoz (2018: 50)

332 Tomado de la página 39 de: https://www.ces.es/documents/10180/5182488/Inf0318.pdf

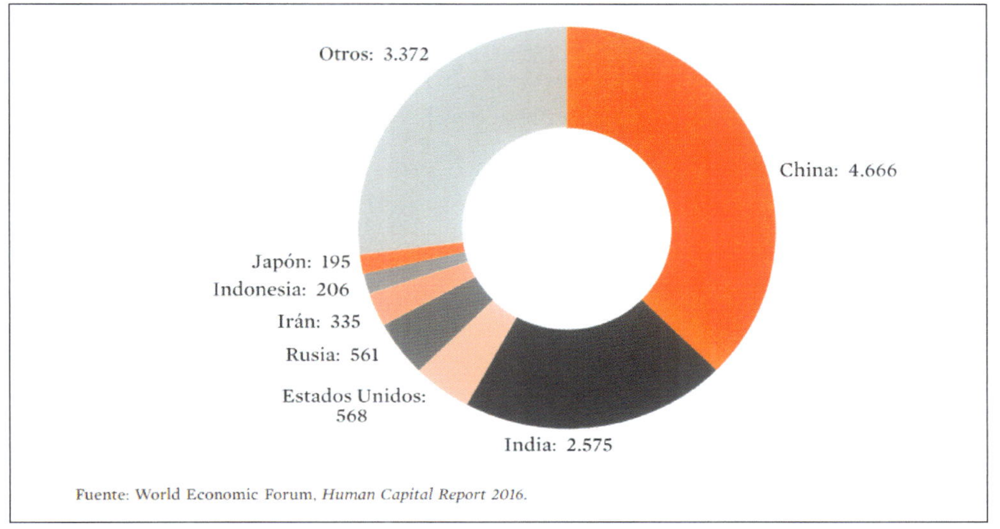

Graduados en STEM (2016) (cifras en miles)

Y esta será una de las bases de la meritocracia china actual, en la que[333] *"unos pocos (los dotados de credenciales educativas) gobiernan a unos muchos (los que carecen de ellas)"*.

Por su parte el informe PISA 2018 situaba a China (representada por las ciudades de Pekín, Shanghái, Jiangsu y Zhejiang) muy por encima de la evaluación de Estados Unidos, y encabezando el ranking mundial[334]. Y aunque para EE.UU. su posición la defina la media del país mientras para China lo hagan esas ciudades y regiones más ricas, conviene subrayar que las ciudades chinas de referencia disfrutan de un ingreso medio muy inferior a los ingresos medios por habitante de aquel país[335]. Con lo que será el notable gasto privado en educación, junto a la presión familiar e institucional de una sociedad meritocrática e hipercompetitiva, los que expliquen en buena medida el gran éxito chino en esta evaluación[336].

---

333 Sandel (2020: 127)

334 https://es.wikipedia.org/wiki/Informe_PISA

335 La media de ingresos en esas cuatro provincias está por debajo de los 20.000 dólares por habitante, mientras la media de EE.UU. está por encima de los 50.000 dólares. Añadamos aquí que España con 34.000 dólares ocupa la posición 30ª en PISA.

336 Llama la atención el índice de suicidios de alumnos a causa de la presión inducida por el entorno familiar y social. Algo que coincide al pie de la letra con lo que analiza para Estados Unidos M.J. Sandel (2020: 227-233) en relación al acceso a sus Universidades de élite.

88

Un éxito que tampoco es ajeno al reclutamiento de alumnos de estratos sociales más pudientes en esas provincias, tanto por poder enfrentarse a los gastos educativos, como por sólo poder inscribirse ellos en los mismos (lo que excluye a la población flotante o inmigrante sin residencia legal). Si a eso añadimos que entre 1986 y 2003 la aportación media por alumno universitario pasó de doscientos yuanes a cinco mil, o que[337] *"en diez años las tasas universitarias se encarecieron entre veinticinco y cincuenta veces, mientras los ingresos familiares lo hicieron apenas en diez veces"*, el resultado será que en estos alumnos se combina el haber[338] *"salido vencedores de un proceso hipercompetitivo de acceso a sus universidades, enmarcado a su vez en una sociedad de mercado también hipercompetitiva"*. Es así como se alimenta, y se auto reproduce, una meritocracia plutocrática que tiene su cumbre en la Escuela Central del Partido o en la Academia de Ciencias Sociales de China. Sin olvidar las exclusivas estancias y postgrados en universidades norteamericanas -y en otros países de altos ingresos- para completar el currículum.

En el año 2021 según datos del Banco Mundial el esfuerzo en investigación y desarrollo (I+D) de China[339] se ajustó a la media mundial, aunque es un punto inferior al realizado en Estados Unidos. Las líneas de I+D prioritarias en China son: energía, recursos naturales y ambiente, técnicas de producción industrial y TIC, biotecnología, tecnología espacial y marítima. Como criterio general[340] *"en lo tecnológico China busca la autosuficiencia que preserve su soberanía"*. Y es en este marco que debemos entender las opciones Huawei/Google, Compass/Galileo, Alibaba/Amazon, y más recientemente la decisión de prescindir de equipamientos TIC no chinos en el conjunto de las administraciones públicas[341] para antes del año 2022.

No tanto por perseguir una anacrónica autarquía, sino para salvaguardar la soberanía nacional (en este caso digital o tecnológica). Para conseguirlo cuentan con un millón trecientos mil investigadores, frente a una cifra de la mitad en Estados Unidos y con que, por ejemplo, en 2004 egresaron más de trescientos mil ingenieros[342], lo que supone quintuplicar la cifra norteamericana.

---

337 Yu Hua (2010: 143), Ríos (2007: 82, 95)

338 Balance de sus visitas a universidades chinas, Sandel (2020: 82); la última vuelta de tuerca a este círculo es la eclosión de la oferta de educación online en 2019, Feijóo (2021: 153), un sector que discrimita por nivel de renta, https://www.eldiario.es/tecnologia/china-pone-firmes-tecnologicas-partido-comunista-carrera-eeuu_1_8287080.html

339 El dato sobre el PIB para 2016 del INECh (Tabla 20-1) confirma el diagnóstico, también Rosales (2022: 499); Shanghai en 2020 alcanzaba el 4 % en I+D, Feijóo (2021: 125)

340 Ríos (2007: 76 y 175); no es de extrañar que EE.UU. se empeñe en el control global de estas TIC, Johnson (2004: 182 y ss.)

341 https://elpais.com/economia/2019/12/09/actualidad/1575897074_200770.html

342 Dos millones y medio de graduados al año en ciencias y tecnología, aunque, de nuevo, los investigadores sobre población activa están muy por debajo de Japón o Corea, Muñoz (2018: 49 y 56)

Tampoco son infrecuentes las prácticas de piratería tecnológica y de falsificaciones industriales bien conocidas y documentadas[343]. También la transferencia irregular de investigación puntera norteamericana, como se comprobó en la relativa a electrónica a escala nanométrica en el affaire Charles Lieber, presidente del departamento de Química de la Universidad de Harvard[344].

Abraham Liu, vicepresidente de Huawei, razonaba de la siguiente manera la necesidad para China de disponer de una tal soberanía tecnológica digital[345]: *"El poder de EE UU se asienta sobre su capacidad militar, la importancia de su moneda y su capacidad para recabar datos digitales a escala internacional"*. En consecuencia, no debiera sorprendernos que se desarrollen en China modos de complicar y erosionar la supremacía militar estadounidense con tecnología espacial e IA vía Internet. Por eso nano electrónica, las redes neuronales artificiales y los sistema de inteligencia artificial serán algunas de las líneas de investigación prioritarias, por ejemplo, de la Universidad de Shantou[346] (cuyo rector es el Nobel de química Aaron Ciechanover).

Wang Hui al analizar el bien documentado vínculo de los emprendedores de Silicon Valley con el Pentágono[347], sostiene que en la disputa Huawei - Google debiera sobre entenderse una tensión de fondo centrada en la soberanía nacional[348]. Pues en unos Estados Unidos cada vez más deslocalizados y post-industriales sería posible que China bloquease su economía…y viceversa. La Chimérica económica más cosmopolita de los inicios del siglo XXI podría verse así obligada a regresar a disputas y contradicciones derivadas de los espacios de soberanía nacional heredados del siglo XX. Nada, pues, de aquello de un mundo plano.

3.8 Otros aspectos sociales

La desigualdad territorial en China (la personal la evaluaremos muy pronto) se estimaba[349] en algo más de cuatro veces entre el territorio más rico (Beijing con 118.000

---

343 Fishman (2006: 302-302, 319-323 y 344), una evaluación para 1994 en Bustelo y Fernández (1996: 213); datos más recientes en Frankopan (2019: 139-140). Nada nuevo en Asia: *"durante años los japoneses copiamos los productos occidentales"* Ohmae (1991b: 63)

344 https://elpais.com/elpais/2020/01/28/ciencia/1580240461_164875.html

345 Zakaria (2009: 117)

346 https://en.wikipedia.org/wiki/Aaron_Ciechanover

347 Wang Hui (2008: 136-137), también Mazzucato (2014: 153 y ss.); sobre Huawey y el EPL, Frankopan (2018: 585)

348 Huawei *"en brazos de la dirección del PCCh"*, Feijóo (2021: 152 y 210) y El País 25/12/2019

349 Datos del China Statistical Yerabook (2017) Tabla 3-9. Según UNDP (2016: 145) para 2014 también cuatro veces entre Tianjin y Gansu. Confirma su crecimiento y posterior disminución entre 1922-2022, Vázquez (2024)

yuanes per cápita) y el menos rico (Gansu con 27.600). Es ésta una brecha muy inferior a la que existe por ejemplo dentro de la Unión Europea[350] entre su Estado más rico (Luxemburgo) y el menos rico (Bulgaria): doce veces en 2017. Pero sin embargo muy superior a la que se anota entre territorios equiparables de los Estados Unidos: en el año 2023 entre N. York con 105.000 dólares por habitante y Misisipi con 49.000, lo que supone algo más de dos veces[351].

No sería aquí adecuado realizar comparaciones con datos regionales de un Estado europeo pues, como ya hemos señalado, en relación a China solo la escala europea o norteamericana es homologable para este tipo de comparaciones[352]. Angus Maddison en una publicación de referencia anotaba datos previos según los cuales la diferencia entre Shanghái y Guizhou era en 2005 de diez veces[353]. Una diferencia que ya sólo sería de cinco veces en 2011, con máximo en Jiangsu y mínimo en Guizhou[354]. Todo lo cual sugiere que en muy pocos años se habría reducido la brecha territorial interna a la mitad (de diez veces a menos de cinco veces). Mientras que usando datos de ingresos medios de hogares urbanos respecto a los rurales se comprueba que los primeros triplican los ingresos medios por habitante de los segundos[355]. Una reducción de la desigualdad territorial que también constata la OCDE, siendo ésta mayor en los ingresos que en los gastos.

Tal mejora no sería ajena a las progresivas deslocalizaciones del empresariado global (Hewlett Packard, Ford Motor Company o Foxconn, entre muchos otros) hacia el occidente de aquel país[356]. Menores desigualdades territoriales y deslocalizaciones que, a su vez, se asocian a una indiscutible reducción de la pobreza pues[357] *"el porcentaje de población china en situación de pobreza extrema (ingresos de menos de 2 dólares al día) ha pasado del 57 por 100 en 1993 a solo 1,8 por 100 en 20 años, período que ha coincidido con su apertura al libre comercio y el desarrollo de su potente industria exportadora"*.

En contraste con lo anterior, cuando de la perspectiva territorial pasamos a la personal el nivel de desigualdad se agrava, pues en 2015 el diez por ciento más rico de la población ya acaparaba en China un porcentaje de riqueza muy cercano al de

---

350 Son 98.000 euros frente a 8.000, datos Eurostat.

351 https://es.wikipedia.org/wiki/Anexo:Estados_de_los_Estados_Unidos_por_PIB

352 También, por cierto, para detectar en la UE y en China relaciones post democráticas de gobiernos tecnocráticos (Comisión o Gobierno Central) con el poder legislativo (Parlamento), Golden (2012: 125)

353 Maddison (2007: 179), el mismo dato en Bustelo y Fernández (1996: 164-166)

354 Torras (2013: 57)

355 UNDP (2016: 150)

356 OCDE (2019: 54, 108); sobre esas deslocalizaciones, Frankopan (2018: 583)

357 Requena (2017: 38)

Estados Unidos[358], muy por encima de la cuota de riqueza que ese diez por ciento detentaba en Francia.

Algo que corroboran los datos homogéneos del Banco Mundial (en un recuadro de datos sobre aspectos sociales) relativos al veinte por ciento más pobre. China se sitúa casi al mismo nivel que la muy desigual sociedad norteamericana, lo que permitiría caracterizarla también como una sociedad con una muy reducida clase media[359]: una Chimérica a ambos lados del Pacífico.

ASPECTOS SOCIALES	CHINA	EE..UU.	MUNDO
Participación ingreso del 20% más pobre 2020	7,2	6,1	sd
Porcentaje de mujeres en Parlamento 2023	27	29	27
Población penitenciaria por cien mil 2004-2015	1,2	6,9	1,4
Tasa homicidios por cien mil en 2020 (8)	1	7	6
Crec. IDH 1990-2022	1,55	0,18	0,65

Fuente: elaboración propia con datos del Banco Mundial

Un programa de protección social especialmente potente para reducir tales desigualdades lo conforma el sistema de pensiones de jubilación. En este punto debe reiterarse que en China los programas de protección social (educación básica, salud, desempleo, pensiones y vivienda) que dependían de las empresas públicas o de las comunas agrarias, progresivamente se fueron transfiriendo a los gobiernos locales o privatizando. Lo que permitirá que se estén transformando en una burbuja[360]: *"En lugar de construir casas para alquilar, optaron por la solución de "mercado libre" de los promotores privados que construyen casas para vender. Por supuesto, había que construir las casas, pero como señaló el presidente Xi más tarde, "las casas son para vivir, no para especular".*

Si a ello añadimos el creciente empleo sumergido, o precario sin contrato ni cobertura social, el resultado será que -por ejemplo en 2003- del conjunto de trabajadores urbanos apenas la mitad contaba con seguro de jubilación y de desempleo. Para

---

358 OCDE (2019: 58), Revelli (2015: 66, 74, 127); diapositivas 8 y 9 de Piketty (2019): http://piketty.pse.ens.fr/ideologie/ppt/Piketty2019SlidesVersionLongue(SN).pdf; siendo así que *"el máximo de ingresos individuales domina la vida de todos los individuos"* Mandel (1974: 206)

359 Jinglian (2010) la califica de exigua. Noruega anota solo cuatro veces para los quintiles extremos. En China en 2014 eran 10,7 veces según UNDP (2016: 154). El coeficiente de Gini también sitúa a China con mayor desigualdad que EE.UU., Hu Angang (2009: 281)

360 Roberts (2022)

estas coberturas[361] *"los empresarios cotizan por lo general un 20 % de la masa salarial para el fondo de pensiones, un 2 % para desempleo y un 6 % para seguro de enfermedad... pero... muchas empresas, sobre todo privadas, escapan al sistema".*

92 Lo que explicará la proliferación de conflictos laborales como los que en 2014 afectaron a miles de trabajadores en la provincia de Cantón en subcontratas de multinacionales occidentales[362] (Nike, Adidas, Timberland, Reebok, Asics o New Balance). Y dado que el sistema de pensiones en China está muy descentralizado, al tiempo que en el mundo rural apenas existen pensiones de jubilación, no es extraño que estén abriéndose camino sistemas de capitalización semejantes al norteamericano[363]. Lo que explica que la Seguridad Social, y el sistema público de pensiones en China, apenas gestionasen en 2004 el siete por ciento del PIB.

En resumen: un sistema débil, muy fragmentado entre provincias y que penaliza a la población inmigrante[364], con lo que la conclusión global no puede ser sino problemática[365]: *"el Estado chino no parece mejorar la estructura de reparto de ingresos mediante el mecanismo de la redistribución".* Porque un tal mecanismo de reducción de la desigualdad haría imprescindible dotarse de una robusta fiscalidad sobre los ingresos. Una fiscalidad que, a día de hoy, es en China claramente insuficiente[366].

Mientras tal cosa no se haga comprobamos en el voluminoso ensayo *"Capital e ideología"* de Thomas Piketty en su página 738 lo que refleja un gráfico sobre la desigualdad social en las áreas económicas más importantes del mundo (EE.UU., China, UE) a lo largo nada menos que cuatro décadas. En dicho gráfico, que aquí reproducimos, se recogía en la parte superior el porcentaje de renta nacional que acapara el 10% más rico de cada una de ellas y en la inferior el correspondiente al 50 % menos rico.

---

361 Lemoine (2007: 35, 46, 62, 91); Garrido (2024: 17-18) observa que no se cotiza a la seguridad social en muchos casos, y que las pensiones son muy reducidas provocando el seguir trabajando. Estaríamos muy cerca de lo que Pettit (1999: 189) denomina *"esclavitud asalariada"*.

362 https://elpais.com/economia/2014/04/17/actualidad/1397745096_525223.html

363 Lemoine (2007: 55), Tamames (2008: 143-144), Soler (2003: 30)

364 Lemoine (2007: 45), OCDE (2019: 98-99), en España supera el 9% y en la UE28 el 10% del PIB según Eurostat.

365 Lin Yue (2013: 213)

366 Piketty (2014: 601)

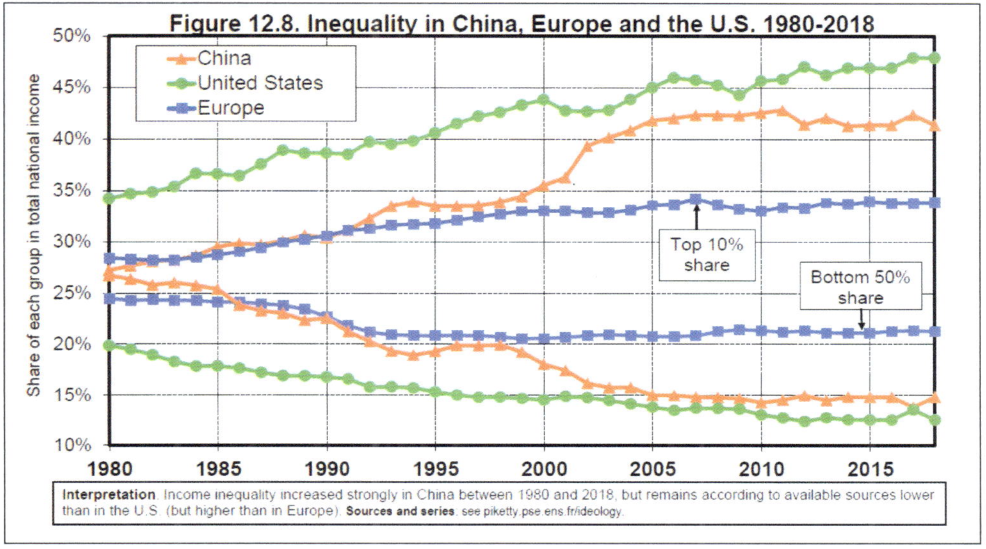

http://piketty.pse.ens.fr/files/ideology/pdf/F12.8.pdf

Si algo hubiese que concluir es que en los veinticinco años que van desde el año 1990 al 2015 China (en color naranja) se ha venido alejando del nivel de desigualdad de Europa y acercándose al −mucho más elevado- de Estados Unidos. Observe el lector que en el año 1980 el 10% más rico acaparaba en China la misma cuota de ingresos (el 25%) que el 50% más pobre. Mientras que en la actualidad los primeros ya se quedan con el 40% y los segundos solo con el 15%. Una desigualdad galopante que dice bien poco a favor de la transformación de crecimiento económico en desarrollo social en aquel país. Siendo así que la China y los Estados Unidos en un mundo a cada paso -como veremos- más bipolar comparten un problema de desigualdad social creciente, y un crecimiento económico con escasos dividendos para el consumo público y la redistribución fiscal.

En esta encrucijada llaman la atención dos cosas: que en Estados Unidos recientemente hayan saltado al menos las alarmas sobre esta nada virtuosa desigualdad y que en China se ignore en buena medida tan grave problema social[367].

---

367 Como bien argumenta Chuang (2021): *"China todavía está en el proceso de construir un estado propiamente capitalista … es incorrecto suponer que esto significa que el estado que se está construyendo en China hoy necesariamente se parecerá en sus detalles a cualquier de los estados capitalistas precedentes que surgieron en lugares como los EE. UU., Europa o las colonias"*

Porque al menos la administración Biden presentó en 2021 un *Plan de Emergencia Nacional* para combatir la pobreza[368]. Singularmente la que padece la población infantil en los hogares con mayor riesgo de pobreza. Un plan que se acompañaba de medidas fiscales sobre las rentas más altas y los rendimientos empresariales.

Sin embargo para las autoridades chinas -en el quinquenio 2021-2025 (en su *XIV Plan Quinquenal)*- de entre los 20 indicadores con los que definen su desarrollo económico y social, llama poderosamente la atención no encontrar ninguno relativo a la desigualdad, ni social ni territorial[369]. Se manejan nueve indicadores de desarrollo social: desempleo (urbano), años educación recibida, cobertura de pensiones, esperanza de vida, puericultores, calidad del aire, calidad del agua, cubierta forestal, emisiones CO2. Pero ninguno, reitero, de desigualdad personal o territorial. Ya que los otros once indicadores (PIB, PIBpc, productividad, cereales, energía, I+D, patentes, cuota digital, urbanización, etc.) están todos acoplados con el crecimiento. Siendo así que la palabra *"inequality"* no se usa ni una sola vez en un documento de casi 150 páginas en su versión en inglés. Mientras que, por ejemplo, *"socialism"* figura veinte veces y *"market"* lo hace nada menos que cien veces. Creo que sobran los comentarios[370].

Con estas premisas no sorprende que nada menos que en su discurso de conmemoración del centenario del PCCh el presidente Xi Jinping siga al pie de la letra tal libro de estilo[371]. Pues no hizo ni una sola referencia al problema de la *desigualdad*, mientras nombró varias decenas de veces el binomio socialista-socialismo. Todo un enigma.

Aunque no es menos cierto que también evitó usar el concepto de *mercado*. Con lo que estamos ante un doble enigma: no existe en su discurso del centenario el problema de *desigualdad* que radiografía Piketty para China, pero tampoco la rampante sociedad de *mercado* que anima el Plan Quinquenal. Ni la causa, ni las consecuencias.

---

368 Ver aquí:
https://www.infolibre.es/opinion/plaza-publica/infancia-new-deal-estados-unidos_1_1197073.html
https://www.whitehouse.gov/wp-content/uploads/2021/03/American-Rescue-Plan-Fact-Sheet.pdf

369 Ver páginas 10 y 11 aquí:
https://cset.georgetown.edu/wp-content/uploads/t0284_14th_Five_Year_Plan_EN.pdf

https://www.fbicgroup.com/sites/default/files/Dual_Circulation_Issue05.pdf

Rios (2021: 277 y ss., 353-359) sostiene que en el año 2020 en el 5º plenario del CC del PCCh se recuperaron propuestas del destituido (en 2012) Bo Xilai -asesorado por Cui Zhiguan- con una hoja de ruta neo-marxista.

370 En su día ya señalaba Wang (2002): « *cualquier crítica al neoliberalismo es tildada de "regresión irracional"*»

371 https://spanish.xinhuanet.com/2021-07/01/c_1310038399.htm ; Feijóo (2021: 257) lo sitúa en el ala dura, más autoritaria, y mayoritaria del PCCh.; mientras que Dillon (2024: 135) enfatiza en su biografía su afán de contacto con el pueblo, estilo no ostentoso, no corrupto e independiente de las distintas facciones del PCCh.

3.9 Energía y medio ambiente

El problema estructural de fondo que nunca debemos olvidar, en relación a los vectores críticos de sostenibilidad ambiental que revisaremos en este apartado, tiene que ver con la imposibilidad -sin colapsar el planeta- de extender a China (o a India) el modelo de producción y consumo de Estados Unidos[372].

Porque ese modelo, aunque lo considerásemos de éxito para el crecimiento económico, no lo es de desarrollo ecológicamente sostenible. Porque además de insostenible a escala planetaria es materialmente imposible clonar a la escala de China lo que sí lo fue para japoneses o coreanos[373]: *"los chinos no podrán nunca importar el 98 % de sus combustibles fósiles, como hacen los japoneses, o el 75 % de su comida y del grano para alimentar ganado, como hacen los surcoreanos: el mercado mundial no tiene, sencillamente, tanto combustible y comida"*. Pero, aún si fuera posible, supondría cuadriplicar la huella ecológica por habitante de una quinta parte de la humanidad, provocando un desbordamiento catastrófico de las biocapacidades del planeta y de sus límites ambientales[374] (colapso climático incluido).

Afortunadamente, como bien concluye Ian Morris en un muy extenso ensayo histórico, la ampliación a Asia del modelo de producción y consumo occidental choca inexcusablemente con esos límites[375] *"no hay bastante petróleo, carbón, gas y uranio en el mundo para que miles de millones de personas consuman 1,3 millones de calorías diarias"*.

En todos estos asuntos lo relevante no es que China genere hoy el mayor volumen total de impactos ambientales a escala mundial (emisiones de CO2 por ejemplo), sino el que sus impactos por habitante no pueden llegar a converger con los del modelo norteamericano. Bien al contrario, los países ricos, que llevan décadas con impactos por habitante por encima de la media mundial, son los que primero han de cambiar de modelo. Porque aunque en el año 2024 la emisiones totales anuales de CO2 de China superan a las de EE.UU. (15,6 y 5,7 GHG respectivamente) las acumuladas desde el año 1850 siguen estando muy por debajo (476 y 618 GHG respectivamente) y, sobra decir, son estas las que están detrás del colapso climático que avanza imparable. Podemos dar un paso más para afinar el diagnóstico y evaluar las emisiones acumuladas por habitante[376]. El resultado es que China todavía está por

---

372 Una propuesta que es defendida -sin complejos- por el prestigioso economista R. Lucas (2004) y asumida por el nuevo Secretario de Energía de EE.UU. en 2025 el negacionista Chris Wright; soy escéptico sobre si la nueva globalización que propone Rodrik (2011:256, 267) embridaría el cambio climático.

373 Vaclav Smil (1994) citado por Gray (2000: 232-233); Smil (2001: 348) niega que sea posible extender la proporción actual de automóviles por persona de los países ricos a China. Como fantasía absurda y peligrosa lo califica Mishra (2024: 461) en el párrafo final de su extenso ensayo.

374 Prada (2017: 68)

375 Morris (2010: 675)

376 Datos de *World Emissions Clock* en Wold Data Lab

debajo del promedio mundial (334 toneladas respecto a 400), mientras que Estados Unidos sigue cuadruplicando con creces el promedio mundial (con 1.800 toneladas acumuladas de emisiones por habitante).

96 Solo corrigiendo e invirtiendo estos datos acumulados podrá plantearse a los países menos ricos, como China, converger a ese nuevo nivel en un manejable período de transición. Tal como sensatamente plantea[377] Joseph Stiglitz, *"más consumo por parte de los pobres, incluidos los de China, y menos consumo por parte de los ricos (especialmente en Estados Unidos)"*.

Así, en lo relativo a la huella ecológica China podría, por ejemplo, incrementarla en una hectárea global por habitante, si, al mismo tiempo, Estados Unidos la redujese en al menos cuatro hectáreas por habitante[378]. Lo que sería compatible con que China avanzase en su virtuoso aporte de energías renovables sobre el consumo (casi del doble que en Estados Unidos), o con sus menores (en 2014 casi de la mitad) emisiones de CO2 por habitante[379].

ENERGÍA Y MEDIO AMBIENTE	CHINA	EE..UU.	MUNDO
Electricidad renovables sobre consumo 2015	24,1	13,2	22,8
Tm CO2 pc en 2020	7,8	13,1	4,3
Kg C02 por $ PIB en 2020	0,4	0,2	0,2
Huella ecológica 2019	3,5	7,8	2,7

Fuente: elaboración propia con datos del Banco Mundial y Global Footprint Netwoork

Para conseguirlo China debe plantearse una transición energética asociada a un modelo de producción y consumo (de energía, de bienes o de servicios) que no puede imitar al de Estados Unidos. Si se quiere un ejemplo parcial pero sintomático que abordaremos muy pronto: su modelo de movilidad por carretera o por avión[380]. Porque los problemas, e inviabilidades, de clonar el modelo energético occidental asociado a la revolución industrial quedan hoy de manifiesto en China con su actual tasa de mortalidad por contaminación, o con la creciente dependencia de aprovisionamientos energéticos del exterior. Aunque no sea menos cierto que un tercio de esas

---

377 Stiglitz (2010: 237)

378 Arrighi (2007: 401-403)

379 Las emisiones de CO2 por habitante crecieron entre 1995-2015 pero aún están por debajo de la media OCDE (6 toneladas frente a 9,5) (OCDE 2019: 75). Sin embargo las emisiones totales se triplicaron entre 1994-2012 de tres mil millones de Tm. a nueve mil millones, Zhang, Xiliang (2019), una cifra que podría estabilizarse hacia 2050 con las políticas en curso.

380 Pues para reducir el consumo energético debemos reducir nuestras propias pautas de consumo, Friedman (2006: 428)

emisiones son resultado de la fabricación de productos que finalmente se consumen en EE.UU. y la Unión Europea[381].

La situación de partida para dicha transición debiera asumir una ruptura con el hecho de que China es hoy el primer productor y consumidor mundial de carbón, una fuente energética que aún supone dos tercios de su consumo primario de energía[382]. Es éste un recurso y consumo con muy intensas emisiones de sulfuro y que provoca la muerte anual de unos siete mil mineros (lo que supone el ochenta por ciento del total mundial de muertos anuales por tal motivo). La situación es tan preocupante que el Banco Mundial estima[383] que en el 2020 *China deberá invertir 390.000 millones de dólares para tratar las enfermedades indirectamente causadas por la quema de carbón (...) nada menos que el 13 % del PIB previsto para ese año".*

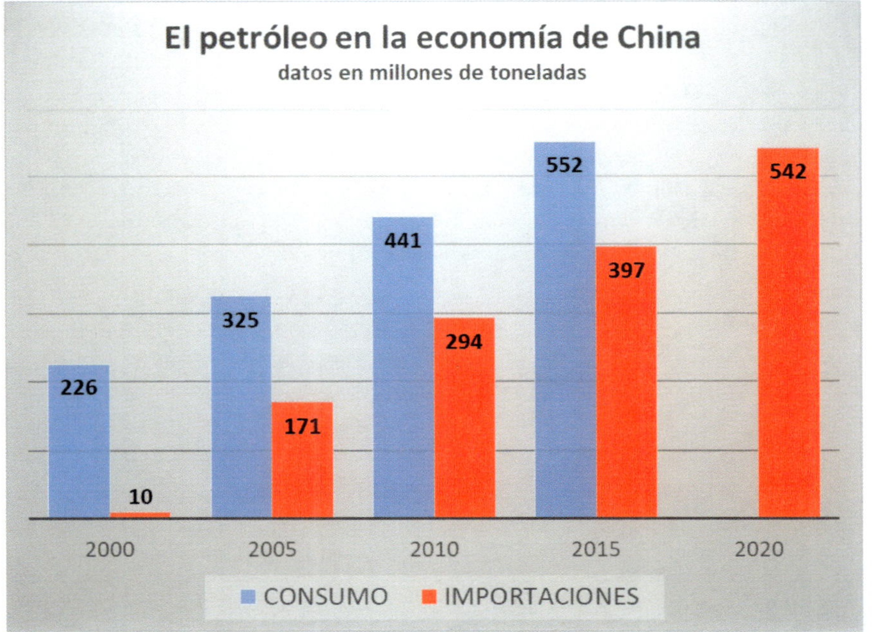

Fuente: elaboración propia con datos de Tabla 9-4 en
China Statistical Yearbook-2017 (stats.gov.cn) y Reuters

381 Poch (2009: 147); como sucede en el caso de las industrias químicas básicas para la elaboración de fármacos, ver p. 37: https://spip.ecologistasenaccion.org/IMG/pdf/informe-resistencia-antibioticos.pdf. Malm (2020: 520) estima que hasta el 48% de sus emisiones de CO2 tienen que ver con las exportaciones que estas empresas multinacionales realizan desde China.

382 El 62% en 2016 según INECh Anuario (Tabla 9-2). Para Lemoine (2007: 71) el 60%; Bustelo y Fernández (1996: 186)

383 Cook (2005: 377)

Añádase a esto que mientras en 1970 China aún era autosuficiente en sus necesidades de petróleo[384], en 2005 ya necesitaba importar la mitad de su consumo. Y que a la altura del año 2015 su dependencia del petróleo importado superaba los dos tercios -y continuaba siendo creciente-. Lo hacía desde países como[385]: Arabia, Nigeria, Kenia, Rusia, Ecuador, Perú, Canadá, Zambia, Angola, Sudáfrica, Zimbabwe o Irán. Una diversificación de proveedores (Irán, África o América Latina) que también reclama una diversificación de sus rutas de suministro (evitando Malaca, Ormuz o Suez) para evitar el riesgo de un eventual colapso económico[386].

Ee en este contexto que el proyecto *Ruta de la Seda* bien podría denominarse Ruta del Petróleo al conectar un conjunto de países que cuentan nada menos que con el 75% de las reservas mundiales de petróleo[387]. Asuntos estos que sin duda explican algunas de sus posiciones políticas internacionales, como en el asunto de las presiones a Irán para que paralice su programa nuclear, unas presiones que son escasas desde China porque[388]

"económicamente, China depende en gran medida de los productos energéticos de Oriente Medio, ya que más del 50 % de las importaciones chinas de petróleo proceden de esa región. China también invierte grandes cantidades de dinero en los yacimientos iraníes de petróleo y de gas natural. Las sanciones económicas contra Irán serían muy perjudiciales para los intereses económicos chinos. Un ataque militar contra Irán sería un desastre mayúsculo".

Otro síntoma complementario de la insostenibilidad e inviabilidad de este recurso energético (también agro alimentario y de materias primas) para una economía China en crecimiento constante, es el hecho de que -a pesar de esas importaciones galopantes de petróleo- la aportación de esta fuente energética al consumo nacional de China se mantenga estable en una quinta parte del total entre 1996-2016. Y, aun así China sea ya -hoy por hoy- el mayor importador de petróleo a escala mundial[389].

---

384 Snow (1971: 184), Lemoine (2007: 72); gestionado por tres empresas públicas: CNPC, Sinopec y CNOOC.

385 INECh Anuario (Tabla 9-4) por un 71%. Es probable que las importaciones de soja tengan ese destino, Fishman (2006: 205). China estaría exportando armamento a países que le suministran petróleo pero que no respetan los derechos humanos (Amnistía Internacional, 2016).

386 Bustelo (2010: 59) pone como ejemplo, de alternativa a Malaca, el oleoducto y gasoducto entre Myanmar y Yunnan. China tendría más que perder que EE.UU. en un escenario global de guerra comercial generalizada con ruptura de los mercados, Martínez (2020: 64). El crecimiento del consumo de gas en China es vertiginoso: lo multiplicó por diez entre 2000 y 2019 según el Anuario Estadístico de China, pasando de un 2% a un 8% del total de energía consumida por aquel inmenso país.

387 Muñoz (2018: 151); también define una ruta de la seda digital, Feijóo (2021: 229); incluye el Ártico en dicha Ruta, Economy (2023: 258 y ss.), donde China necesita asociarse con Rusia para el paso que se abre con el deshielo actual, pues el trayecto Londres-Osaka pasaría a tener seis mil kilómetros menos que por Suez o Panamá, Zamora (2022: 192-193).

388 Lanxin (2009: 97); sobre EE.UU. e Irán ver Kagan (2008: 75 y ss.); acuerdo estratégico China-Irán en 2021, El Confidencial (27/3/2021

389 Frankopan (2019: 101)

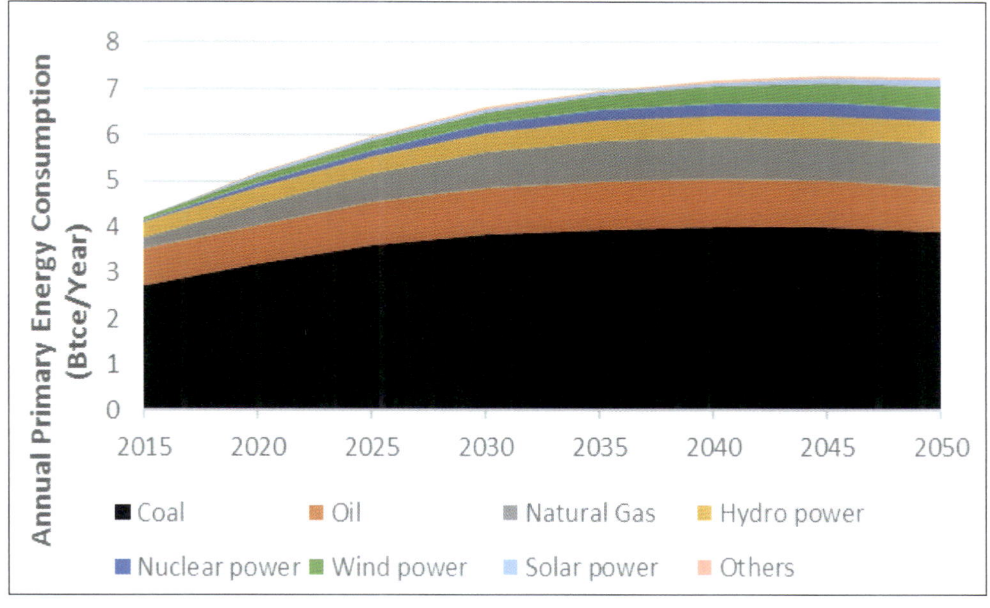

Energías primarias consumidas en China
Fuente: Zhang Xiliang (2019)

Directamente relacionados con estos requerimientos de consumo encontramos, como ya se señaló, los del parque automovilístico y del transporte aéreo. La progresión de este segundo vector es vertiginosa en China que es el segundo mercado aéreo del mundo por detrás de EE.UU., siendo los aviones Boeing los que canalizaban más de la mitad del mercado chino. Estimándose en 2017 -por dicha empresa- que en los próximos veinte años las compañías aéreas de China le encargarían más de siete mil aeronaves comerciales[390]. En esta demanda aérea sobresale un flujo turístico que podría alcanzar muy pronto los 150 millones de viajeros (entre su diez por ciento de población más rica) con los consiguientes problemas ambientales y de congestión[391].

Sobre otro vector crucial de demanda de hidrocarburos debemos anotar que en 2008 su parque automovilístico era de menos de 10 coches por cada mil habitantes, frente

---

390 Fishman (2006: 316), Tamames (2008: 240), Frankopan (2019: 165); aunque China desarrolla su modelo COMAC 919 para competir con el Boeing 737.

391 Muñoz (2018: 86)

a los 400 o 500 por mil en Japón o EEUU. Rateo que se estima podría pasar en China a 100 por mil en treinta años. Serían diez veces más, lo que provocaría un descomunal incremento del consumo energético del sector del transporte en ese país[392]. Pues este vector pasaría de ser el diez por ciento de la energía en 2005 a más del veinte por ciento en 2050. Y, no obstante, los planificadores chinos barajan la quimera de llegar hasta los 250 millones de coches (una rateo de 178 por mil habitantes), lo que supondría incrementar nada menos que en un cincuenta por ciento el actual parque mundial[393].

Por lo que respecta a la cuota de energía aportada por fuentes renovables (ni carbón interno, ni hidrocarburos importados) la buena noticia es que suponen una cuota creciente: entre 1996-2016 habrían duplicado su peso[394]. Siendo hoy del doble de la aportación que estas fuentes tienen en los Estados Unidos y así a escala global China detenta el liderazgo en energía solar térmica con el 62,5 % mundial[395]. En la fotovoltaica su aporte es mucho menor que en Alemania, pero iguala a EE.UU. En conjunto la cuota de renovables en la energía primaria se sitúa por encima del diez por ciento[396], cifra muy semejante a la media de los países miembros de la OCDE en 2016.

Como quiera que China cuenta con una presencia de empresas estatales singularmente importante en sectores estratégicos[397] (petróleo y petroquímica, carbón o siderurgia) ello le debiera facilitar la transición energética hacia un sistema más eficiente y menos dependiente de los combustibles fósiles (carbón, petróleo, gas) o de la opción nuclear. Una transición imprescindible porque, aparte de los problemas de viabilidad global de estos suministros y de los efectos ambientales globales de estos consumos, China soporta ya hoy impactos locales ambientales muy graves.

---

392 Winters y Yusuf (2009: 148-149, 165), equivalente a pasar de 92 Mtep a 563 Mtep,

393 Poch (2009: 161), por su parte Bregolat (2007: 67) maneja estimaciones para 2030 de 387 millones de coches, mientras Zhang Xiliang (2019) para ese mismo año anota 445 millones, lo que supone más que triplicarse en apenas 15 años. Maddison (2007: 98) ya estimaba para 2003-2030 la evolución de consumos de energía y emisiones en China

394 INECh Anuario (Tabla 9-4) del 6 al 13%.

395 https://news.cnrs.fr/infographics/solar-energy-in-the-world-data-sheet

396 OCDE (2019: 75)

397 Lemoine (2007: 74), Roberts (2025) sitúa las empresas estatales entre el 25-35% del PIB de China; además concentra la mayor parte de la producción mundial de tierras raras, junto a Rusia, o de silicio (para baterías, computadores, etc.), Frankopan (2019: 21)

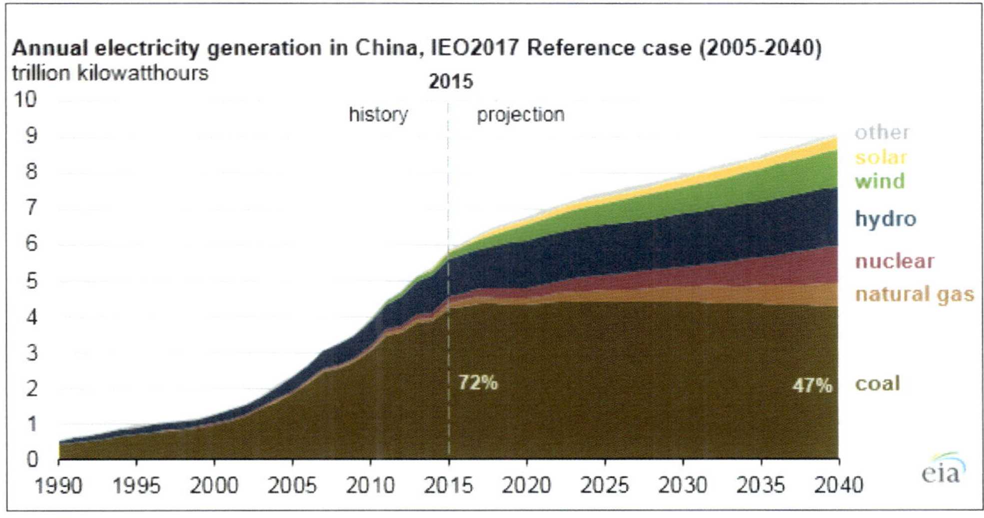

Origen de la electricidad consumida en china

Es el caso de una niebla contaminante (smog) a lo largo de tres mil kilómetros (entre Dalian y Cantón) que estaría detrás de las estimaciones de un millón de ciudadanos muertos al año por contaminación[398]. O que la mitad de la población carezca de acceso a agua potable limpia y se vea obligada a consumir agua contaminada. Que la mitad de las seiscientas mayores ciudades de China se enfrenten a problemas de escasez de suministro, y que en cien de ellas tengan severas restricciones[399]. Y que frente a todas estas amenazas e impactos se compruebe que los esfuerzos presupuestarios públicos en políticas medioambientales[400] si bien crecieron hasta el año 2010, a partir de entonces se estabilizaron en un 1,7 % del PIB.

Es preocupante comprobar que lejos de una tal transición, y aunque en Alemania tengamos un exponente del camino apropiado e inverso, la energía nuclear se maneja en China como una opción creciente. Pues facilita una huida energético-climática

---

398 Poch (2009: 143, 281), Revelli (2015: 110-111) relata un episodio de 2013 que denomina *"airpocalypse"* que afectó a más de cien ciudades y ochocientos millones de habitantes. Citando la revista *The Lancet* cifra en 1.200.000 las muertes prematuras anuales debidas a la contaminación (op.cit. p. 112)

399 Para un análisis detallado a la altura del año 2000 ver Murray, G. y Cook, I.G. (2004: 169-199); Ríos (2016: 101 y ss); *"el Banco Mundial subraya que 16 de las 20 ciudades más contaminadas del mundo se encuentran en China"*, Cook (2005: 376).

400 OCDE (2019: 72); amenazas e impactos que Muñoz (2018: 41) resume como efectos colaterales del acelerado crecimiento chino.

hacia adelante, sin evitar el colapso ambiental de una economía de mercado, ni esquivar sus expectativas de consumismo[401]. Porque se estima que entre 2005-2020 China pasará de 9 a 30 reactores nucleares (de 8700 a 40000 MW) aunque para su funcionamiento dependa de uranio importado desde Australia y Canadá. Siendo así como, quizás, esperen mantener la progresión del parque automovilístico en su vector eléctrico. Pues ya en 2017 más que duplicaban las matriculaciones anuales realizadas en los Estados Unidos de este tipo de vehículos[402]. Cierto que en 2015 el vector nuclear apenas aportaba el tres por ciento de la electricidad generada en China, una cuota inferior a la de la energía eólica[403]. Pero no es menos cierto que las previsiones para 2040 son crecientes y equivalentes para ambos vectores: eólico y nuclear. Siempre sin olvidar que China ya es en la actualidad la cuarta potencia nuclear mundial[404].

Su creciente número de centrales nucleares se acompaña de un arsenal disuasivo nuclear semejante al de Francia, aunque muy alejado de los acumulados por las dos superpotencias de la guerra fría[405]. Potencias a las que China reclama una reducción por debajo de las mil ojivas desplegadas para avanzar hacia un cierto equilibrio. El actual arsenal nuclear chino parece ajustarse razonablemente a la evaluación de riesgos bélicos atómicos que, para este siglo XXI, realiza[406] Wang Hui,

> *"En el siglo XXI China se puede convertir en una sociedad de mercado desarrollada, pero es imposible que se convierta en un nuevo poder hegemónico global… tras la disolución de la URSS, la OTAN se convirtió en una fuerza militar de dominio abrumador a escala mundial… no hay otro país (que EE.UU.) capaz de desarrollar este tipo de dominio militar hegemónico".*

Estaríamos ante el escenario estratégico de una superpotencia hegemónica, pues Estados Unidos totaliza más de dieciocho mil ojivas a comienzos de este siglo XXI, al tiempo que se retira en 2001 del tratado de misiles antibalísticos (BMD) para poder así *"neutralizar"* la minúscula fuerza nuclear disuasoria china[407] con la excusa de

---

401 Una descarbonización basada en energías "limpias" pero no renovables, Muñoz (2018: 124). Sobre consumismo baste anotar que el portal de ventas online Tmall de Alibaba se sitúa en tercera posición en el ranking mundial Alexa, mientras que Amazon se sitúa en treceava posición.

402 Hu, Min (2019): https://eforenergy.org/docactividades/112/humin.pdf; Tesla produce la mitad de sus automóviles eléctricos en China, Klare (2025), (https://cincodias.elpais.com/smartlife/2019/09/23/motor/1569227623_357757.html); Torres (2024: 23) certifica su liderazgo mundial en vehículos eléctricos. En 2019 se matriculan más coches eléctricos en China que en el resto del mundo (El País 5/3/2021)

403 INECh Anuario (Tabla 9-6); Tamames (2008: 221), Ríos (2007: 141)

404 Muñoz (2018: 124)

405 SIPRI (2019), alcanzaría las 1000 cabezas en 2030, Delage (2022: 22)

406 Wang (2008: 191-193), también opina así Kagarlisky (2024) *"China no puede y no desea convertirse en un nuevo hegemon"*, https://www.sinpermiso.info/textos/china-y-rusia-en-el-sistema-mundo-moderno-un-doble-desafio

407 Johnson (2004: 86, 97 y 100); Kolko (2003: 139) cuantifica en 150 las cabezas nucleares chinas frente a las 6.000 de EE.UU. Y un presupuesto de defensa ocho veces mayor en 2002. Por su parte Economy (2023: 84) estima 400 cabezas nucleares chinas frente a 3800 de EE.UU.

Taiwan. Y cuando además, como hemos revisado aquí, este país debe enfrentar aún gigantescos retos sociales internos: deterioro ambiental, corrupción, desigualdades personales y territoriales, bolsas de pobreza y riesgos de desempleo, envejecimiento o déficits de cobertura de servicios sociales preferentes. De manera que en este terreno, como bien resumía en 2010 un alto responsable de su Ministerio de Asuntos Exteriores[408], *"los problemas económicos y sociales con los que nos encontramos puede decirse que son los más importantes y espinosos del mundo; de ahí que no estemos en posición de mostrarnos arrogantes y presuntuosos"*.

---

408 Dai Bingguo, citado por Kissinger (2012: 525)

Capítulo 04

De Chimérica al telón digital

4.1 Momento simbiosis: Chimérica

Según el esclarecedor análisis de Wang Hui la República Popular China habría transitado, entre 1970 y el año 2000, de una economía planificada a una sociedad de mercado siguiendo un proceso de abducción neoliberal puro y duro. Entendiendo por tal cosa aquella sociedad[409] en la que se *"utilizan las reglas de mercado para regular todos los aspectos de la vida social"*. Tanto en el ámbito de la producción como en el de la distribución de la riqueza (protección social incluida), y todo ello, con frecuencia, en condiciones de mercados no competitivos.

No difiere este diagnóstico del que anotó[410] un singular observador como J.G. Ballard en la visita que realizara en el año 1991 a China: *"Bajo el mando de Deng, Shanghai estaba regresando rápidamente a su pasado capitalista... la biblia china solo contiene dos palabras: hacer dinero"*. Una biblia muy alejada por cierto de lo que reclamaría una democracia social o sociedad decente[411] en la que, entre otras muchas cosas, dominase: *"la democracia política e igualdad social... el Estado protege la competencia, no los monopolios"*; y en la que *"todos están igualmente capacitados y cualificados para participar en pie de igualdad en el proceso de gobierno... todos tienen capacidad para tener una concepción razonable de lo que es justo"*.

---

409 Será su protagonista Zhao Ziyang (2011: 195, 202-203, 330-331), abriendo áreas de mercado sin planificación (agricultura, industria ligera, textil, bienes de consumo, …) entre 1980-1987, *"incrementando el sector de mercado y debilitando progresivamente el sector planificado"* que ya era solo del 60% del PIB en 1988. Wang (2008: 20, 71, 83, 160, 196), Wang (2002) ya señala la transición del plan al ajuste macroeconómico. Al contrario para evitar que una *economía de mercado* se convierta en una *sociedad de mercado*, ver Sandel (2013: 18), solo cuando *"existen cosas que el dinero puede, pero no debe, comprar"* (op. cit. p. 99). Sobre la campante y global opción neoliberal mundial de las últimas décadas, Laval y Dardot (2013)

410 J.G. Ballard (2007: 225), *"Milagros de vida"* (Random House, Barcelona)

411 Citas de Wang (2008: 87, 133) y Dahl (1989: 43 y 76); también Klein (2007: 45); ver detalles en Prada (2019: 130); también Sandel (2020: 157, 263, 288) como sociedad del bien común frente a la sociedad de mercado, op. cit. p. 274

Pero ya en la China del año 1984 eran patentes los síntomas de la deriva hacia una sociedad de mercado. Porque los trabajos más deseados ya no eran los de científico, médico o profesor (que alimentan preferentemente la protección social y la redistribución de riqueza) sino los de taxista, comerciante o cocinero[412] (paradigmas del mercado y del dinero): *"todo el mundo piensa exclusivamente en cómo hacer dinero"*. Mercado y dinero que corroen la protección social.

Con lo que se comprobaría, solo cuatro años más tarde, que *"... simples empleados en el sector privado ganaban más que médicos, funcionarios o profesores de universidad"*. En una tal deriva no nos debiera extrañar que, a la altura del año 2006, el viejo icono revolucionario Lei Feng cayese al puesto 22º del ranking de popularidad social en China, un ranking que para entonces lideraba[413] Jay Chou, un cantante-actor taiwanés, al que Michael Jordan seguía de cerca. Un ranking que en años posteriores encabezarían deportistas de élite, actores, cantantes, o empresarios multimillonarios (de Alibaba, Microsoft,...). Todos ellos referentes hipercompetitivos de una élite social con capacidad de consumo ilimitado[414]. Un clima social que aseguraría el respaldo socio-político de amplios sectores sociales en China con tal de facilitar el que cada vez más ciudadanos puedan participar, modesta, desigual pero crecientemente, de tal consumismo y expectativas.

En una sociedad de mercado -y el paradigma mundial de tal cosa lo tenemos en los Estados Unidos- se laminan las garantías sociales equitativas y la capacidad de protección que ofrece un Estado que se reduce a la mínima expresión por medio de la secesión fiscal de los más ricos[415]. Tampoco salen indemnes, en una pletórica sociedad de mercado, tanto las libertades de acción sindical como las libertades políticas necesarias para la defensa de los derechos de los ciudadanos[416], tales que *"libertad de expresión, la libertad de prensa, la libertad de reunión, la libertad de asociación, la libertad de lugar de residencia, la libertad de huelga, de manifestarse, de protestar"*. Libertades que por eso reclaman, con buen criterio, para China en la conocida[417] como *Carta 08*.

---

412 Para Xiaobo (2009: 83-84, la cita en 108) de quién la tomo se trataría de *"un período emocionante"*, la segunda cita textual está en Bregolat (2007: 191); autor éste que cuando se interroga por el movimiento estudiantil post-Tiananmen, ya en el año 2006 y con diez veces más universitarios, concluye: *"se dedican a prepararse para ganar dinero"* (op. cit. p. 236)

413 Landsberger (2008: 447 y 450)

414 Recientemente influencers digitales como Wang Hongquanxing, Bo Gongzi y Baoyu Jiajie verían anuladas sus cuentas en *Douyin* (versión china de TikTok) por considerar desorbitado su estilo de vida (El País 15/6/2024)

415 Los llamados *príncipes* comunistas forman parte del uno por ciento global *"serán ciudadanos del mundo pero sin aceptar y ni siquiera reconocer ninguna de las obligaciones que representa la ciudadanía"*, Reich (1991: 300). Ríos (2016: 110) relata síntomas de tal secesión en China.

416 Dahl (1999: 100); para Meisner (1999: 595) lo que hay en China es *"desarrollo capitalista y dictadura política"*. Sobre el carácter oficial de los Sindicatos en China, Yu Keping (2006: 351)

417 https://es.wikipedia.org/wiki/Carta_08

Bien al contrario, una sanidad pública de cobertura universal, educación gratuita, sistemas públicos de jubilación y atención a la dependencia, renta básica universal, etc. son programas que se consideran perjudiciales para competir en un mercado global (tal como se entiende[418] la globalización dentro de la OMC). Lo mismo que sucede con un salario mínimo decente que sea suficiente para pagar un alojamiento y una alimentación dignas, o el respeto a la jornada laboral (diaria, semanal, anual, vacaciones, edad de jubilación,...) y a la estabilidad en el empleo o a su salubridad. Por no hablar de las regulaciones ambientales que garanticen un medio ambiente saludable y no deteriorado (tanto para la actual, como para las generaciones venideras). Todos ellos programas y objetivos claves en una sociedad decente[419].

Cierto es que la Academia China de Ciencias Sociales (CASS) incluye en lo que denomina nivel de desarrollo social[420], para una «*sociedad armoniosa*», aspectos relativos al nivel educativo (gasto educativo, cuota de estudios superiores y medios, alfabetización) y al nivel sanitario (gasto sanitario per cápita, número de personas por médico). Una *Sociedad Armoniosa* que ya en el año 2005 tanto el presidente Hu Jintao como su primer ministro Wen Jiabao focalizaban y priorizaban en la protección de los menos favorecidos para así reducir las crecientes desigualdades sociales[421]. Sin embargo, más allá de declaraciones y buenas intenciones, en la hoja de ruta de una sociedad de mercado por la que actualmente transita China, a la hora de la verdad, serán los costes y la competencia global los que dictaminen que esas garantías y protecciones obstaculizan la sacrosanta productividad y el potencial de crecimiento futuro.

Y, bien al contrario, se asume y amenaza con que las economías que no sigan esos dictados serán barridas por el dumping social, fiscal, laboral, ambiental, etc. en el que se afanan otras sociedades de mercado[422].

---

418 Stiglitz (2006: 28) "*...el problema no es la globalización en sí misma, sino la manera en la que se ha gestionado*".

419 La globalización orientada al mercado (neoliberal, el capitalismo global) como antítesis de la senda para una sociedad decente es reiterada en Sandel (2020: 13, 73, 75, 112); frete a ello la nueva globalización que propone Rodrik (2011: 256, 267) es muy dudoso, por poner un ejemplo, que embride el cambio climático al carecer de una gobernanza global.

420 Golden (2012: 134, 138); con vectores bastante ajustados al Índice de Desarrollo Humano del que ya nos hemos ocupado. Aunque dejan fuera cuestiones laborales, de protección social (pensiones, desempleo,...), etc. Lo que algunos dirigentes chinos denominan segunda fase del socialismo o "*socialismo desarrollado*" en el horizonte de finales de este siglo XXI, Mesnier (1999: 597-598)

421 Bregolat (2007: 327); sobre el énfasis en la dimensión social del crecimiento Rios (2021: 238 y 256-257) que lo enmarca en la armonía confuciana frente al darwinismo de mercado.

422 "*En ausencia de un tribunal internacional que juzgue si un país es culpable de este tipo de prácticas*" (Stiglitz 2006: 133); acierta Rodrik (2011: 292, 297) cuando sostiene que China sintetiza todos los retos de una economía global, aunque es dudoso que deje de presionar a la baja con las cláusulas de salvaguarda que propone.

Todo lo anterior explica que en la China actual el esfuerzo en protección social[423] para necesidades básicas (desempleo, jubilación, maternidad, salud pública, …) tenga un nivel muy reducido como porcentaje de su riqueza nacional (en China un 6,3 % PIB en 2015, mientras en EE.UU. llegaba a un 19 %, y en España o Alemania al 25 %), como visualizamos en un mapa extraído de un informe elaborado por la Organización Internacional del Trabajo.

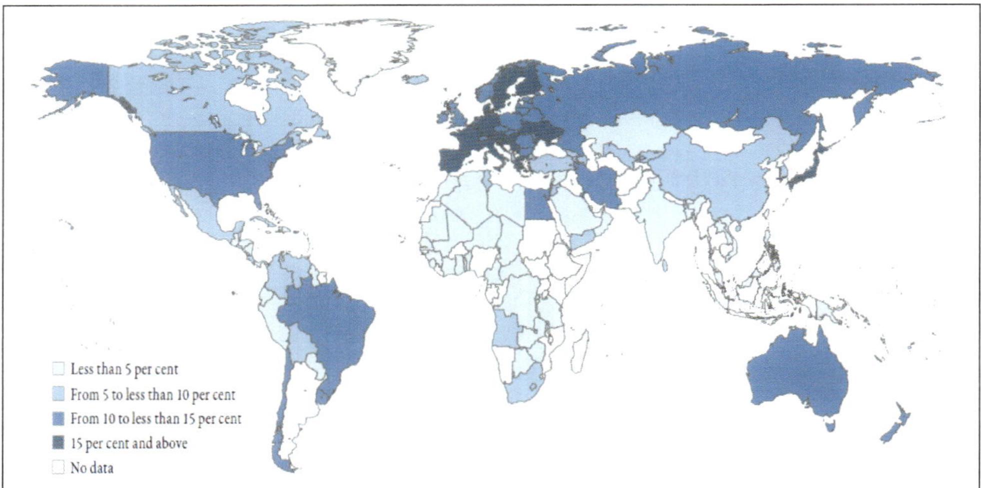

Esfuerzo en protección social como porcentaje del PIB (2015)
Fuente: ILO (2017: 170)

Abundando algo más en esta dimensión, y según un Índice sobre la distribución equitativa de los recursos educativos y sanitarios[424] (por países y a escala mundial), mientras Estados Unidos cae de la posición 11ª que ocupa por nivel de ingresos por habitante a la 78ª en tal distribución equitativa (con un descenso de 67 posiciones), China pasa de la 77ª a la 120ª (cae 43 posiciones). Descensos que confirman una senda convergente hacia la devaluación de tales necesidades preferentes en lo que aquí se viene calificando como Chimérica (sociedad de mercado). Y, de rebote, también devaluación en el resto del mundo.

---

423 ILO (2017: 400), se excluye el vector sanitario:
https://www.ilo.org/publications/world-social-protection-report-2017-19-universal-social-protection-achieve
Un buen ejemplo de lo que no hacen Herrera, R. y Zhiming, L. (2021: 82 y ss.) que se abstienen de insertar en su análisis cualquier cuadro o gráfico comparativo de China con países indudablemente capitalistas.

424 V-Dem (2019: 66-67), actualizable aquí: https://www.v-dem.net/publications/democracy-reports/

Como contrapunto me parece oportuno citar aquí el referente de Cuba que, según ese mismo índice, teniendo la mitad de riqueza por habitante de China, se sitúa en la posición 39ª mundial en la cobertura de tales necesidades preferentes. Muy por encima tanto de China como de los propios Estados Unidos (un resultado que consigue con menos de la quinta parte de su nivel de ingresos por habitante). Un país, Cuba, mucho menos rico, pero que en 2017 aún superaba a China en el Índice de Desarrollo Humano que, como sabemos, evalúa sobre todo los logros educativos y sanitarios[425]. En este aspecto Cuba dibujaría para China una senda contrapuesta a la norteamericana: transformar un muy inferior nivel de riqueza material en un mayor nivel desarrollo social.

Porque de no hacerlo así China seguirá forzando a otros muchos países, que compiten con sus productos en el mercado mundial, a caminar por la misma senda: laminar la transformación del crecimiento económico en desarrollo social. Un diagnóstico que se amplificaría aún más de incluir dimensiones ambientales, de trabajo digno o decente[426], etc.

Las libertades de sindicación, acción colectiva o cogestión de los trabajadores en las empresas también se van a ver cercenadas si un país transita hacia una sociedad de mercado en vez de hacerlo hacia una sociedad decente. Así se comprueba en un ranking laboral mundial[427], elaborado con otro índice sintético que resume casi un centenar de indicadores relativos a derechos laborales, y que va de la escala 1 (esporádica violación de derechos) a la 5 (no garantía de derechos). Pues según este índice, la sociedad de mercado norteamericana se situaría en la escala 4 (sistemática violación de los derechos sindicales), mientras que China se sitúa incluso por debajo, en la escala 5. De nuevo estamos en *Chimérica*: una sociedad global de mercado a ambos lados del Pacífico. En la que líderes políticos y hombres de empresa operan con violaciones sistemáticas de los derechos laborales, sociales y humanos[428].

Como quiera que en China no está permitido organizar sindicatos libres, el poder crear sindicatos independientes de trabajadores se convierte así en un asunto crucial para la agenda de una sociedad decente en ese país[429]. Porque de lo contrario sucede

---

425 PNUD (2018)

426 OIT (2015) "*Estado del trabajo decente en el mundo*", definición en página 4; proliferación de trabajo no digno o decente en convivencia con los sindicatos oficiales, Ríos (2016: 109-110); provocando una igualación a la baja en cascada en otros países, Fishman (2006: 378), de lo que se favorecen las multinacionales globales.

427 ITUC (2018: 10): https://www.ituc-csi.org/IMG/pdf/ituc-global-rights-index-2018-en-final-2.pdf
En el año 2021 la evaluación del estado de los derechos laborales en China según la International Trade Union Confederation (ITUC) sigue incluyendo a China en el grupo 5 de países que no garantizan los derechos laborales, en base a un índice compuesto por nada menos que 97 indicadores, https://files.mutualcdn.com/ituc/files/ITUC_GlobalRightsIndex_2021_EN_Final.pdf

428 Aguirre (2000: 168-169) citando al analista Fared Zakaria y su concepción de democracias iliberales, autoritarias o postdemocráticas.

429 Meisner (1999: 515, 596-597); George (2002: 99) propone que la OIT certifique que se permiten la

que el ochenta por ciento de las empresas privadas de China incumplen la legislación laboral, mientras la muy oficial Federación Nacional de Sindicatos de China (FNS), con más de trescientos millones de afiliados, se desentiende de tales incumplimientos[430].

Con lo que la precariedad, la desregulación, los bajos salarios, la falta de seguridad, las jornadas de doce a catorce horas diarias, de siete en siete días[431], la ausencia de contrato en ocho de cada diez trabajadores del sector privado, la indefensión, el no poder acceder a servicios médicos ni exigir un salario en caso de accidente, las horas extras sin pagar, la ausencia de normas de seguridad y la elevada siniestralidad son el pan nuestro de cada día. Y así, de una una visita a centros productivos suministradores de grandes empresas españolas en el año 2023, se observa[432]: *"precariedad en la obligada vigilancia empresarial para que las personas tengan e incorporen a su actividad diaria los equipos de protección necesarios en cada puesto de trabajo, como son: gafas de soldar, mascarillas de filtro o polvo, etc., y máquinas de coser con protecciones eficaces"*.

No es extraño que en estas circunstancias la desigualdad social se agudice, y que la escalera social cada vez funcione peor. También que los servicios públicos universales no puedan corregir al mercado[433]. Bien al contrario, será lo privado lo que corrompa a lo público para maximizar beneficios, dejando como rastro (y como punta del iceberg) a decenas de miles de funcionarios sancionados. O que en cuatro quintas partes de las empresas privadas que operan en China se estime que no se respeta la legislación laboral ni cotizan a la Seguridad Social. Lo que explicaría que menos de la mitad de los trabajadores urbanos tengan cubiertos los riesgos de desempleo, de cobertura médica o de jubilación[434].

Ya que la corrupción campante en una sociedad de mercado busca justamente lo contrario: que el Estado no corrija, sino que se amolde a las prácticas no competiti-

---

libre sindicación y la negociación colectiva en el comercio internacional, para evitar la «carrera hacia el abismo».

430 Garrido (2024: 22) certifica en 2023 ese desentenderse así: *"el sindicato chino (ACFTU, organización "sindical" oficial, dependiente del partido) no participó en nuestras actividades, sin contestar a los emails previamente enviados. La visita realizada en 2015 fue la última ocasión en que pudo realizarse un encuentro formal de CCOO con la ACFTU"*
https://es.wikipedia.org/wiki/Federaci%C3%B3n_Nacional_de_Sindicatos_(China)

431 Ríos (2007: 83-87, 97-98, 210-211), alcanzar una jornada semanal de 35 horas es algo que no está en la cabeza *"de los dirigentes de los sindicatos o del partido"* (op. cit. p. 86); Garrido (2024: 19) comprueba hasta 80 horas semanales y 11 horas diarias habituales, y muy pocos días de vacaciones anuales.

432 Garrido (2024: 21)

433 Por eso *"el aumento de los ingresos fiscales es vital para resolver la problemática básica de la economía china"*, Bregolat (2007: 143)

434 Lemoine (2007: 62, 91); Ríos (2016: 117-118); Moulier (2006: 25 y 37) anota la *"transformación de la inmensa China en un inesperado paraíso de la industria para las multinacionales… limitación del acceso a la ciudadanía, a la ciudad, a la vivienda … estrechamente ligada al control de la fuga de los trabajadores dependientes"*, así como el control de la migración interna.

vas y de ignorancia de las normativas. Por eso según un Índice de Corrupción[435] elaborado por la Universidad de Gothenburg, China, que ocupaba la posición mundial en ingresos por habitante 77ª en 2017, caía a la posición 90ª en un ranking de menor a mayor corrupción, mientras Estados Unidos pasaba de la 11ª a la 30ª. Descendiendo trece y diecinueve posiciones respectivamente.

No sorprende entonces que, en un tal ecosistema institucional, multinacionales como Yahoo, Microsoft o Google hayan sido denunciadas por Amnistía Internacional por despreciar los derechos humanos en sus negocios en China[436]. Comprobándose que los derechos sociales conviven mal con la deriva neoliberal de ambos países, pues en ambos se estaría forzando un dumping laboral, social, fiscal y ambiental a escala global, bajo el ideologema de la competitividad y los costes. Según la lógica y cobertura[437] de una Organización Mundial de Comercio (OMC) a la que China se incorporó en el año 2001.

Y en consecuencia no es casual que en la ratificación en ese mismo año del *Pacto Internacional de Derechos Económicos, Sociales y Culturales* por China en 1997, y que desarrolla el art. 23.4 de la Declaración Universal de Derechos Humanos de la ONU (sobre derecho a fundar sindicatos y a afiliarse a ellos) todo esto se condicionase a una reserva de aplicación de acuerdo con las leyes chinas. Lo que impide de facto su efectivo cumplimiento, pero sin interferir en absoluto en su encaje en la OMC, porque[438] *"la OMC no está vinculada a la Carta, ni a la declaración Universal de los Derechos Humanos, ni al Pacto Internacional de Derechos Económicos, Sociales y Culturales, ni a la Carta de Derechos y Deberes Económicos de los Estados".*

Para caminar en sentido opuesto, y trascender a la OMC en lo social y laboral para evitar una devaluación global de tales derechos, es necesario concretar un nuevo *Contrato Social Global* que debiera canalizarse por el Consejo Económico y Social de la ONU en ausencia de mejores alternativas[439]. Mientras esto no sea así el conocido como *Consenso de Washington* (1989) se acomodará como un guante a la desregulación y liberalización de mercados de la OMC en numerosos países[440]. Y porque tampoco el denominado *Consenso de Beijing* (2004) supuso una cabal alternativa en relación al acomodo de una Sociedad Decente frente a una Sociedad de Mercado.

---

435 V-Dem (2019: 40), actualizable aquí: https://www.v-dem.net/publications/democracy-reports/

436 Tamames (2008: 253)

437 La OMC se crea apenas seis años antes -en 1995- para dar impulso a una nueva etapa de globalización comercial que acelera (cadenas globales, digitalización, containers) la iniciada en la postguerra con el GATT (1950-1990), Requena (2017). Rodrik usa el termino *"hiperglobalización"* (2011: 184 y 206), que podría homologarse a la hegemonía imperial global del capital en Hardt, M. y Negri, A. (2002: 26, 173, 199); ver también Cavazzini (2024) citando a Bürbaumer (2024) serían *"los años de luna de miel"* en Chimérica.

438 George (2002: 39)

439 Stiglitz (2006: 358 y 361)

440 Lo que no impide que EE.UU. sea uno de los países con más expedientes en la OMC, Arrighi (2007: 202) y que llegase a vetar su Tribunal de Arbitraje, El País (8/12/2019)

Más bien camufla un argumento económico cínico para justificar la falta de libertades políticas[441], pues se centra en dotar de infraestructuras productivas a los países con los que China comercia, dentro de la OMC, pero no programas de protección social[442] *"sin opinar ni valorar sobre un eventual cumplimiento o no en algún aspecto de los derechos humanos, o del cuidado del medio ambiente, o alguna otra cuestión de principios y/o de carácter interno"*. Lo que sin complejos ya argumentaba Henry Kissinger[443] en favor de que las *"diferentes concepciones del orden interno"* no interfieran en una relación homogénea de mercado, y que *"la ideología quede relegada a la gestión interior de cada país"*.

Aunque actuar así suponga universalizar de forma multilateral aquella reserva interna, e incumplir en cada país derechos básicos universales -por ejemplo laborales- subordinándolos a un pretendido derecho superior a la subsistencia y al crecimiento económico, con el eufemismo de que cada uno escoja su vía para defender los derechos humanos internamente[444].

Al final lo que obtenemos, por una u otra vía, es crecimiento económico sin desarrollo social. Lo que quiere decir que solo se proyectan los valores del mercado a través de las fronteras[445], pero no otros valores. Como queda de manifiesto en una detallada revisión de las relaciones económicas sino-africanas que, bajo la coartada de no interferir en los asuntos internos, están sujetas a muy pocos condicionantes medioambientales y sociales, con escaso respeto por los derechos humanos y no poca falta de transparencia[446]. Y es así que en Sudán, Chad o Zimbabue −por poner tres ejemplos- el gobierno de Pekín está de facto interfiriendo profundamente en los asuntos locales al hilo de sus negocios petroleros y de recursos naturales[447], aunque

---

441 Pankaj Mishra (2014: 456)

442 Ramo (2004); así Xi Jinping se refiere a distintos aspectos en las relaciones comerciales pero no a la protección social o a los derechos laborales, Ríos (2019: 68), como por ejemplo el énfasis en las infraestructuras dentro de la Iniciativa de la Franja y de la Ruta.
https://es.wikipedia.org/wiki/Consenso_de_Pek%C3%ADn

443 Kissinger (2012: 16, 300); un ejemplo (eso de relación homogénea) de manual de sumisión neoliberal, Prada (2019: 60 y ss.)

444 Vaz-Pinto (2010: 77) remite los parágrafos 19-22 del documento ONU de 10 noviembre de 2008 (A/HRC/WG.6/4/CHN/2), Kissinger (2012: 468). Así se resume la actual representación sindical oficial en China: *"las propias personas entrevistadas no sabían quiénes eran tales representantes o cómo habían sido elegidos, sin haber participado en los procesos de elección o sin recordar cómo fue éste"*, Garrido (2024: 23)

445 En un ejemplo de manual de lo que denomino una abducción neoliberal, Prada (2019: 60 y ss.); así en el acuerdo RCEP con Japón, Corea del Sur y otros catorce países asiáticos no figura ningún capítulo sobre exigencias medioambientales o de derechos laborales; un acuerdo que supone englobar el 30% del PIB mundial, Zamora (2022: 38). https://elpais.com/opinion/2020-11-20/mas-que-un-tratado.html

446 Manji, F. y Marks, S. (2007: 88, 99); para los casos de Marruecos y Argelia, Público (16/12/2020)

447 Manji, F. y Marks, S. (2007: 32). Otro ejemplo: su poder blando o influencia en Etiopía en el caso del director de la OMS en la crisis global del Covid-19 (ver aquí).

la retórica enfatiza que se trabaja en favor de una globalización más justa[448], una *"globalización inclusiva"* en palabras de Xi Jinping.

Esta deriva globalizadora, que en el Pacífico lideraban Estados Unidos y China en sendas post democracias del uno por ciento, bajo la cobertura de la Organización Mundial de Comercio, condiciona lo que el resto de países pueden o deben hacer, provocando que la protección y los derechos sociales en el mundo se igualen indefectiblemente a la baja[449]. Todo ello para regocijo de los hiper capitalistas e inversores mil millonarios que actúan en la economía global como si de un océano de aguas internacionales -con banderas de conveniencia y paraísos fiscales- se tratase.

Lo que acertadamente Susan George calificó de carrera hacia el abismo, pues siempre se puede producir más barato abusando de los trabajadores y del medio ambiente, sin discriminar por principios sociales o ecológicos. Estamos de nuevo en Chimérica[450]:

> *"China, miembro de la OMC desde diciembre del 2001, ¿va a estampar «Made in prison» sobre las cajas destinadas a la exportación?. Se calcula que hay como mínimo cinco millones de trabajadores en el* gulag *chino fabricando productos para la exportación* [mientras]... *en Estados Unidos, los reclusos son subcontratados sobre todo para gestionar las reservas de numerosas compañías aéreas, sin que por esa razón sean excluidas del comercio internacional".*

Toda una marea comercial global que presiona para que países como Austria, Bélgica, Dinamarca, Finlandia, Alemania, Islandia, Irlanda, Italia, Países Bajos o Noruega (que lideran en el mundo el respeto por los derechos laborales así como el esfuerzo en protección social) cada día que pasa se alejen más de una sociedad decente e inclusiva, asumiendo los derroteros de la sociedad de mercado global. Porque[451],

> *"Imaginar que las economías sociales de mercado del pasado puedan renovarse y mantenerse intactas bajo las presiones hacia la armonización a la baja que sufren, es la más peligrosa de las muchas ilusiones asociadas al mercado global. En realidad, los sistemas sociales de mercado están siendo progresivamente llevados a su auto desmantelamiento, de manera que puedan competir en términos más o menos igualitarios con economías en las que los costes medioambientales, sociales y laborales sean más bajos... Las políticas keynesianas no son*

---

448 Muñoz (2018: 187 y 105 para la referencia a Xi Jinping); sin embargo en Kenia, por ejemplo, el porcentaje de población que prefiere el modelo de vida americano duplica las preferencias por el chino, Economy (2023: 172).

449 Lin Yue (2013: 221) igualación a la baja en salarios y oportunidades de empleo

450 George (2002: 27-28)

451 Gray (2000: 121 y 270); los apologistas lo ven muy de otra manera: *"la globalización, además de sacar de la pobreza a millones de personas en el mundo, ha mejorado también la capacidad de las economías avanzadas para aumentar el bienestar de sus ciudadanos"* en Cuadernos de Información Económica, nº 276, mayo-junio 2020

eficaces cuando se aplican a economías abiertas en las que el capital puede salir a voluntad".

114 Y así es como se construyó Chimérica: por abducción neoliberal. De entrada con erosión de los derechos sociales en los Estados Unidos, porque, como razonaba un privilegiado analista[452] en 1990, *"no tiene sentido hablar de algo semejante a una compañía o una industria norteamericana... han perdido la antigua solidaridad con los de abajo".* Y, si ese es el modelo triunfal global, difícilmente van a ser diferentes los hipercapitalistas localizados en China. Serán cosmopolitas para los que incluso el planteamiento de una superpotencia china les parecerá anticuado[453]: *"prefieren el concepto de ciudadanía mundial y reclaman más apertura al exterior".* Y no será que todo esto suceda por falta de previsión. Que, por sorpresa, la elevada tasa de crecimiento de estos años sea inversamente proporcional a la tasa de protección social. Al menos si tenemos presente que ya en las negociaciones previas al ingreso en la Organización Mundial de Comercio[454] *"... se omitió cualquier referencia a las llamadas cláusulas sociales, es decir, a aquellas normas que reglamentan los derechos económicos, laborales y sociales vigentes en los mercados nacionales y también las referidas a cuestiones ambientales y de sustentabilidad".*

Será justamente este pactado dumping (fiscal, laboral, salarial, social, ambiental, ..) auspiciado por las multinacionales globales el que llegará a enfrentar a los estadounidenses −y a los ciudadanos de los países ricos en general- entre sí, bien como compradores o bien como trabajadores[455]. Al provocar despidos masivos por un lado, y, por otro, devaluación salarial más consumismo alimentado por menores precios[456]. Enfrentando a cada ciudadano entre su yo como productor y su yo como consumidor. Y conduciéndonos como consecuencia hacia escenarios de incertidumbre y ausencia total de resiliencia o autonomía en los aprovisionamientos.

---

452 Reich (1991: 244 y 250), los denomina cosmopolitas pues negocian mundialmente sin pensar en las fronteras nacionales (op. cit. p. 133 y 142); Fishman (2006: 259) por su parte se pregunta: *"¿cuál es la nacionalidad de H. Packard si sus productos se elaboran en gran medida fuera de los EE.UU.?".* Es paradigmático el caso de Honda que solicitó permiso para abrir una planta en China destinada en exclusiva a exportar, Fishman (2006: 295)

453 Mandelbaum, J. y Haber, D. (2005: 88); y así el presidente chino se parece en África cada día más a un empleado del Banco Mundial, Manji, F. y Marks, S. (2007: 118). Lo que Villanueva (2020) citando a Huxley nombra como imagen profética del resto del mundo que viene.

454 Ríos (2007: 103, 116-117); con lo que la reserva y relativismo de los derechos sociales en aras del crecimiento salvaje, se concretó como una laminación por pasiva y por activa.

455 Fishman (2006: 355); Mandelbaum, J. y Haber, D. (2005: 27), Shenkar (2005: 43, 233), Sandel (2020: 266)

456 Despidos: tanto de trabajadores menos cualificados (Stiglitz 2006: 101), como altamente cualificados (Stiglitz 2006: 341). Respecto a los salarios *"...dado el tamaño relativo de las poblaciones, lo más probable es que ese punto de convergencia esté más cerca de lo que se percibe en China y la India de lo que se cobra en Europa o Estados Unidos".*

Todo ello se pondría de manifiesto a escala global en la pandemia del covid-19 en el año 2020. Pues entonces también explicará la rápida recuperación de las exportaciones desde China (equipos de protección médica, para teletrabajo, etc.) en dicho año[457]. Un colapso que, por ejemplo para el caso de España, situaría abruptamente sobre la mesa el evaluar[458] *"cuánto quieren depender de proveedores chinos en sectores tan sensibles como los suministros médicos y las redes de comunicación 5G"*.

Sin embargo para Wang Yizhou, del Instituto de Política y Economía Mundial de la Academia China de Ciencias Sociales, todo ello apenas reflejaría un proteccionismo occidental encubierto: utilizando el medio ambiente o el déficit comercial como meras excusas para contener a China[459]. Sería esta la otra cara de lo que, desde el otro lado de Chimérica, alimenta una *sinofobia* en EE.UU.: considerar a China el principal beneficiario de la globalización.

Claro que ni una cosa ni la otra serían posibles si se salvaguardase el trabajo decente en todo lo que compramos, ajustado a los mejores estándares mundiales. Y si, del otro lado del Pacífico, los intereses empresariales globales no se recreasen en un mercado laboral sin contrapesos sindicales efectivos. Porque, en su ausencia[460]*"resulta irónico que los capitalistas occidentales se estén beneficiando del desarrollo económico del mayor país comunista del mundo"*.

En este punto me parece imprescindible plantearse –tanto en nuestro Occidente rico como en la China actual- una pregunta clave que se hace Michel Sandel[461]: *"¿Qué debemos hacer cuando la promesa de crecimiento económico, o de eficiencia económica, significa poner precio a bienes que consideramos que no tienen precio?"*. O, lo que es lo mismo: ¿qué necesidades deben ser de cobertura y garantía universal para así salvaguardar valores como la dignidad, el respeto, la libertad, el altruismo o la equidad?. Para que así la prosaica consigna del presidente Deng (*«enriquecerse es glorioso»* o *«todos seremos millonarios, solo que algunos lo serán antes que otros»*) no se acompañe de una crisis generalizada de los logros morales y sociales[462].

---

457 Vidal, M. y Santiso, J. (2020); rápida recuperación en 2021 con corrosión de derechos laborales, ver aquí: https://attac.es/china-lidero-la-recuperacion-mundial-en-2021-un-crecimiento-imparable-sin-derechos-laborales/, consultar: https://clb.org.hk/en

458 Esteban (2020: 9); aunque solo un 3% de la población española consideraba que China fuese una amenaza para España (p.25) aquí:
https://media.realinstitutoelcano.org/wp-content/uploads/2024/05/44brie-informe-mayo2024.pdf

459 Citado en Golden (2012: 75 y 83)

460 Meisner (1999: 603-604); la cita en Bregolat (2007: 64); dos sociedades de mercado bajo una apariencia de binomio capitalista/comunista.

461 Sandel (2013: 84); dilema que no es ajeno al contraste confuciano entre lo colectivo y lo individual, Torras (2013: 91), o al peso de la equidad y la moralidad en esa filosofía, Baver (2009: 111, 259)

462 Citado por Feijóo (2021: 171). Dudo que Deng conociese, para inspirarse, lo que ya había recomendado un prosaico Keynes en 1931: *"La avaricia, la usura y la precaución deben ser nuestros dioses durante un poco más de tiempo, porque son las únicas que nos pueden sacar del túnel de la necesidad económica"*, citado por Skidelsky (2012: 57). Por lo demás muy en la linea de la tercera vía de Gordon Brown: *"No se nos tiene que ver nunca*

En mi opinión -para salvaguardar esos valores y evitar esa crisis- me parece nuclear, en una sociedad decente y no de mercado, una demanda de la ya citada *Carta 08* de la oposición en China[463]: *"debemos introducir un sistema adaptado y justo de seguridad social para todos los ciudadanos, y asegurar el acceso de todos a la educación, a la salud a la jubilación, y al trabajo".* Con medidas como el incremento de los salarios (que favorecería el consumo interno), la mayor cobertura de los servicios públicos universales educativos, sanitarios o de pensiones (por ejemplo ofreciendo a los inmigrantes los derechos a una residencia urbana). Dos mejoras muy concretas que se contrapondrían a un modelo de crecimiento económico vertiginoso basado en el ahorro e inversión, tanto empresarial como público[464]. O, por ejemplo[465], a la altura del año 2023, *"un salario mínimo decente, con unos efectivos pagos a la seguridad Social y con una jornada laboral que no exceda lo establecido en los Convenios de la OIT, así como unas formas eficaces de representación sindical desde los centros de trabajo".*

Serían avances que llenarían de contenido concreto el difuso objetivo de *"doble circulación"* de su 14º Plan Quinquenal (2021-2025) que, a su vez, engarza con el de dejar progresivamente de ser la fábrica del mundo en favor del liderazgo tecnológico fijado en el anterior Plan Quinquenal (2016-2020). Pues sin duda a los dirigentes chinos no se les escapa que países como Vietnam, Camboya, Malasia o Indonesia cuentan con mano de obra más barata[466].

Cierto que, para avanzar en esa dirección, se hace necesaria una profunda reforma de la OMC, evitando que la ampliación de los mercados de bienes, y la liberación de los mercados de capitales, entren en conflicto con otros objetivos humanos[467]. Pues mientras así no se haga, y si China se ajusta en lo que vende o exporta a su lógica, se estarán corroyendo las posibilidades internas de abrir camino allí a una sociedad decente (trabajo digno, protección social, ambiental) en todo aquello que vende. Y en todo aquello que compra o importa —como ya está sucediendo- estará desentendiéndose de si en los países proveedores los precios "competitivos" incluyen o no las garantías de una sociedad decente.

---

más como contrarios al éxito, a la competitividad, al lucro o a los mercados", citado por Callinicos (2002: 91) que define la tercera vía como el mejor armazón ideológico del neoliberalismo.

463 https://es.wikipedia.org/wiki/Carta_08

464 Lin Yue (2013: 228-230); un diagnóstico que se refuerza cuando en 2024 el sector inmobiliario acusa síntomas de burbuja, https://www.sinpermiso.info/textos/china-se-prepara-para-el-choque-con-trump; también Richard Koo en El País (15/6/2024)

465 Propuestas de Garrido (2024: 26)

466 Rosales (2022: 507), Feijóo (2021: 169)

467 Crouch (2004: 119); para una crítica al FMI, el Banco Mundial o la OMC-GATT, Amin (1999: 33-48), alternativas en op. cit., p. 58 y ss.; de estas y de la ONU realiza también una crítica Monbiot (2003) con propuestas concretas. Para superar su funcionamiento tecnocrático-neoliberal, más allá de la nacionalidad de quién las presida, Bustelo (2010: 87)

Solo así podremos[468] *"garantizar que las inversiones de las multinacionales, de China o de otra parte, gestionen su negocio de forma que no contradiga la cohesión social"*. Ya que, en relación a la no ingerencia de China en los asuntos internos de sus clientes o proveedores, se me hace más que dudoso considerar[469] *"que las opciones políticas dentro de los países, en particular en términos de sistemas fiscales, sociales o jurídicos, sólo afectan a estos países y deben estar sujetas a una soberanía estrictamente nacional"*.

De no hacerlo así la supuesta mano invisible[470] de la sociedad de mercado hará inviable una sociedad decente: tanto dentro de China como en todos los países con los que comercia (a los que compra o a los que vende). Porque el mismo dinero que compra millonarios aprovisionamientos energéticos o de materias primas, comprará votos, silencios o hegemonías[471] (por ejemplo en la ONU y otros organismos multilaterales). Conformando un poder blando, del dinero, no menos imperial que el poder duro de las armas.

En este orden de cosas, y por dejar aquí constancia de un ejemplo entre mil, sorprende comprobar cómo en el diario *El País* del día 24 de octubre de 2019 se incluían nada menos que ocho páginas pagadas de un suplemento elaborado por *China Daily* titulado *China Watch*. Toda una prosaica manera de ganar influencia mediática y social[472]. Como también se comprueba en el caso de las intensas relaciones comerciales chinas con Etiopía, y su correspondiente apoyo por parte del máximo responsable de la OMS en la gestión de la crisis global del coronavirus (Covid-19) de dicha nacionalidad. Un paladino ejemplo de influencias cruzadas en organismos multilaterales[473].

Se habría hecho así realidad una inversión ya barruntada por J.K. Fairbank hace más de tres décadas[474]: *"Es indudable que las influencias de modernización de China hasta ahora han provenido principalmente de fuera, pero en el futuro al cual todos nos enfrentamos, el equilibrio podría llegar a cambiar"*. Algo que ya se habría concretado cuando China, poniendo en valor su ingente dimensión como país y su tamaño como

468 Manji, F. y Marks, S. (2007: 175)

469 Piketty (2019: 1211)

470 Mano de hierro en guante de terciopelo neoliberal, según Laval y Dardot (2013: 350)

471 Frankopan (2018: 582 y 586) se refiere a la no censura de China en el conflicto Rusia-Ucrania en el Consejo de Seguridad en 2014 y a sus crecientes influencias africanas.

472 Ver aquí medidas de poder blando: https://en.wikipedia.org/wiki/Soft_power#cite_note-30

473 El director general de la OMS era en ese momento Tedros Adhanom Ghebreyesus, ver François Bonnet (Mediapart) 18 abril 2020

474 Fairbank (1986: 24); como señala Kissinger (2012: 42) los puntos desde los que se habría iniciado la invasión capitalista a China… podrían así pasar a formar parte de China: Chimérica.

mercado, pudo exigir la transferencia de tecnología como condición para permitir la entrada de inversionistas extranjeros[475].

118 Con lo que influencias que parecen venir de fuera, podrían serlo en realidad de China hacia su exterior. Un equilibrio que, para el mega mercado chino (y asiático), sería muy fácil de revertir dentro de una Chimérica en la que la tradicional hegemonía económica global occidental quedase sencillamente subsumida. Aquí encajaría como un guante, como ya hemos señalado más atrás, el acuerdo de enero de 2020 sobre no devaluación del dólar y el yuan, de compensar el déficit comercial norteamericano con mayores importaciones alimentarias y dejar al margen las cuestiones sensibles de soberanía digital. Un frágil pacto de compromiso para prolongar el encadenamiento simbiótico entre ambas sociedades de mercado como veremos a continuación[476].

Dentro y fuera del espacio de esta *Chimérica* se hacen trampas al solitario aquellos dirigentes políticos que alardean de practicar la no interferencia en los asuntos internos respecto a los países con los que realizan negocios[477]. Porque los negocios internacionales (dentro del marco actual de la OMC) incorporan siempre una opción política: en pro de una sociedad de mercado y no de una sociedad decente.

Algo que también sucede en sociedades dudosamente democráticas por muy ricas que sean. Pongamos por caso Singapur y Hong-Kong. Que descienden en un ranking mundial de calidad democrática casi cien posiciones respecto a la que ocupan según nivel de ingresos por habitante. Anotando una caída tan poco virtuosa como la de China (que pasa de la 77ª posición en ingresos, a la 169ª, en el *Liberal Democracy Index*[478] mundial de 2018).

Porque -en todos estos casos- la igualación a la baja a escala global (provocada por el dominio de las mercancías, sus precios y el dinero) del bienestar social, el no transformar crecimiento en desarrollo o en calidad democrática, se traducen en una

---

475 Shenkar (2005: 20); imposición que a finales de 2020 parece abandonarse en el acuerdo de inversiones con la UE (así como la obligada participación de un socio local) para desactivar las crecientes cautelas y recelos ante los inversores chinos en Europa. Como en el caso de la fallida compra de la empresa alemana de microchips Aixtron, Muñoz (2018: 84)

476 El País de 15 enero 2020; de los cinco monopolios citados más atrás -Samir Amin (1999: 19, 45)- solo en el de armas de destrucción masiva EE.UU. conservaría una clara hegemonía, en el resto (financiero sobre todo) la erosión de tal hegemonía es patente. En el ámbito digital el caso de TikTok supone una irrupción social y cultural desde China en relación a la actual hegemonía estadounidense en ese ámbito, que el Tribunal Supremo de EE.UU. cuestiona por razones de seguridad nacional y/o soberanía digital (El País 17/1/2025)

477 Manji, F. y Marks, S. (2007: 99); Bregolat (2007: 43, 392) sostiene, con buen criterio, que la OMC es uno de los frentes de batalla para progresar en la defensa de los derechos humanos en China.

478 V-Dem (2019: 54-55), sirva de contraste Noruega que es sexta en riqueza por habitante y primera en dicho índice. Singapur se convierte así en un modelo para China: de crecimiento económico con escasa democracia. Un país como una empresa *"en China el Estado no es el Estado, es una empresa de tamaño monstruoso"*, Feijóo (2021: 106, 298)

captura de rentas por los respectivos multimillonarios-plutócratas pero no en una sociedad global decente. No por casualidad es hoy China el lugar donde no pocas multinacionales obtienen la mayor parte de sus beneficios[479].

Bien al contrario, en el terreno económico -y para una sociedad decente- se hace necesario implementar un impuesto mundial progresivo sobre el capital[480] que bien podría estar asociado a una renta básica universal. Lo que nos permitiría romper con la deriva hacia sociedades de castas plutocráticas hereditarias (basadas en vínculos familiares y de nación) que son a día de hoy las que explican la mayor parte de las desigualdades globales, y hacerlo mediante la ampliación de la actual redistribución, y no hacerlo apenas dentro de los Estados ricos a escala mundial.

Lo que supondría universalizar el principio del *velo de la ignorancia* por medio de una redistribución internacional[481], para impedir que una parte de la sociedad domine al resto, ya sea en los Estados Unidos o en China. Lo que, de paso, obviaría aquellas objeciones de Wang Yizhou relativas a un supuesto proteccionismo encubierto occidental. Solo así tomaría cuerpo una cabal Ilustración planetaria en el siglo XXI. En las antípodas del viejo imperialismo[482] que actuó a sus anchas en Asia bajo la tapadera de los valores de la Ilustración europea del siglo XIX. Un gobierno mundial que también reclama Ian Morris citando a Einstein[483].

En ausencia de tales planteamientos China, como primera potencia económica mundial del siglo XXI, se convertirá -más cada día que pasa- en cómplice y parte del capitalismo menos civilizado. Un resultado asombroso derivado de la virtual abducción capitalista de un partido nominalmente comunista[484]. Porque bajo la batuta de una plutocracia comunista, y del señuelo de avanzar hacia una presunta fase inicial del socialismo (algo que su actual presidente Xi Jinping promete culminar en el año 2049), lo que realmente se impulsan son las capacidades y el desarrollo de las fuerzas productivas habituales en el capitalismo, en compañía de una galopante desigualdad social[485].

---

479 Fishman (2006: 248) cita los casos de General Motors o Wolkswagen.

480 Gravar el valor del capital (inmuebles, máquinas, equipamientos) por encima de un millón de euros, Piketty (2015: 179), Piketty (2014: 574 y ss.)

481 Rawls (2001: 177); sobre un contrato social global, Kaldor (2005: 27)
https://es.wikipedia.org/wiki/Posici%C3%B3n_original

482 Golden (2012: 79)

483 Morris (2010: 695); "*Tianxia*" (todo bajo el cielo) en la tradición china, gobierno mundial que beneficia a todas las naciones, Montobbio (2021: 119)

484 Para Meisner (1999: 546) la definición de socialismo de Deng Xiaoping lo hace indistinguible del capitalismo ("*liberar las fuerzas productivas y lograr la prosperidad*") y califica de oxímoron eso de "*sistema económico de mercado socialista*" (op. cit. p. 575). Lo considera un "*capitalismo sin capitalistas*" Amin (1999:32) y Amin (2003: 47); en Amin (2014: 287) capitalismo de Estado. Oxímoron a semejanza de la ordoliberal *economía social de mercado* definida desde 1946 en Alemania, Laval y Dardot (2013: 119).

485 Cita la fecha de Xi Jinping, Lampton (2015: 304), también Rios (2021: 288) para culminar la modernización; crecimiento impulsado por una burocracia capacitada, Fairbank (1986: 368); para Bregolat

120

Porque si nos distanciamos de un cierto *imperialismo intelectual occidental*[486] (paradójicamente interiorizado por la plutocracia dirigente del PCCh) según el cual la transición del feudalismo al capitalismo en China se estaría realizando por un socialismo de características chinas, lo que nos queda entre las manos –en lo que va del siglo XIX al XXI- es la transición de una plutocracia de ancestrales dinastías en declive[487] a otras emergentes. Ahora con sucesivas generaciones de cúpulas del PCCh, en círculos que no superan las cincuenta personas clave, con una tupida red de relaciones personales (*guanxi*) tejidas de los más veteranos a los más jóvenes. Plutocracias -nominalmente comunistas- que de facto conformaron hasta el momento presente un radical *capitalismo de Estado*[488]. Con lo que el complejo gubernamental de *Zhongnanhai* en Pekín será ininterrumpidamente, desde 1949 hasta la actualidad, una ciudad no menos prohibida que su antecesora[489].

Comprobamos cómo, en todo tiempo y lugar, quién detenta un gran poder económico habitúa transformarlo en un determinante poder político (en relación a la libertad de información, de prensa o de voto, a la libertad de asociación, de sindicación o de manifestación). Un poder que subordina la democracia (ya sea autodenominada liberal, ya popular) a la efectiva plutocracia del uno por ciento. Siendo ejemplo paradigmático de tal metástasis en China el caso del empresario milmillonario Rong Yiren[490] que llegará a ser vicepresidente de la República Popular entre 1993 y 1998.

Tomarían así carta de naturaleza las más negras previsiones de Robert A. Dahl en su análisis crítico de la deriva y tutelaje de las democracias. En el caso de China para su democracia popular. Democracias en decadencia que mutan en regímenes jerárquicos, con súbditos agradecidos y consumistas (que no ciudadanos) obligados por leyes que no han aprobado[491]. Ciudadanos crecientemente consumistas que, en

---

(2007: 45) se trataría de una *"evolución pacífica hacia el capitalismo"*, con lo que, apostilla irónicamente, *"podríamos situarnos fácilmente en el año 2300 o 2400 antes de que se dieran las condiciones para establecer el comunismo"* (op. cit. p. 33). En esto no habría acertado un, con frecuencia, clarividente J. Needham (1969: 187): *"...la decisión gradual pero irrevocable de este vasto pueblo de omitir el estadio capitalista del desarrollo económico"*.

486 Así lo planteaba Fairbank (1986: 389)

487 Para Gernet (2005: 440) las dinastías Ming y Qing anotaban *"una hipertrofia de la centralización burocrática y un sistema de relaciones humanas que tiene todo el aspecto de un tráfico de influencias"*.

488 Así lo conceptualizaban Beramendi, J. y Fioravanti, E. (1974) vol. 1 p. 351, hace ya -por tanto- cincuenta años, mucho antes que otros analistas a los que también haré referencia; apostillando (vol. 2 p. 242) *"Capitalismo de Estado no puede asimilarse a socialismo puesto que ambos conceptos son opuestos y el segundo supone la negación del primero"*. Sin embargo Feijóo (2021) subtitula su ensayo -casi 50 años más tarde- justo con ese oxímoron *"tecno-socialismo y capitalismo de Estado"*, pues su tecno-socialismo *"no es otra cosa que un super-capitalismo de estado"*, *"en China el Estado no es el Estado, es una empresa de tamaño monstruoso"*, (op. cit. p. 32 y 298)

489 La expresión es de Glover (2001: 392); capitalismo de Estado también para Vidal, M. y Santiso, J. (2020); para Žižek (2014) *"... hay que recordar que los comunistas que siguen hoy en el poder dirigen el capitalismo más despiadado (en China)"*. Utiliza para China la expresión *"capitalismo político"* Milanovic (2020b), lo discuto y comento aquí: https://www.infolibre.es/cultura/los-diablos-azules/estados-unidos-china-sistema_1_1197923.html

490 Bregolat (2007: 290), https://fr.wikipedia.org/wiki/Rong_Yiren

491 Dahl (1989: 82, 151, 336, 407) en una versión corregida y ampliada de la distopía *"1984"* de G. Orwe-

agradecimiento de poder serlo, se declararán satisfechos con el régimen político que se lo hace posible. Lo que podría denominarse una *tiranía amable*[492], ya que, si no la cuestionas, tendrás tu creciente cuota de consumismo garantizada: permutando consumismo por comunismo. En este contexto no debe extrañarnos que un muy renombrado experto reconozca que[493]: *"un multimillonario asiático, que quisiera transmitir su fortuna sin pagar ningún impuesto por ello, tendría interés en establecerse en la China comunista... En Taiwán el ámbito de los negocios milita actualmente en gran parte por integrarse en la República Popular de China"*.

Con lo que dicha satisfacción y respaldo solo podrán quebrarse si se toma conciencia colectiva de que las necesidades preferentes y básicas (sanidad, educación, pensiones, desempleo, etc.) es imposible que alcancen una cobertura igualitaria a través del mercado, al mismo tiempo que se asume existen muchas cosas valiosas que no tienen precio y están siendo laminadas por la sociedad de mercado. Algo que pudiera empezar a abrirse camino entre las más recientes generaciones de trabajadores, cuando un observador[494] anota, a finales del año 2023 , que *"prefieren no trabajar los fines de semana, al menos los domingos, con tendencias totalmente diferentes a la de los mayores. Normalmente son personas que viven fuera de las factorías, que no son migrantes, con voluntad o necesidad de adaptarse a las ciudades en las que viven"*.

Todo lo anterior se hace visible cuando se evalúa el esfuerzo social como gastos públicos en relación al PIB: un menor esfuerzo, que es convergente en Chimérica y muy alejado del que se realiza en el conjunto de las sociedades de la eurozona.

---

ll. De ahí el interés del PCCh en analizar, para emular, a partidos occidentales que han monopolizado durante décadas el gobierno de sus países, Zakaria (2009: 98). En una sugerente revisión de las distopías (Villanueva, 2020) sorprende comprobar que éstas se reconozcan en la actual Norteamérica deTrump, pero que a China ni se la nombre.

492 Expresión que tomo de Darío Villanueva (https://vimeo.com/421442937); la mejora del nivel de vida coloca en China en un lugar secundario las votaciones, Heberer (2006: 364)

493 Piketty (2019: 744)

494 La cita la tomo de Garrido (2024: 20); emergerían valores posmaterialistas, de las consecuencias de no hacerlo así me ocupo en Prada (2017)

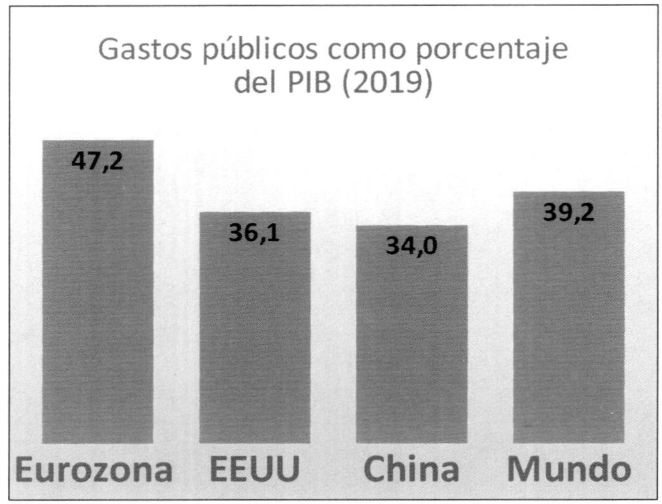

Fuente: elaboración propia con datos del FMI (2020b)

Una convergencia «chimericana» poco virtuosa (entre el 36 y 34 por cien) fruto de una particular comunidad de intereses a ambos lados del Pacífico, de dos mundos que estarían en «*coevolución*» en palabras de Henry Kissinger[495]. Siendo así que los intereses cruzados de China en Estados Unidos llegan a ser de tal magnitud que los hijos de Jiang Zemin, Li Peng o Zhu Rongji no solo estudiaron en este país, sino que gestionan negocios con empresas americanas[496]. Y sucede lo mismo a la inversa con familiares de altos dirigentes norteamericanos en China: desde Trump hasta Biden. Con lo que, como nos recuerda Fareed Zakaria, que no emplea el término *Chimérica* -aunque lo caracterice a la perfección en el recuadro que insertamos a continuación-, sucedería en la actualidad algo semejante a lo que otrora aconteciera al imperio británico: que en su día se entregó a su prestamista americano que lo superaba en tamaño[497]. Al igual que hoy sucede con el imperio que se entrega al prestamista chino. Una deriva que tenía clara la secretaria de Estado Hilary Clinton cuando se preguntaba[498]: "*¿cómo puedes negociar con mano dura con tu banquero?*".

---

495 Kissinger (2012: 539 y ss) que usa esta metáfora biológica, prestada de J.C. Ramo al que más atrás hemos citado en relación al *Consensus de Beijing*.

496 Aguirre (2000: 287); también se formó en EE.UU. (Harvard) el actual hombre fuerte chino para asuntos económicos Liu He, https://es.wikipedia.org/wiki/Liu_He

497 Zakaria (2009: 161)

498 https://www.razon.com.mx/mundo/china-es-el-banquero-de-eu-acepta-hillary-clinton/

El resultado será que el abductor neoliberal (Estados Unidos) acabe siendo abducido por la gigantesca criatura que puso en movimiento (China): un *Bollywood* llamado *Chimérica*. Que condicionará de forma profunda y trascendental, como aquí hemos revisado, a todo el mundo[499].

¿EXISTE CHIMÉRICA?
"Estados Unidos logró su misión grande e histórica: globalizó el mundo" (52)
"La globalización se ha ido ensanchando y profundizando ...EE.UU. se ha beneficiado ingentemente" (164)
"Las que mejor han ideado como medrar en un mundo posamericano son las grandes multinacionales de EE.UU." (206)
"China se ha convertido en una parte importante de la cadena de abastecimiento" (166)
"China necesita el mercado estadounidense; EE.UU. necesita a China para financiar su deuda" (115)
"China opera a una escala tan grande que no puede evitar cambiar la naturaleza del juego" (108)
"Oriente y Occidente se confinden ... el mundo en el que estamos entrando se parecerá a Bollywood" (80)
Fuente: Zakaria (2009), páginas citadas

En un primer movimiento desde Norteamérica se abduce a China con la lógica del mercado y del dinero (con frecuencia no competitivos) en la mayoría de las actividades productivas y sociales, aceptando[500] *"el código genético de la globalización moderna, el orden del capital"*. Pero también para que el Estado limite su papel redistributivo (que bienes preferentes como la sanidad, educación o pensiones sigan la lógica del mercado). Al mismo tiempo se hace que el Estado se ponga al servicio (dentro y fuera del país) de las necesidades de capitalistas e inversores (con desregulación laboral, fiscal o ambiental o con inversiones de infraestructuras o tecnológicas).

Y, en un segundo movimiento, el gigante chino abducido y esa plutocracia de las multinacionales estarán en condiciones de reforzar tal lógica en más áreas del mundo (incluidos los propios Estados Unidos). El resultado de este doble movimiento será lo que denomino aquí *Chimérica* como abducción neoliberal.

Si esto es así, lo que en China algunos rotulan con el eufemismo de socialismo de mercado no sería otra cosa que un iliberalismo activo[501]. Que nunca ignora el carác-

---

499 Hu Angang (2009: 277)

500 Anderson (2014: 230-231) citando a Thomas P.M. Barnett (2009) para el que China sería una versión juvenil de EE.UU., gran defensora de la globalización.

501 Pues poco espacio queda ya a una *"propiedad colectiva de los medios de producción"*, Callinicos (2003: 146, 160); en palabras de Mandel (1974: 217) *"una combinación entre el despotismo burocrático y la anarquía del mer-*

ter construido del funcionamiento del mercado, pues la novedad de tal neoliberalismo es pensar el orden del mercado como un orden construido, que hace imprescindible el dirigismo del Estado. Un constructo en el que las diferencias de fondo entre el llamado Consenso de Washington y el de Beijing se habrían difuminado hasta ser esencialmente indistinguibles[502].

También será indistinguible la lógica de fondo de una post-democracia representativa, como la norteamericana, respecto a una post-democracia popular como la china. En este punto conviene recordar, como señalaba[503] E.P. Thomson que *"las extravagancias cuando son toleradas -e incluso halagadas y alimentadas- pueden mostrar una influencia y una longevidad sorprendentes"*. Como la eventualidad de llegar al año 2050 con este tal socialismo de mercado[504].

En la tipología de modelos de globalización que Ernest Mandel ya estableciera en los años 70 -cuando aún casi toda la situación actual estaba por definir- se estaría transitando del *"superimperialismo de una potencia"* a un *"ultraimperialismo"* cosmopolita compartido. Aunque -según su previsión- las mayores probabilidades pasarían por desembocar (como aquí veremos en los apartados siguientes) en una *"competencia interimperialista entre pocas superpotencias"*. Abriéndose así un posterior momento de rivalidad -telón digital lo llamaré- que desbordará aquellos dos modelos de globalización. Un momento que para Mandel sería más probable en la medida en que los sistemas financieros de las dos superpotencias -Estados Unidos y China- sean, como es el caso, independientes[505].

Sea cual sea la salida, tan importante es el Estado para la razón neoliberal de los negocios que nunca se dejará al alcance de una mayoría popular de cualquier tipo, pues siempre debe ser pilotado por una élite (meritocrática y/o plutocrática) que se auto considera competente. Para lo cual debe limitarse el poder del pueblo y protegerse al

---

cado" no puede considerarse planificación socialista democrática, y acto y seguido ironizaba sobre el *"postulado absurdo de una «economía socialista de mercado» que actualmente está en boga"* (op. cit. p. 218); Mandel (1990) también argumenta que no puede haber planificación socialista sin democracia y pluralismo político.

502 *"… ya era imposible distinguir quién era uno y quién era otro"*, palabras con las que finalizaba George Orwell su libro de 1945 sobre la deriva estalinista como alternativa al capitalismo, Orwell (1973: 181)

503 Thompson (1981: 11)

504 El tercer plenario del Comité Central celebrado a mediados de 2024 se marca el objetivo de en el año 2035 tener *"un sistema de mercado socialista de alto nivel"* (El País 18 julio de 2024). Rousset (2021): *"No se trata de un "socialismo de mercado con características chinas", sino de un capitalismo de Estado dotado efectivamente de "características chinas""*

505 Los tres modelos en Mandel (1979: 324-328); Anderson (2014) lo resume como el imperialismo de una superpotencia dominante y la resistencia (antes URSS) o emergencia (ahora China) de una gran potencia que reclama su coexistencia pacífica tras un telón de protección. Como mucho China debiera ser *"un leal auxiliar en la jerarquía del poder capitalista global"*, Anderson (2014: 155).

gobierno ejecutivo de eventuales interferencias caprichosas de una improbable, pero no imposible, mayoría de la población. Si acaso que nombren quién les dirigirá, pero que nunca nos digan lo que hay que hacer en cada momento[506].

En su día Robert Dahl dejó abierto[507] *"... el desenlace de un memorable drama histórico que habrá de representarse durante el siglo XXI, que revelará si el régimen no democrático de China puede resistir las fuerzas democratizadoras liberadas por el capitalismo de mercado"*. Aunque a día de hoy lo más razonable sea sospechar que las mismas fuerzas que él enumera como corrosivas de las democracias con economías de mercado (como sucede en la Unión Europea o en los Estados Unidos), estén anclando a China en una particular convergencia postdemocrática y de tutelaje[508]. Al servicio de una convergencia y reestructuración del sistema global de negocios en el hipercapitalismo digital posterior a la desaparición de la Unión Soviética.

En suma: que las fuerzas corrosivas se impongan a las democratizadoras. Lo que ya sucede con el creciente déficit democrático en muchos parlamentos nacionales en relación a los asuntos e instituciones de la globalización e internacionalización (FMI, OMC, BM, etc.), asuntos que se acaban gestionando con el pensamiento único de elites políticas, tecnocráticas y burocráticas[509]. También con el creciente control de las fuerzas armadas y policiales sobre las libertades democráticas efectivas de los ciudadanos. Con la galopante desigualdad entre los ciudadanos, que si lo son en bienes económicos difícilmente no lo serán políticamente. Con la traslación de un despotismo de gestión, habitual en las empresas privadas (donde propiedad y control no son igualitarios), a la gestión pública.

O con el uso de las modernas TIC no para alimentar una información y deliberación creativas, sino más bien para todo lo contrario. Como se comprobó en el sistema de perfil[510] de *Sesame Credit* (interferido por el Banco Central de China como se señaló más atrás) que, más allá de la puntuación de conductas, puede utilizar la IA y el big data para primar/moldear conductas deseables. Una aplicación pionera de las líneas de ingeniería social de Silicon Valley para el control social a lo largo y ancho de toda

---

506 Prada (2019: 66-69)

507 Dahl (1999: 191); las perspectivas de una China democrática son para él muy dudosas (op. cit. p. 166). Porque el éxito económico excepcional podría ser compatible con *"una presencia fuerte del Estado"*, en expresión de Mandelbaum, J. y Haber, D. (2005: 73)

508 Kissinger (2012: 483) documenta presiones de empresas norteamericanas a su propio gobierno para pasar por alto los derechos humanos en China.

509 Mandelbaum, J. y Haber, D. (2005: 67); y así desde Beijing hasta New York sacan *"un enorme provecho del orden internacional vigente"*, Bustelo (2010: 126)

510 O con el registro *dang'an* computerizado, gestionado por IA: https://en.wikipedia.org/wiki/Dang%27an

Chimérica[511]. Desembocándose, como resultado de todo ello[512], en *"un sistema en el que los muchos apenas pueden hacer algo para evitar el control del poder por parte de unos pocos"*... ya que incluso *"sabemos a quién va a votar la gente antes incluso de que lo hayan decidido"*. Tanto en Estados Unidos como en China[513].

Pero también se abre la posibilidad catastrófica de que en vez de una coevolución armoniosa surjan conflictos fuera de control. Pongamos por caso por el bloqueo o seguridad en las rutas de aprovisionamiento y en la autonomía productiva respectiva. Lo que Niall Ferguson denomina una delgada línea entre simbiosis y rivalidad dentro de Chimérica[514]. Por eso dirigiré ahora mi atención a ese segundo escenario.

4.2 Momento rivalidad: un Telón Digital

Esa fina línea -entre simbiosis y rivalidad- la desplegaré aquí entre un momento Chimérica y un momento Telón Digital. El primero, resumido en el epígrafe precedente, recorrería la larga etapa[515] de las reformas de Deng hasta la crisis de 2008, tal como la presentaba en un recuadro al hilo del análisis de Zakaria (2009). Y el segundo momento, a partir de entonces, será la particular forma en que estaría tomando carta de naturaleza la previsión de Fairbank (1986) según la cual China pasaría, de ser influenciada desde el exterior, a influir de forma determinante en el resto del mundo.

Nombro *Chimérica* como momento de simbiosis, apertura e interpenetración desde el imperialismo norteamericano. Y nombro como *Telón Digital* el subsiguiente período de rivalidad y disputa tanto en relación a la soberanía, como al espacio vital exterior o a la propia estabilidad política[516]. Aunque siempre teniendo presente que

---

511 Zuboff (2020: 519, 525); el episodio titulado *"Nosedive"* ("Caída en picado" o "Caída en desgracia") de la tercera temporada de la serie de tv Black Mirror recrea las ilimitadas potencialidades de manipulación y control social de la gestión del big data con algoritmos de IA, https://es.wikipedia.org/wiki/Nosedive

512 La primera parte de la cita en Dahl (1999: 200), los factores antes enumerados en op. cit. p. 133, 135, 169, 180, 196, 200, 205-6, 211. La segunda parte son palabras de uno de los asesores de Obama, citadas por Zuboff (2020: 171).

513 Aunque sea cierto que en China su Comité Profesional Nacional de Gobernanza de la Inteligencia Artificial publicó en septiembre de 2021 el *"Código Ético de la Inteligencia Artificial de Nueva Generación"* que regula las actividades de personas físicas, personas jurídicas y otras instituciones relevantes dedicadas a la gestión, investigación y desarrollo, suministro, uso y otras actividades relacionadas de inteligencia artificial. Así el gobierno chino ha establecido regulaciones a las corporaciones que están desarrollando programas de IA generativa (similares a ChatGPT), entre ellas, la más importante es la obligatoriedad de registrar sus algoritmos ante el gobierno si sus servicios pueden influir en la opinión pública o pueden "movilizar" al público, He (2023).

514 Ferguson (2009: 361)

515 Para Amin (2014: 290) hasta 2005 acoplada a la globalización neoliberal. En Held (2021: 17, 23) China emerge tras la crisis de 2008 como un *"cambio en el equilibrio fundamental de la economía mundial"*.

516 Chimérica sería la simbiosis cosmopolita que teoriza Friedman (2006: 432-433), coevolución hacia una nueva forma de vida social, Montobbio (2021: 120); mientras Telón Digital sería imagen de un nuevo Muro defensivo de coexistencia (op. cit. p. 457) ya que el 5G, IA, bigdata, Google, etc. condicionan la defensa y soberanía nacional.

China es, en términos económicos y tecnológicos, mucho más influyente y está más integrada en la economía mundial de lo que nunca lo estuvo la URSS en su etapa de confrontación con los Estados Unidos[517].

Me centraré en este apartado en una rivalidad que ya pusiera de manifiesto la voluntad sobre China declarada por un analista de referencia como Robert Kagan, cuando en el año 2000 se preguntaba[518]: *"¿Qué tiene de utópico trabajar para la caída de la oligarquía del Partido Comunista de China?".* Y así mientras en un ensayo del año 2003 las referencias de este autor sobre China aún eran muy escasas, cinco años más tarde China ocupa un apartado completo de un nuevo ensayo suyo, decantado a la rivalidad.

Lo que parece indicar que estamos ante el fin del sueño de Chimérica y ante el retorno de las disputas históricas por la hegemonía[519]. Sin que este giro, no obstante, excluya una sintonía de fondo entre los dos momentos tal como ya sucediera en la guerra fría[520] y con el Telón de Acero del siglo XX: que se beneficien de la contienda las plutocracias de ambos bandos en sus áreas de influencia. Simultaneando rivalidad/coexistencia en un sistema compartido por dos plutocracias[521], pues incluso para el presidente Biden en 2020 estaríamos ante un *"autoritarismo de alta tecnología".*

En cualquier caso la mutación[522] a este segundo momento será progresiva y paulatina, pues entre 1989 y 2002 *"tuvo lugar una revolución en las relaciones de Estados Unidos con el resto del mundo"* como consecuencia, primero, del derrumbe de la URSS y, segundo, de los atentados del 11-S. Ya en el año 1995 Jiang Zemin se refería a una nueva guerra fría con los Estados Unidos por causa de Taiwan, y será en 2001 -cuando tras el auge post 11S del hegemonismo USA- que China impulse la OCS

517 Rosales (2020) y Rosales (2022: 521)

518 Citado por Fukuyama (2007: 68) que lo encuadra entre los neocons norteamericanos (Telón digital), frente a un realista como Kissinguer (Chimérica). Neocons que *"nunca han sido capaces de aceptar que China no es ni será un satélite americano"*, Johnson (2004: 102). Kolko (2003: 136) cita al Wolfowitz que en 2001 ya se refiere a China como competidor de igual a igual y *"cuyo sistema político tendrá que cambiar".*

519 De apenas citar dos veces China en Kagan (2003: 54, 141) a dedicarle nada menos que diecisiete páginas en Kagan (2008: 43-60), enfatizando como para el primer ministro chino Wen Jibao en 2001 estaba claro que Estados Unidos no admite que nadie cuestione su papel de superpotencia mundial. Fukuyama (2007) persevera aún en el año 2005 en su casi ignorancia de China. Gowan (2000: 11-16 y 61-167) aún no nombra a China en su relato de como Estados Unidos pivota su globalización imperial. Cuando se ocupa de lo que denomina *"amenaza del nuevo centro productivo"* se refiere a Japón pero no a China (op.cit. p. 104 y 70 y ss.)-

520 La guerra fría como eje del imperialismo norteamericano tras la segunda guerra mundial en Anderson (2014) y no como mera *"globalización".* Aplica el concepto de "guerra fría" a la situación actual Rosales (2022: 528), también Varoufakis (2025) y (2024: 161) centrándolo en su aspecto digital-financiero.

521 Thompson (1993: 105); convivencia entre dos centros, Montobbio (2021: 120); así en 2025 la alianza de las GAFAM con Trump marcaría una radical deriva plutocrática a la democracia norteamericana con lo que dejaría de existir la disyuntiva que Feijóo (2021: 52) considera clave en el uso de las modernas tecnologías: *"la confrontación entre los sistemas democráticos y los autoritarios".* Cita a Biden Feijoo (2021: 55)

522 La cita es de Johnson (2004: 31) cuando, según él, se potencia el horizonte de un "imperio" militarista global norteamericano.

(pacto Putin y Jiang) mientras Bush se refiere a China como competidor estratégico[523]. Aunque habrá dos hitos posteriores de aceleración: la crisis financiera de 2008 y la crisis pandémica de 2020 (como detallaré más adelante).

128 No obstante, las motivaciones de fondo de tal brecha desde China serán muy de fondo, casi permanentes: se trata de evitar una letal vulnerabilidad tecnológica y de aprovisionamientos, que ponga patas arriba sus logros económicos y su control político por un único partido[524].

Califico de aceleración el año 2008 (crisis financiera mundial) puesto que ya mucho antes de ese año se podían rastrear semillas de tal rivalidad. Es el caso de la exclusión de China de la estación espacial internacional en 1998, que obligará a que este país programe su propio laboratorio espacial entre 2003-2022, para así ir definiendo una carrera espacial autónoma muy vinculada a la seguridad y la ciber seguridad[525].

La presidencia de Hu Jintao (2002-2012) supondrá el agotamiento del denguismo buscando, al mismo tiempo, afianzar la soberanía nacional y reducir la dependencia del exterior. Se entiende así el impulso del sistema propio de navegación global (BEIDOU) con 35 satélites, o del buscador global BAIDU en conflicto con Google, que hoy ya controla el 60% de las búsquedas en China[526].

Con lo que el punto final del que denomino momento Chimérica se concretaría en el llamado G-2 sino-estadounidense, con su rápido auge y acelerado declive en el mandato de Obama / Wen Jiabao. Pues aún por entonces, corría el año 2009, el presidente norteamericano declararía en China que[527] *"ya nada puede hacer Estados Unidos sin China... China para Estados Unidos es un socio estratégico"*.

Pero más allá de esas buenas palabras, uno de los primeros analistas en cuestionar tal simbiosis estratégica sería Fred Bergsten (director del *Petersen Institute of International Economy* en Washington), que lo justificará como una forma de proteger a Estados Unidos contra la creciente incertidumbre derivada de la imparable emergencia de China en la escena mundial[528], *"los dos países no han conseguido hasta la fecha establecer una confianza estratégica básica, ya que uno desconfía del otro y sospecha que está llevando a cabo una política para socavar su poder"*. Una descon-

---

523 Rios (2021: 205-210)

524 Cierto es que formalmente, y siempre bajo la dirección del PCCh, existen en China otros ocho partidos: Partido Nacionalista, Liga Democrática, Asociación de la Construcción Democrática, Asociación para la Promoción de la Democracia, Partido Democrático Campesino y Obrero, Liga para la Democracia, ... Rios (2021: 150)

525 Muñoz (2018: 129-131)

526 Feijóo (2021: 227), Rios (2021: 222, 231, 244)

527 Citado por Muñoz (2018: 97-98)

528 La cita es de Lanxin (2009: 99); pasaríamos a actuar con un *"nacionalismo económico positivo"* en palabras de un cosmopolita como Reich (1993: 306) por razones de seguridad nacional o empleo.

fianza de fondo en aquella simbiosis que daría razón a los que calificaron de idealista el concepto de *Chimérica* de Nial Ferguson.

Porque, si bien existían complementariedades, también se comprobaban no pocas diferencias en relación a quién tiene, o no, un control determinante sobre las bases materiales (tecnológicas o de suministros por ejemplo) del crecimiento económico y, en consecuencia, de la estabilidad política y la soberanía nacional[529]. Surgirá entonces el concepto[530] de "seguridad estratégica" como freno del cosmopolitismo globalizador, para así *"reducir la dependencia respecto de China en defensa, energía, tecnologías de comunicación, salud pública, biotecnología, transporte, producción de alimentos y provisión de materias primas agrícolas"*.

Lo que progresivamente hará mutar la prolongada simbiosis (en deuda, importaciones o inversiones) en rivalidad. Bien mirado no estaríamos ante nada nuevo porque[531] *"las relaciones entre una potencia hegemónica en auge y otra en declive nunca han sido sencillas"*.

Sobre todo cuando la potencia en declive persevera en afianzarse como la única super potencia militar global, provocando que aquella simbiótica interdependencia -de la que hablaba Obama- mute en disputa por la hegemonía o, como poco, por las soberanías respectivas (de la potencia emergente y de la que está en declive). Con, reitero, dos momentos de inflexión y aceleración críticos: 2008 y 2020.

Porque no se debe ignorar que China será, en aquella coyuntura crítica de 2008, uno de los pocos países del mundo que pudo contar con recursos propios para emprender rescates o paquetes astronómicos de estímulos[532]. Siendo así que la inesperada crisis de 2020, como veremos, incidirá y reforzará las mismas tensiones. Tanto entonces como ahora[533],

"la crisis significará un punto de inflexión en la globalización económica y pondrá fin al período de liberalización iniciado en los años ochenta y liderado por Estados Unidos". Porque ya *"antes de la erupción de la crisis sanitaria provocada por el coronavirus, asistíamos a una guerra comercial entre EEUU y China que enmascaraba una carrera tecnológica, y que se ve avivada ahora por el modo de gestionar la crisis sanitaria"*.

---

529 Amin (2014: 294) concreta esas diferencias en el control de las tecnologías, los recursos del planeta, las capacidades militares y las alianzas internacionales. Para Rios (2021: 347) pasa a primer plano la interdependencia entre el nacionalismo defensivo y los aprovisionamientos externos. Para Rosales (2022: 492) *"el país norteamericano pretende mantener su liderazgo en semiconductores, robótica, computación en la nube, vehículos eléctricos y biotecnología"*.

530 Rosales (2022: 511), por ejemplo de Europa respecto a China en materias primas, principios activos farmacéuticos y materiales clave para el despliegue de las agendas verde y digital, El País (4/5/2021)

531 Steinberg (2008: 257)

532 Stiglitz (2010: 257)

533 Olivié (2020: 7), lo que supone el final de la larga etapa Kissinger-Deng, según Steinberg (2008: 262)

Aquella crisis financiera de 2008 -y su Gran Recesión- coincidirá, además, con el máximo deterioro del déficit comercial[534] de EE.UU. con China, acelerando así un viraje desde la no problemática interdependencia al llamado *China-bashing*: la culpa asiática de los males propios[535] (reclamando aranceles o revaluación del yuan por ejemplo). Para Robert Brenner, por ejemplo, el largo declive de la economía estadounidense (junto a la japonesa o alemana) tendría no poco que ver con la creciente presencia de Asia en el mercado mundial, lo que erosionaría la rentabilidad (tasas de beneficio) empresarial en los viejos centros capitalistas, alimentando sobre capacidad productiva, un creciente desempleo, déficit externo y un escaso crecimiento[536].

Se entiende así que la administración Trump en marzo de 2017 obligase a evitar en la cumbre del G-20 en Baden-Baden cualquier condena del proteccionismo, una condena que hasta entonces venía siendo habitual[537]. Y sucederá lo propio en las sucesivas cumbres del FMI, del G-7 y del Banco Mundial de ese año. Se comprende así que, por aquellas fechas, el primer Ministro chino Li Keqiang buscase la complicidad de la canciller Merkel para defender los otrora intocables tratados de libre comercio.

En este punto de mi argumentación es muy importante enfatizar una vez más que la frontera entre lo comercial, lo tecnológico y la seguridad nacional (base de fondo de aquella desconfianza) se habría vuelto paulatinamente más y más borrosa en lo relativo al mundo digital[538] (5G, IA, big data, sistemas operativos). Porque con estas tecnologías se puede poner en serio peligro la seguridad militar, de abastecimientos, logística, etc. de un país. Se puede poner patas arriba la soberanía nacional que los cosmopolitas de la globalización daban por superada en la fase *chimericana* de abducción neoliberal[539].

---

534 Se había duplicado entre 2003 y 2008, BEA Interactive Data Application

535 Paul Krugman por esas fechas (El País 1.11.2009 *"China va a su aire"*) acusaba a China de empeñarse en una política de debilitamiento de su moneda con lo que *"China está robando los puestos de trabajo de otra gente"*. Más recientemente (Krugman, 2024) reiteraba refiriéndose a China: *"sean cuales sean las virtudes (reales) del libre comercio, un aumento enorme de las importaciones causa un daño inaceptable a los trabajadores y a las comunidades que encuentra a su paso"*.

536 Brenner (2009: 112-113, 524-526), ver su figura 15.6 para 1950-2000 de tasas de beneficio (op. cit. p. 497) y su diagnóstico desde una perspectiva marxista.

537 El año 2018 se hablaría ya de guerra comercial abierta entre EE.UU. y China en la reunión del G-20 en Buenos Aires (El País 20/3/2018); por su parte Hernández, E. y García, L.M. (2022: 97 y 108) sitúan la inflexión norteamericana entre 2017-2019 y la de la UE entre 2016-2019 (op.cit. p. 89-90 y 92) los tópicos pasan a ser *"fuerzas del enemigo"*, *"guerra comercial"* o *"seguridad nacional"* (op.cit.p. 107 y 110). En la cumbre del G-7 de 2024 se añadirá el argumento del apoyo de China a Rusia (El País 14/6/2024).

538 El 5G es, sin duda, una cuestión de seguridad defensiva para la OTAN: *"Stoltenberg mencionó la importancia de las redes 5G y de acordar requisitos comunes para fortalecer la resiliencia de la Alianza frente a los retos cibernéticos"*, Simón y Martín (2019: 2). Jens Stoltenberg, Secretario General de la OTAN, 29/XI/2019: https://www.nato.int/cps/en/natohq/opinions_171460.htm

539 Una frontera tecnológica que pone en cuestión la propia soberanía nacional de los países ricos, Rovetta (2009: 249)

Desembocándose en un aparente contrasentido, pues[540]

"... al tratar de contener económicamente a China, Estados Unidos está socavando el orden comercial liberal que ha sido fundamental para definir el imperio estadounidense. Poner una valla alrededor de China para excluirla del acceso a los chips de más alta tecnología ha llevado a Estados Unidos a ampliar la valla para incluir más chips de menor tecnología que se utilizan en chips de alta tecnología. Sorprendentemente, ha ampliado su definición de seguridad nacional para excluir virtualmente los automóviles y baterías chinos del mercado estadounidense".

Pero así se entiende que en agosto del año 2021 el presidente Biden haya dado vía libre a un programa dotado con 250.000 millones de dólares para inteligencia artificial, computación cuántica y semiconductores[541]. Asuntos que ya no se dejan en manos de un previo cosmopolitismo empresarial digital. Curiosamente este vínculo, entre la información, lo digital y la seguridad, vuelve a colocar en primer plano de actualidad una de las máximas del arte de la guerra[542] según el clásico chino Sun-zi: *"la información es la esencia del arte de la guerra; los ejércitos dependen de ella para realizar el más mínimo de sus movimientos".*

Porque esta es la encrucijada, también se entiende que desde el año 2000 China esté posicionando sus propios gigantes digitales como Tencent (redes sociales), Alibaba (comercio electrónico) o Baidu (buscador) y persiga una soberanía efectiva en su big data[543], ambiciona liderar la Inteligencia Artificial[544], lidera la inversión mundial en computación cuántica[545], cuenta con decenas de miles de censores ocupados en evitar la piratería industrial (Great Firewall of China – Gran Muralla[546] o Telón Digital) desde 2003, así como con un satélite cuántico lanzado en 2016 que supondrá un

---

540 Gindin (2024); un contrasentido que, paradójicamente, explicará pocos años despues el éxito de la IA china DeepSeek (El País 28/1/2025) frente a ChatGPT (OpenAI-Microsoft) (Cinco Días 28/1/2025) con una inversión muy inferior, https://es.wikipedia.org/wiki/DeepSeek

541 https://www.infolibre.es/mediapart/biden-embarca-guerra-tecnologica-china-armado-250-000-millones-dolares_1_1198865.html

542 Sun-zi (2000: 108)

543 La masa de información del big data chino multiplica por 50 el volumen del norteamericano según Muñoz (2018: 146). Para Varoufakis (2025) estaríamos ante una *"Nueva Guerra Fría entre Estados Unidos y China que en mi libro, «Tecnofeudalismo», he explicado como el choque de las dos enormes concentraciones de capital en la nube: el super poder en la nube denominado dólar estadounidense y el denominado yuan chino".* La situación en la UE es algo menos permisiva, https://commission.europa.eu/news/ai-act-enters-force-2024-08-01_es, lo que explica que Meta o Apple bloqueen sus nuevas versiones de IA para Europa. De facto también aquí se despliega un telón digital (El País 18/7/2024)

544 Invierte en IA el 48% del total mundial, EE.UU. el 38%, Muñoz (2018: 148). Con lo que aquello de que *"no es probable que la primacía tecnológica estadounidense desaparezca a corto plazo"* Brzezinski, Z. (1998: 31) ya se habría refutado.

545 Morozov (2021) anota la decisión de Xi Jinping de invertir 1,4 trillones en tecnologías estratégicas en seis años. Diez veces más que Estados Unidos (El País 16/6/2020)

546 https://es.wikipedia.org/wiki/Gran_Cortafuegos

avance disruptivo en criptografía. Siendo cierto lo que antecede no deja de ser crucial constatar que[547]:

> *"Si China quiere seguir siendo la fábrica del mundo, necesita suficientes micro-procesadores para satisfacer el apetito de su pantagruélica industria. Todavía está lejos de conseguirlo: solo en 2020, el país compró en el extranjero chips electrónicos por un valor de 350.000 millones de dólares, es decir más que por sus importaciones de petróleo. Desde 2005, ostenta oficialmente el título de mayor importador mundial de semiconductores –distinción ambivalente que subraya la distancia abismal entre su producción y su consumo–"*

En resumen: regresarían de nuevo a primer plano las fronteras más cruciales, las tecnológicas. Una fragmentacón y regreso que se acelera a ambos lados de un emergente Telón o Muralla Digital, tanto con la presidencia post-democrática de Trump (Rodrik, 2020), como con una muy vigorosa reacción desde la China de partido único (Klein, 2020), (Varoufakis, 2024).

Lo digital parece tomar el mando a ambos lados del Pacífico puesto al servicio del control interno y la hegemonía social o económica (ahora con las finanzas en la nube), pero también condicionando el control externo como espacio vital (vinculando defensa y aprovisionamientos[548]: crudo, gas natural, alimentos, minería...). Pues nunca dejó de ser cierto que[549],

> *"... para los dirigentes comunistas chinos la prioridad absoluta se sitúa en lograr el desarrollo socioeconómico sin provocar una quiebra de la estabilidad política del régimen, en otras palabras, su principal preocupación estratégica no se encuentra en el nivel mundial sino en el ámbito interno de su propio país".*

---

547 Morozov (2021), solo desde Taiwán importó chips por 155.000 millones en 2021, Roberts (2022); Feijoo (2021: 61 y ss) detalla datos sobre esta constelación empresarial china y en la página 145 su debilidad en el segmento de los chips (solo el 16% de los semiconductores consumidos se fabrican en China) (IC Insights, 2021). Lo que explica que Donald Trump en 2020 impusiese a Huawei un control de su aprovisionamiento de semiconductores, Economy (2023: 204) y que Biden limitase las entradas en China de estos productos: https://www.nytimes.com/2024/12/02/business/economy/biden-china-chips-exports.html. La reacción de China será cortar el flujo de galio y germanio como respuesta a las limitaciones occidentales en materia de microchips avanzados (El País 14/6/2024).

548 Rovetta (2009: 247)

549 Calduch (2010: 405)

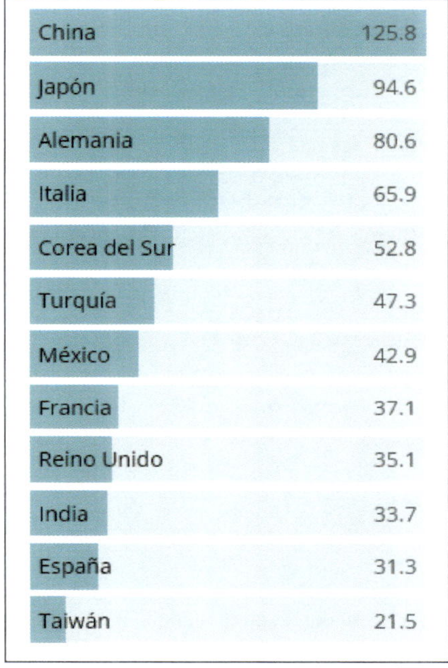

China	125.8
Japón	94.6
Alemania	80.6
Italia	65.9
Corea del Sur	52.8
Turquía	47.3
México	42.9
Francia	37.1
Reino Unido	35.1
India	33.7
España	31.3
Taiwán	21.5

Principales importadores de gas natural en 2020
Fuente: ENERDATA[550] (unidades: bcm)

Como ponen de manifiesto los datos de importaciones globales de gas natural (o de petróleo), pues para mantener estable el ámbito interno (empleo creciente, menos pobreza, paulatino consumismo) dada la gigantesca escala de sus obligados aprovisionamientos mundiales, a China no le queda más remedio que tener preocupaciones mundiales.

Sobre todo si tenemos bien presente que Estados Unidos nunca ha dejado de defender su hegemonía en declive en Asia-Pacífico, como área de influencia o espacio vital. Con lo que China debe construir en paralelo su muy específica hegemonía. Uno de los formatos utilizados será el de los ARC (acuerdos regionales de comercio), de los que China estaría negociando[551] once y considerando la negociación de otros tantos. Sobre todo como prestamista de los llamados países emergentes y de los lo-

---

550 https://datos.enerdata.net/gas-natural/balance-comercio-mundo-datos.html; Zamora (2022: 81, 191) enfatiza el valor estratégico de los nuevos gasoductos Rusia-China (*Sila-Sibiri 2*) tanto para Rusia como para China.

551 Requena (2017: 34)

calizados en la nueva ruta de la seda[552]. Sin olvidar otras instituciones multilaterales como ASEAN-China o el Banco Asiático de Desarrollo[553].

Y así el creciente espacio vital de China, y el declive del de los EE.UU., se nombrará a la altura del año 2017 por la administración norteamericana como una amenaza para Occidente, o, al menos, China se pasa a calificar como competidor estratégico a escala global[554]. Lo que va a obligar a posicionarse -a uno u otro lado del Telón Digital- a cualquier país del mundo a resistir o subordinarse a la particular globalización imperialista norteamericana[555].

En este contexto las llamadas GAFAM (Google, Facebook, Amazon, Apple, Microsoft) norteamericanas y hegemónicas, explicarían por qué Whatsapp, Facebook, Instagram o Youtube están bloqueadas por el gobierno chino, y por qué (en el horizonte del 5G, la IA y el big data) ese gobierno ha tomado la muy singular decisión[556] de erradicar el hardware y software occidental en todos sus organismos públicos antes de finalizar el año 2022. Un telón de precaución, ahora no de acero o de cemento, pero sí digital. También contraponiendo *Baidu* frente a Google, o *Tmall*-Alibaba frente a Amazon[557].

Para la analista Keyu Jin esta senda de colisión estaría siendo alimentada[558] por un *"sentimiento antichino en la sociedad norteamericana y la hostilidad antinorteamericana que se está extendiendo en la sociedad china"*. No solo en Estados Unidos dicha deriva es creciente, pues también las percepciones de la población europea sobre la globalización asiática se comprueba que son pesimistas y preocupantes. Así en Alemania o Francia más de dos tercios de la población considera que su vida

---

552 Financiado por AIIB y el fondo estatal chino Silk Road Found junto a otras entidades financieras públicas, Muñoz (2018: 151). Sobre crisis de deuda con China, ver aquí.

553 Stiglitz (2006: 329) describe el enfrentamiento entre el FMI y Estados Unidos con ASEAN y China en el año 2000; Rosales (2022: 523) se refiere al acuerdo RCEP de 2022.

554 Simón y Martín (2019: 2) se refieren a la *National Security Strategy of the United States of America* (2017). Kagan (2003: 141) remite al año 2001 el viraje de la estrategia sobre China; Klare (2025) cita estas declaraciones del año 2023 de Michael Waltz, asesor de seguridad nacional de Trump: «*Creo firmemente que el Partido Comunista Chino ha entrado en una Guerra Fría con los Estados Unidos*»

555 Anderson (2024)

556 (El País 9/12/2019). Lo que no impide que IBM, Intel, HP o Microsoft estén en el principal parque tecnológico de Pekin o Shanghai, Muñoz (2018: 57). En 2021 deja de operar LinkedIn (El País 14/10/2021)

557 Ranking en la web de cada uno de ellos: https://www.alexa.com/topsites ; el presidente Xi se reúne con sus GAFAM (Alibaba, Huawei, BYD, Unitree, Xiaomi, Tencent, …) en febrero de 2025, El País (18/2/2025) después de haber tomado medidas severas años atrás, Dillon (2024: 79, 181)

558 Citado por Martínez (2020: 66); lo que coincide con el pronóstico de Rodrik (2020) de que ambos países perseverarán en su senda de colisión: https://www.project-syndicate.org/commentary/will-covid19-remake-the-world-by-dani-rodrik-2020-04/spanish

será peor dentro de veinte años, lo que reclamaría[559] un *"acuerdo general sobre la necesidad de protegerse contra los efectos de la globalización económica"*.

Para el caso de España, y en relación a la última crisis sanitaria y económica derivada de la pandemia del covid-19, nuestra fragilidad y dependencia se concretarían en *"el papel esencial de China como único país capaz de suministrar este volumen de material médico en un momento de crisis... (desde el Gobierno español) han reconocido las dificultades para adquirir equipamiento y material sanitario en un mercado que está sobresaturado"*. Siendo así que, de cara al futuro, España debiera evaluar[560] *"cuánto quieren depender de proveedores chinos en sectores tan sensibles como los suministros médicos y las redes de comunicación 5G"*. Blanco y en botella.

Tal fragilidad y vulnerabilidad occidental, derivada de la globalización-deslocalización hacia el Pacífico, podría ser explotada por India o China[561]. Países que, por ejemplo, controlan a día de hoy la producción mundial de principios activos farmacéuticos (APIs) (paracetamol, ibuprofeno, amoxicilina,...). Ya que, si bien hasta el año 1995 el noventa por ciento de esos APIs se elaboraban en Occidente, en la actualidad el ochenta por ciento ya se elaboran en China o India[562].

La crisis sanitaria y económica mundial del año 2020 aceleró e hizo emerger todas estas fragilidades, ya que los quince días de enero de aquel año (de pasividad-ocultación en China como veremos en un apartado posterior de este ensayo) abrieron una ventana de difusión global del covid-19 que provocaría un cataclismo mundial -económico y social- sin precedentes[563]. Por un lado al aflorar las fragilidades relativas a la relocalización de cadenas globales de valor para evitar dependencias (vulnerabilidad) de aprovisionamientos críticos[564]. También al hacer visible una vulnerabilidad occidental extrema en antibióticos (China-India) o en tierras raras, así como la de China en los gigantescos recursos energéticos que necesita importar.

---

559 Alaminos (2010: 148, 151, 157). Un 68%.

560 Estas citas en Esteban (2020: 2-5 y 9); sobre el despliegue del 5G se reunían en Madrid el Presidente del Gobierno y el director de la Oficina de la Comisión de Asuntos Exteriores del PCCh en septiembre de 2020, https://www.eldiario.es/tecnologia/gobierno-condiciona-despliegue-espana-5g-chino-pekin-ofrezca-garantias-seguridad-privacidad_1_6198847.html

561 Sobre colisiones China e India y acuerdos en los BRICS, Kagan (2008: 71 y ss.)

562 El País 20/6/2020

563 Gardner (2020); Milanovic (2020) también comparte las críticas sobre el ocultamiento del origen y transmisión del covid-19 por la que califica como una "jerarquía consultiva". Unos inicios desastrosos en la gestión de la pandemia para Vidal, M. y Santiso, J. (2020); recogido en "Diario de Wuhan" (Fang Fang, Seix Barral, 2020). Aunque N. Chomsky considera que el 10 de enero 2020 China ya habría puesto sobre la mesa internacional la gravedad de la situación: https://attac.es/noam-chomsky-internacionalismo-o-extincion/

564 Morozov (2021) anota como la Unión Europea habría pasado del 44% de capacidades mundiales de semiconductores (por ejemplo para automoción) en 1990 a un 10% en la actualidad, y Estados Unidos del 37% al 12%.

Pero, al mismo tiempo, se pondrían muy rápido de manifiesto las fortalezas de China para enfrentar eficazmente la pandemia. Pues el Gobierno Central de Pekín haría prevalecer -ya en febrero- el interés general sanitario y económico, forzando un cierre de fronteras con el exterior y un confinamiento estricto y masivo de la población en las provincias más afectadas. Con el añadido de una vigilancia digital[565] que de facto suspende los derechos a la privacidad y a la intimidad y hace posible un seguimiento en tiempo real de los brotes víricos y sus contactos. Medidas, sobre todo la última, más problemáticas de adoptar con agilidad en entornos donde es necesario que las instituciones democráticas aborden decisiones que limitan los intereses y los derechos individuales (o de sectores o empresas) en aras del bien común o del interés general.

No siendo menos cierto que por aquellas fechas también se hizo evidente el que China sin la actual globalización económica y de los mercados no podría mantener el particular contrato social con el que viene sacando de la pobreza a millones de ciudadanos. Un primer síntoma de tal fragilidad quedó patente en mayo de 2020 cuando, por primera vez, el Congreso del Pueblo no llegó a fijar un objetivo de crecimiento económico[566].

Todo lo que precede, en fin, aceleraría tendencias sobre la transitoriedad del momento *Chimérica*, que a partir de entonces parecen irrefrenables. Pues habrían tomado cuerpo aquellas amenazas mutuas que se venían barruntando. Hoy ya en muchos países es patente, como razonan con acierto en China, que la seguridad militar y de aprovisionamientos estratégicos es fácil que caiga en manos de una plutocracia casi siempre foránea y lejana. Y que al dejarlo en esas manos corremos el riesgo de tirar por el vertedero el capital social que nos permitiría avanzar hacia una sociedad decente. Porque, en palabras textuales de dos de los máximos gurús[567] de las GAFAM hoy "... *se puede usar la tecnología digital para poner patas arriba las sociedades e incluso hacerlas trizas*".

Lo que, para el caso de España, si queremos ser parte activa de una estrategia compartida en la Unión Europea[568], haría aconsejable el navegar con rumbo propio. Alejados, tanto de las dos trincheras digitales del Pacífico (ya Google, ya Baidu), como del hipercapitalismo depredador del Estado de Bienestar que ambas comparten[569].

---

565 Para China, Feijóo (2021: 175 y ss.). Vigilancia digital que en Occidente es patrimonio exclusivo de multinacionales (GAFAM) a las que los ciudadanos ceden sumisamente su privacidad. Con el riesgo de otra plutocracia o ciberdictadura.

566 La Vanguardia, 22 mayo 2020; China tendría más que perder a corto plazo en un escenario global de guerra comercial generalizada, Martínez (2020: 64); aunque sobre la desplegada por Trump en 2021 Economy (2023: 312) concluye haber sido más ruinosa para los Estados Unidos.

567 CEOs de Alphabet-Google, https://www.infolibre.es/opinion/plaza-publica/soluciones-digitales-ilimitadas_1_1184672.html

568 Comisión Europea (2019), que califica a China de competidor económico y rival sistémico.

569 Serían ambas sociedades meritocráticas de mercado en las que "*la fe en que somos dueños de nuestro destino es más sólida y (por ello) cuentan con un Estado del Bienestar más endeble*", Sandel (2020: 99, 171)

Ser cada vez más, y no menos, resilientes, soberanos e inclusivos. Y debiéramos hacerlo por muchas de las razones que se han desgranado en las páginas precedentes, pero también porque según un Índice sobre la calidad deliberativa de las instituciones de Gobierno[570] mientras China desciende 59 posiciones en el ranking mundial, respecto a la posición que ocupa por nivel de ingresos, en Estados Unidos el descenso es de nada menos que 88 posiciones. Post-democracias en un lado y Partido-Estado en el otro. En ambos lados muy lejos de una sociedad decente y en la senda de una irrefrenable sociedad de mercado. Siempre sobre la base del deterioro social de los muchos en cuanto a autonomía y garantía de una vida digna. Un deterioro simultáneo al hiper enriquecimiento de los pocos que detentan el poder político efectivo.

La globalización chimericana resultó ser una carrera social hacia el abismo, con sociedades plutocráticas, gerontocráticas, meritocráticas y tecnocráticas[571] de mercado en las que el dinero y la tecnología corrompen a pasos agigantados valores que otrora tuvieran gran peso en la sociedad. Se comprueba además, tal como sugirieron en su día George Basalla y John K. Fairbank, que las opciones tecnológicas y los sistemas de valores sociales siempre están en intrincada relación. Algo que ya sospechaban los muy eruditos burócratas confucianos de la China imperial, que -como revisábamos al comienzo de este ensayo- no querían contaminar su concepción del mundo, pues consideraban que artefactos y sistemas de valores eran inseparables.

Pero la mega técnica contemporánea (desde las sucesivas revoluciones industriales a la digitalización o la inteligencia artificial) convive hoy en todas partes (China por supuesto incluida y más por su gigantismo) con un poder creciente de los tecnócratas, con una plutocracia de expertos en instituciones y organismos post democráticos[572].

Como hemos visto en apartados anteriores, el actual mega sistema mundial de negocios encontró en la inabarcable dimensión de China una posibilidad de expansión no soñada hasta finales del siglo XX. Tanto es así, que los expandidos podrían quedar, sin apenas percibirlo, abducidos por el gigante que suponen integrar. Abducidos (emergentes) y abductores (declinantes) situados a ambos lados de un Telón o Muralla Digital del Pacífico de lo que durante las últimas décadas se conformó como hiper imperialismo norteamericano: *Chimérica*. Un conglomerado gigante de casi

---

137

570 V-Dem (2019: 74-75), Estados Unidos de 11ª a 99ª, mientras China pasa de 77ª a 136ª

571 En 2007 en el Politburó de 25 miembros 11 eran ingenieros y 9 eran principitos hijos de altos dirigentes, Golden (2012: 168); todos los miembros del Comité Permanente del Politburó son ingenieros, Bregolat (2007: 109); en el Comité elegido en octubre del año 2022 cuatro (incluido Xi Jinping) tienen formación tecnológica y tres en ciencias sociales. Órganos a los que se accede por cooptación de los exdirigentes de mayor edad. https://www.elconfidencial.com/mundo/2022-10-23/mujeres-atisbo-oposicion-nombres-cupula-china_3511071/

572 Prada (2019: 92) donde me apoyo en los análisis de Lewis Mumford. Lo que explicaría que se anote en China un recurrente descontrol (quimeras, edición genética, superbacterias, ...) muy distante al principio de precaución.

dos mil millones de hiper consumidores potenciales, que conforma una bomba de consecuencias ambientales, sociales y climáticas inquietantes[573].

Para evitar tales catástrofes, lejos de la tecnofobia de la revolución cultural (maoísmo) pero también de la tecnofília del enriquecerse es glorioso (denguismo), se hace necesario abrir camino a una sociedad decente en el mundo global de este siglo XXI. De lo contrario el plutocrático uno por ciento de ciudadanos de *Chimérica* podrá señorear el mundo, mientras sus respectivos Estados se disputan a ambos lados del Telón Digital sus espacios vitales.

---

573 El último ejemplo, pero no el primero, será la pandemia del Covid-19 que desde Hubei-Wuhan contaminó al resto del mundo a través de las imparables cadenas globales de negocio. Muy singularmente a los EE.UU.. Una bomba económica global que genera ya no riesgos, sino incertidumbres, Prada (2020). https://www.infolibre.es/opinion/plaza-publica/coronavirus-riesgo-incertidumbre_1_1180787.html. También en este caso China habría retornado a estar en el origen de enfermedades globales, Jared Diamond sitúa el probable origen de la gripe en la pionera ganadería de cerdos en China (Diamond (2013: 312, 343), Diamond (1998: 295)).

Capítulo 05
La ruptura actual de la globalización

5.1 La globalización y la pandemia de 2019

Como ya he adelantado en el apartado anterior la contaminación biológica que desde China (Hubei) afectó al mundo (Italia, EEUU, España, Francia…) en el comienzo del año 2020 tuvo una condición necesaria y otra suficiente.

La necesaria fueron los numerosos enlaces aéreos que demandan las muy numerosas actividades empresariales (singularmente de automoción, entre otras) que conectan esa región industrial china con las cadenas globales de valor de occidente. Una provincia-región (de Chimérica) con más población que el reino de España y al servicio de la lógica de una sociedad de mercado global.

Pero esa condición no sería suficiente de no haberse impuesto, a la necesaria precaución y alarma desde el primer caso confirmado del virus, una pasividad que solo puede explicarse por el temor de las autoridades regionales de Hubei a provocar la parálisis económica de uno de los principales motores económicos de su país. Parálisis que finalmente –varias semanas críticas después- fue inevitable decretar[574]. Cuando ya era, sobre todo para el resto del mundo, demasiado tarde.

La muerte por contagio -el cinco de febrero- del doctor Li Wenliang que había denunciado, ya a finales de diciembre de 2019, un sospechoso brote vírico (y que fuera reprendido por la policía por atentar contra el orden social), acota trágicamente las decisivas semanas perdidas[575] (al menos del 15 diciembre al 20 enero). Algo solo explicable por la resistencia a la parálisis de una sociedad de mercado en vertiginosa

---

574 Ver en general Chuang (2021), en concreto: *"se produjo este cambio muy repentino de política, efectivamente de la noche a la mañana, porque alguna autoridad superior debe haber intervenido finalmente para implementar de manera decisiva el confinamiento, y eso suele ser una señal de que el gobierno central se ha involucrado, poniendo a los funcionarios locales bajo su mando directo"*, https://www.sinpermiso.info/textos/china-el-estado-de-la-plaga-entrevista

575 El País 6/2/2020 y 31/1/2020

producción y crecimiento. Sucedería así que la globalización económica, sus movilidades y sus prioridades dentro de China, y de esta con el exterior, se impusieron a la precaución sanitaria[576]. Y fue así como este nuevo coronavirus dispuso para su expansión durante varias semanas de una red global de transporte aéreo a pleno rendimiento al servicio de esas necesidades productivas. De semanas de absoluta libertad para expandirse. Con una cosecha mundial que entre enero y abril no tiene otro calificativo que catastrófica[577]. Y no por falta de normativas al respecto.

Para empezar se comprueba que esa interconexión económica y aeroportuaria global de Wuhan y esos intereses (locales y globales) arrinconaron durante unas semanas críticas la normativa internacional. Interconexiones activas e intereses económicos que no frenaron a tiempo lo que la OMS en su Reglamento Sanitario Internacional[578] (RSI, 2005) define como *"«contaminación»: presencia de cualquier agente o material infeccioso o tóxico en la superficie corporal de una persona o animal, en un producto preparado para el consumo o en otros objetos inanimados, incluidos los medios de transporte, que puede constituir un riesgo para la salud pública"* (art. 1), asumiendo además la *"respuesta mundial de salud pública a la aparición natural, la liberación accidental o el uso deliberado de agentes biológicos y químicos o de material radio nuclear que afecten a la salud"* (RSI 2005: 1)

Respecto a las interconexiones económicas globales baste decir que en aquel momento la capital de Hubei (Wuhan) con once millones de habitantes se consideraba el centro político, económico, financiero, comercial, cultural y educativo de China central[579]. Debido a su papel clave en el transporte doméstico, a la ciudad de Wuhan se la conoce como *"el Chicago de China"* en fuentes extranjeras. Sus principales industrias incluyen desde óptica, electrónica, fabricación de automóviles, de acero, sector farmacéutico a ingeniería biológica, entre muchas otras. Con un aeropuerto con conexiones globales directas para negocios y turismo (a San Francisco, París, Madrid, Roma,...) que en esta crisis no se cerrará hasta el día 23 de enero; muy singularmente con empresas de componentes de automoción para sus cadenas globales[580].

Se entiende así que en el corazón industrial de Italia se documentase un primer contagio en febrero a través del gerente de una empresa (MAE) productora italiana de

---

576 Rodrik usa el termino *"hiperglobalización"* (2011: 184 y 206); un relato más amable con China puede leerse en Hernández, E. y García, L.M. (2022: 111-130) que razonan sobre *"las bondades de un hipotético liderazgo chino sin límites"* (op.cit. p. 141)

577 *https://elpais.com/especiales/coronavirus-covid-19/el-mapa-del-coronavirus-en-el-mundo/*

578 https://apps.who.int/iris/bitstream/handle/10665/246186/9789243580494-spa.pdf

579 https://es.wikipedia.org/wiki/Wuhan

580 https://www.heraldo.es/noticias/internacional/2020/01/23/china-cierra-otras-dos-ciudades-cerca-de-wuhan-para-contener-el-coronavirus-1354916.html
En 2023 China producía un tercio de los automóviles del mundo y entre 2019-2023 aumentó su producción un 22% frente a un 2% mundial, Torres (2024: 20)

fibras sintéticas que habría visitado China[581]. Contagios que siguen el mismo patrón de los primeros detectados en Chicago o California[582].

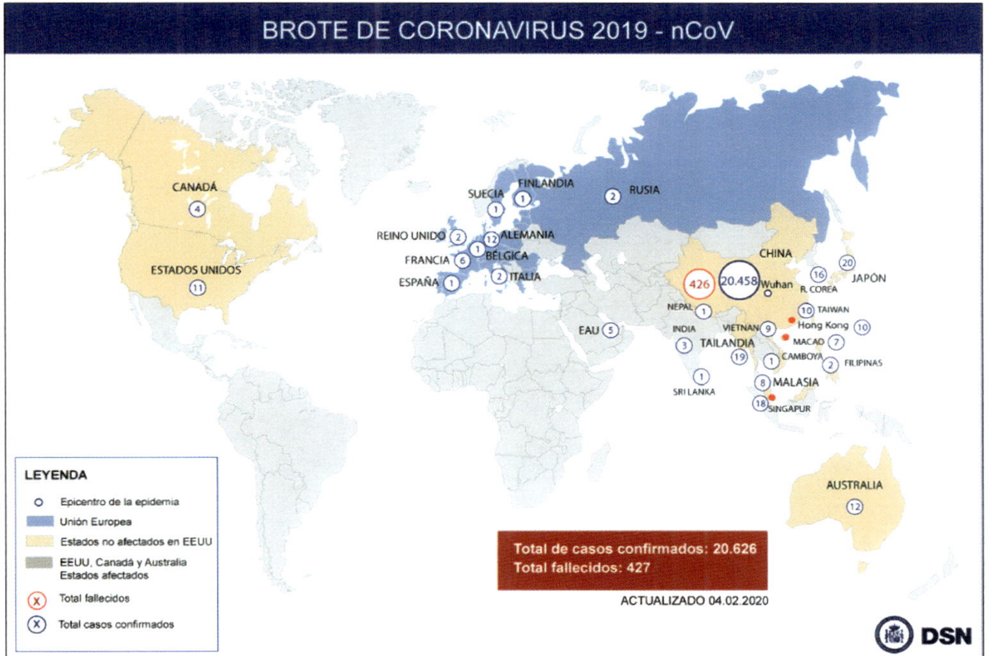

Fase inicial de la contaminación biológica global por coronavirus (4/2/2020)
Fuente: https://www.dsn.gob.es/es/actualidad/sala-prensa/coronavirus-2019-ncov-04-febrero-2020

Asombra comprobar que por esas fechas los responsables sanitarios españoles descartasen que fuese necesario implementar procedimientos de detección en aeropuertos[583] que seguían canalizando el tráfico de pasajeros asociado a las muchas empresas españolas que operan en toda China[584]. Se explica así que los primeros casos detectados estuviesen vinculados a nuestro negocio turístico global, siendo

---

581 https://www.lavanguardia.com/vida/20200221/473680605428/personas-cuarentena-norte-italia-coronavirus.html

582 El País 30/1/2020 y 1/4/2020

583 https://www.consalud.es/politica/ministerio-sanidad/sanidad-estudia-posibles-casos-coronavirus-espana_73387_102.html

584 https://www.eleconomista.com.mx/empresas/Empresas-espanolas-en-el-epicentro-de-la-crisis-del-coronavirus-chino-20200124-0005.html

paradigmático el caso de un británico detectado en Mallorca con contactos previos en Singapur[585] (el 11 febrero 2020). Y ello a pesar de que el citado Reglamento concreta que para dar respuesta a un evento de contaminación[586],

142

"cuando la OMS reciba información sobre un evento que pueda constituir una emergencia de salud pública de importancia internacional, ofrecerá su colaboración al Estado Parte de que se trate para evaluar la posibilidad de propagación internacional de la enfermedad, las posibles trabas para el tráfico internacional y la idoneidad de las medidas de control" (art. 10.3).

Trabas que mal se podría considerar implementar si en el Estado parte −en este caso China- se silenció durante semanas la existencia de la contaminación, sin duda para no interrumpir uno de los motores clave de aquella economía y de la sociedad de mercado global. Aunque no es menos preocupante comprobar que a priori la propia OMS asuma el criterio de actuación de *"reducir la propagación internacional de una enfermedad con un mínimo de trabas para el tráfico internacional"* (art. 15.2.). Un mínimo de trabas: para no crear alarma social y no interrumpir el turismo o las cadenas globales de negocios.

En este contexto en China la inicial miopía provincial solo se descalificó como un grave error cuando su Gobierno Central consideró que aquella política del avestruz, si bien podría ser útil a corto plazo para no dañar la economía de Wuhan, iba a ser letal para el crédito internacional y global de toda China. Aunque para entonces ya habrían pasado unas semanas decisivas para contaminar al resto del mundo.

De las presiones que, a nivel provincial y estatal, se anotaron en aquel país (y en el nuestro, como bien supimos de esto cuando se intentaron paralizar actividades no esenciales) baste dejar constancia que ya el 14 de marzo su Vice Ministro de Industria Xin Goubin se felicitaba del regreso a la normalidad en todas las empresas fuera de Hubei[587]. Sin embargo China sí interrumpiría su rampante globalización en marzo de 2020, al menos por lo que respecta a las personas, no para las mercancías. Y lo hicieron con un elemental principio de precaución frente al coronavirus: cerrando sus fronteras con el resto del mundo el día 28 de marzo de 2020 para no introducir el virus Covid-19 ya muy extendido por Europa, Estados Unidos o cualquier otro país[588].

Y lo hicieron a pesar de que en China solo unas semanas atrás se calificaban como gestos de no buena voluntad el suspender los vuelos hacia su país, por parte de aquellos que querían evitar importar un virus que entonces se extendía desde allí al

---

585 https://www.dsn.gob.es/es/actualidad/sala-prensa/coronavirus-2019-ncov-11-febrero-2020

586 https://apps.who.int/iris/bitstream/handle/10665/246186/9789243580494-spa.pdf

587 https://www.eleconomista.es/internacional/noticias/10412851/03/20/China-afirma-que-el-95-de-grandes-empresas-fuera-de-Hubei-foco-del-brote-del-virus-estan-ya-activas.html

588 El País 26/3/2020; bien al contrario, la gestión de la pandemia supondría un eslabón más en el declive reputacional de los Estados Unidos, Economy (2023: 315)

resto del mundo[589]. Pues siempre sucede que donde alguien no quiere importar debe haber alguien que está exportando. Y en esto China habría acabado, con buen criterio, priorizado su soberanía nacional y sanitaria sobre la desregulación cosmopolita para circular a lo largo y ancho del mundo. Priorizar la lógica de precaución social sobre la lógica de una sociedad de mercado. Muy razonable … mientras duró[590].

Aunque quizás hablar de importar y exportar podría no ser más que un eufemismo neoliberal y tecnocrático para evitar llamar a las cosas por su nombre: contaminar, contaminación biológica global. Pues según el diccionario de la RAE contaminar[591] es: *"contagiar o infectar a alguien"*. Y contaminación biológica será, por tanto, infectar a alguien (personas o países) con microorganismos patógenos (protozoos, bacterias o virus) que con frecuencia provienen de aguas residuales, de actividades agrícolas, o alimentarias o vertidos industriales. En el caso que nos ocupa se supone que estamos ante una contaminación biológica letal por prácticas alimentarias humanas con murciélagos o pangolines, que no habrían sido prohibidas en tiempo y forma en los lugares donde se practican[592]. Ni prohibidas, ni contenidas radicalmente por una red de alerta, de cuarentena y de cierre de fronteras auto impuesta. Porque en China, y no solo allí, la lógica de una sociedad de mercado pura y dura se impuso durante semanas a la de una sociedad decente.

En este punto conviene recapitular brevemente sobre el hecho de que la contaminación biológica letal entre animales y humanos cuenta con una muy larga historia como, entre otros, ha documentado bien Jared Diamond[593]. En su verosímil relato, el ancestral tránsito de la caza al pastoreo supuso tanto ventajas como inconvenientes, debido a que la compañía permanente de un animal puede ser perjudicial para el hombre, al ser las manadas y rebaños fuentes de infecciones. Así gripe, sarampión, paperas, tosferina, rubeola, viruela,… serían enfermedades que apenas existían entre los pueblos cazadores-recolectores. Y así serán enfermedades en masa desde hace apenas once mil años: desde los orígenes de la ganadería y la agricultura. Por eso muchas enfermedades van a ser desde entonces específicas de pueblos ganaderos (lo que implicará un muy alto riesgo para los pueblos que entren en contacto con ellos y no evolucionen en esa dirección). Pueblos que, andando el tiempo, habrían llevado con ellos esas enfermedades a tierras colonizadas diezmando así otras poblaciones. Una contaminación biológica global por activa o por pasiva.

---

589 El País 1/2/2020; Sobre el discutido origen chino de la pandemia: https://journals.sagepub.com/doi/full/10.1177/0020731420916725

590 Este análisis se redactó en febrero del año 2020, cuando se revisó para una nueva edición (diciembre 2022) el Gobierno chino ya había dado un giro de 180° en relación a su prolongada política de Covid cero a causa del persistente impacto económico y social de las medidas necesarias.

591 https://dle.rae.es/?w=contaminar

592 https://elpais.com/ciencia/2020-03-26/el-cerco-sobre-el-pangolin-como-fuente-del-coronavirus-se-estrecha.html

593 https://elpais.com/elpais/2020/03/20/opinion/1584697329_308520.html

En la actualidad si bien se habrían superado en buena medida aquellas infecciones ganaderas, nos enfrentamos a nuevas situaciones de potenciales y letales contaminaciones biológicas. Pues además de la continuada ingesta de animales salvajes (como en China de los mamíferos ya citados) sobre los que no existe, a la vista está, plena seguridad alimentaria, se refieren no pocas incertidumbres sobre la actual tecnología de cría masiva de animales de granja[594]. Siendo así que, ya sean provocadas o más o menos naturales, todas estas potenciales contaminaciones biológicas no debieran gestionarse en la jerga comercial y neutra de importaciones o exportaciones de virus[595]. Porque siempre que se pueda identificar un origen contaminador y un contaminado más o menos lejano debiera aplicarse de entrada el principio de precaución para evitarlo y no expandirlo y, de no conseguirlo, responder con el principio universal de quién contamina paga.

Conviene saber que con esa lógica ya rige un protocolo internacional de precaución para evitar un tipo concreto de contaminación biológica a través del transporte por la Organización Marítima Internacional (OMI). Protocolo que debiera trasladarse al tráfico mundial global (contenedores) y en particular al aéreo (de personas enlatadas y mercancías). Y en cualquier caso, de no evitarse por prácticas de máxima precaución dentro de un país, toda contaminación biológica internacional debiera estar sujeta al principio universal de quién contamina paga: todos y cada uno de los multimillonarios daños producidos. Para que aquellos que con extrema codicia guardan el dinero en sus bolsillos y talonarios, se lo piensen dos veces (control, prohibición, confinamiento del país, etc.) antes de poner en circulación una catástrofe sanitaria global como la que padecimos con el coronavirus. Siempre que no la sepan parar a tiempo antes de que salga de sus fronteras. Porque, dejémonos de eufemismos, esto no va de importar y exportar libremente a través de un mundo global, va de contaminación biológica[596].

Como quiera que sea, y en lo que para este ensayo es central, esta pandemia puso sobre la mesa una letal incertidumbre mundial asociada a la rampante globalización financiera y productiva de Chimérica. No solo en la extensión sin control del problema sanitario, sino también la incertidumbre asociada a la casi nula resiliencia para enfrentarse a ella. Pues los medios materiales precisos (desde vacunas, mascarillas a equipos de protección o respiración) habían sido deslocalizados a la llamada fábrica del mundo. Fábrica que, de un plumazo, apareció al mismo tiempo como el

---

594 Brote de gripe aviar (H10N3) en China, (El País 1/6/2021)

595 https://www.nature.com/articles/s41591-020-0820-9

596 Post-data: como muchos sonámbulos tecnopolitas podrían frotarse las manos a la vista de las oportunidades de negocio (comunicación, comercio, finanzas, servicios, etc.) que durante esta pandemia por contaminación biológica nos ofreció la tecnología digital, conviene recordarles que otras potenciales contaminaciones y guerras digitales podrían poner el mundo patas arriba en cuestión de segundos (por poner un solo ejemplo: con un caos nuclear o financiero que nadie puede dar por imposible).

origen del problema y el casi único proveedor global para paliarlo[597]. Aflorando la letal dependencia en la que habrían caído los muchos chimericanos y globalistas cosmopolitas, al favorecer daños mundiales inconmensurables y, después, una reacción de repliegue a ámbitos geográficos cercanos, para depender de un marco institucional de menores incertidumbres.

5.2 El arco de la inestabilidad: de Ucrania a Taiwán

En el año 2015, hace ahora diez años, el profesor de sociología de la Universidad de Oregon, y editor de la *Monthly Review*, John Bellamy Foster en un breve ensayo titulado *"El nuevo imperialismo"* concretaba su hipótesis -lejos del eufemismo *"globalización"*- con el diagnóstico del arco de la inestabilidad[598]. Y lo hacía con estas palabras:

> *"... [Una] estrategia de la OTAN, encabezada por los Estados Unidos, para incluir el vasto arco geopolítico conocido ahora con el nombre de "arco de la inestabilidad", que va de Europa Oriental y los Balcanes a Asia Central, pasando por el Medio Oriente y África del Norte, en la esfera de influencia de la triada. Ello se debe a que considera que este territorio está a disposición de quién pueda hacerse con él tras la salida de la Unión Soviética del escenario histórico a inicio de los noventa. Este avance imperial ha sido tan agresivo en el escaso cuarto de siglo transcurrido desde el derrumbe de la URSS que ya parece estar desarrollándose lo que se denomina una Segunda Guerra Fría con Rusia".*

Diez años después, a finales del año 2024, el riesgo de apocalipsis nuclear entre esa triada y Rusia, con epicentro en Ucrania, y entre Israel (con armamento nuclear) e Irán con motivo de Gaza, o entre la triada y China con motivo de Taiwan, no han hecho más que amplificarse hasta extremos inimaginables por aquél entonces[599]. Pues día

---

597 China era *"era el principal proveedor de mascarillas quirúrgicas; producía la mitad de los respiradores N95 para el personal de salud; fabricaba el grueso de los respiradores mecánicos, y poseía la mayoría de los activos farmacéuticos para la fabricación de medicamentos"*, Rosales (2022: 493); en las pp. 496-497 este autor presenta dos recuadros sintéticos con las fortalezas y debilidades respectivas de China y EE.UU. a la altura del año 2020; sobre la "diplomacia de las vacunas", El País (28/2/2021)

598 Edit. El Viejo Topo (2016); los denomina *"pilotes clave"* Brzezinski (1998: 44) . Otro relato desde el punto de vista de que solo puede haber una superpotencia y muchas razones para parar a Rusia y ampliar la OTAN en Kagan (2008: 25-36 y 78-85). Una agenda que hasta 2024 estuvo en pleno cumplimiento pero que con el regreso de Trump a la presidencia de EE.UU. en 2025 podría reconsiderarse sobre todo en Ucrania a la vista de sus consecuencias geoestratégicas (alianza chino-rusa).

599 Kagan (2008: 54-55) hace referencia a las crisis de 1995-1996 en Taiwan, y luego en Kosovo (con el posterior bombardeo de la embajada china en Belgrado); Morozov (2021) se refiere al papel crucial de la taiwanesa TSMC en el suministro global de microprocesadores. Para este telón digital ver Lepesant (2021) sobre Taiwan y el "sueño chino", o el análisis del imperialismo digital norteamericano en Johnson (2004: 182 y ss.) o Feijóo (2021: 198). TSMC prevé tener lista una planta en Arizona en 2024, Roberts (2022).

tras día conocemos nuevos sucesos que alimentan esta escalada[600] nombrada con otro eufemismo: *"paraguas de seguridad estadounidense"*.

Ya más recientemente -en el año 2022- este mismo investigador en un artículo[601] titulado *"La guerra por encargo de los Estados Unidos en Ucrania"* sostenía, como trasfondo de largo recorrido para poder entenderla, lo siguiente: *"...con Ucrania como la trigésima primera nación en la alianza de la OTAN le daría a la organización una frontera de cerca de 1900 kilómetros con Rusia, el mismo camino por el que los ejércitos de Hitler habían invadido la Unión Soviética, pero en este caso Rusia se enfrentaría a la mayor alianza nuclear del mundo. Ello cambiaría todo el mapa geopolítico y daría a Occidente el control de Eurasia, al oeste de China".* Lo resume, en un relato que poco tiene que ver con lo que se nos machaca día sí y día también por estos parajes, así: *" El resultado es una guerra proxy entre los Estados Unidos, junto con la OTAN, y Rusia que se libra en Ucrania, la cual se desarrolló a partir de una guerra civil en la propia Ucrania que, a su vez, se inició por un golpe de Estado orquestado por los Estados Unidos".*

Pero, ¿que persigue Estados Unidos al imponer la entrada de Ucrania en la OTAN?. Para contestar a esta pregunta es crucial entender la diferencia entre dos tipos de guerras nucleares alternativas. Lo explica así el analista que vengo citando,

"En esencia, hay dos tipos de ataques nucleares. Uno es un contravalor que apunta a las ciudades, la población y la economía del adversario; en eso se basa la destrucción mutua asegurada. *El otro tipo es una* guerra de contrafuerza *destinada a destruir las fuerzas nucleares del enemigo antes de que puedan lanzarse. Por supuesto, una estrategia de contrafuerza remite a quien da el primer golpe."* .

De forma que ese primer golpe por parte de la triada -en una estrategia de contrafuerza- estaría mucho más garantizado con un despliegue nuclear a lo largo de la frontera de Ucrania con Rusia. Con lo que la *estrategia de contrafuerza* pasa necesariamente por acercar más y más armas a Rusia, a fin de disminuir el tiempo que Moscú tendría para lanzar una respuesta[602]. Algo que también se hará con China frente a sus costas. Siendo fácil imaginar que esto haya provocado una reacción en

---

600 El "anillo de acero": https://blogs.publico.es/puntoyseguido/7390/aukus-el-anillo-de-acero-de-estados-unidos-alrededor-de-china-en-33-apuntes/ . El concepto de paraguas lo tomo de Kagan (2003: 84). Sobre las bases norteamericanas -725 "imperio de bases", no de colonias- ver el muy documentado ensayo de Johnson, Ch. (2004: 32-33, 173 y ss., 209 y ss) que fuera consultor externo de la CIA sobre China; sobre Irán: bombardeo al consulado iraní en Siria atribuido a Israel: tres comandantes de la Guardia Revolucionaria entre los muertos

601 https://www.eltrimestreeconomico.com.mx/index.php/te/article/view/1593/1480

602 Z. Brzezinsky tenía muy claro que *"sin Ucrania Rusia deja de ser un imperio euroasiático"* (1998: 54,79, 92, 99,126, 118) con el apoyo de Estados Unidos y Alemania; lo que explica la reinvención y ampliación de la OTAN en la reunión del Consejo Atlántico en Kiev en marzo de 2000.

Rusia y China para reforzar sus defensas antisatélites y armas hipersónicas más difíciles de atajar[603].

No obstante, aún con la tan sofisticada y selectiva *estrategia de contrafuerza* generalizada, los efectos globales serían devastadores para el conjunto de la Humanidad. Sigo citando al mismo analista,

> *"Está muy claro en términos de la ciencia que, si tenemos un intercambio termonuclear global, morirá toda la población de la Tierra con tal vez la supervivencia de algunos restos de la especie humana en algún lugar del hemisferio sur. El resultado será un omnicidio planetario ... Esto significa que los principales analistas nucleares, que están profundamente comprometidos con las doctrinas de contrafuerza, están promoviendo la locura total. Los planificadores de la guerra nuclear pretenden que pueden prevalecer en una guerra nuclear.".*

Una locura total que se irá concretando paulatinamente en decisiones[604] que tienen ese claro hilo conductor: *"es por ello que Washington se retiró de tratados como el Tratado ABM (sobre Misiles Antibalísticos) y del Tratado de Misiles Nucleares de Alcance Intermedio. Éstos fueron vistos como bloqueadores de armas de contrafuerza, que interferían con la campaña del Pentágono hacia la supremacía nuclear".*

En ese contexto estratégico el arco de la inestabilidad combina guerras frías con China (vía Taiwan), con guerras calientes con Rusia (vía Ucrania) o intermitentes con Irán (vía Israel y Gaza). Pues Rusia, China e Irán son los eslabones críticos para alimentar la hegemonía de la contrafuerza a escala global[605]. No es de extrañar que, en estas circunstancias, el diario *El País* abriese una reciente información de fondo documentado lo que definía como una batalla por la supremacía global:

---

603 Sobre la colaboración de China y Rusia en lo militar, Kagan (2008: 134), que también señala el creciente papel militar de la Organización de Cooperación de Shanghai. Sobre una primera colaboración fallida en 1995-1996 entre China y Rusia razona Brzezinski (1998: 121-122) que no progresó al China no querer arriesgarse a perder los flujos de inversión occidental. En 2026 se prevé que EE.UU. instale armas hipersónicas con alcande de dos mil kilómetros en Alemania (El País 11/7/2024)

604 Kagan (2003: 102) defiende esa retirada del Tratado sobre misiles antibalísticos (AMB) y certifica el creciente número de bases norteamericanas en el mundo desde 2001, Kagan (2008: 140-141). Y ello a pesar de que *"ningún país tiene la capacidad técnica para infligir un daño significativo antes de ser arrasado por Estados Unidos"*, Kolko (2003: 131), que cita a China. El Kremlin congeló el año 2023 de manera unilateral el tratado New Start con EE UU para el control de las armas nucleares y en 2019 Trump había hecho lo propio con el Tratado sobre Fuerzas Nucleares de Alcance Intermedio (El País 11/7/2024)

605 Como argumentaba Kagan (2008: 92-124) en relación a las *"autocracias de Pekín y Moscú"*.

Fuente: El País de 19 febrero de 2023

Son conflictos que alimentan -al mismo tiempo- un mercado global de armas que favorece tanto la economía exportadora norteamericana como la revitalización de una OTAN otrora en decadencia[606], al tiempo que impulsan turbulencias estratégicas en los mercados globales (alimentos, energía ... Suez, Ormuz, Panamá) que no favorece menos aquella hegemonía. Ya que China depende a cada paso más de materias primas globales y, al mismo tiempo, de eslabones industriales que comienzan y terminan en otros lugares. Y será así que frente al *Anillo de acero* de los Estados Unidos se irá conformando el *Collar de perlas* de China.

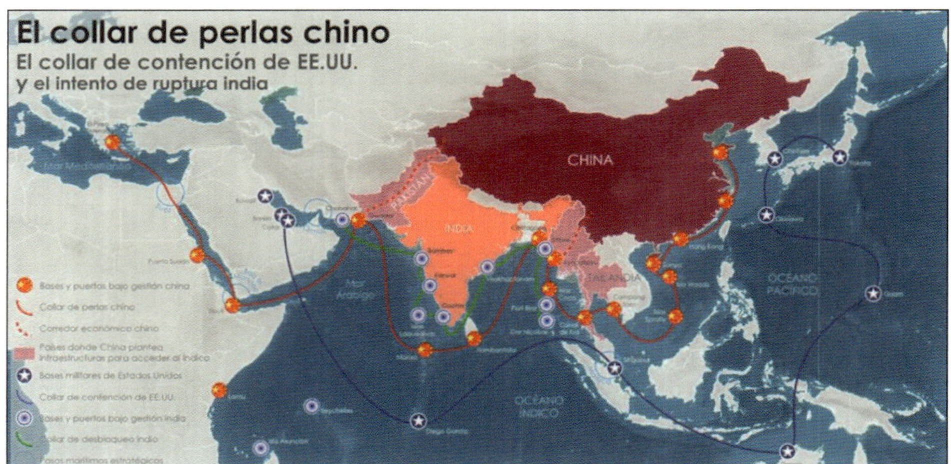

Fuente: Insuasty et alt. (2023: 214), a su vez tomado de
Gil, A. (2020). *La geopolítica de China y su collar de perlas.* El Orden Mundial.

---

606 Así en su estrategia de 2022: https://www.nato.int/strategic-concept/fr/#StrategicConcept, con siete referencias explícitas a China y doce a Rusia. Pero mientras China exportaba en 2019 armas por valor de 3.900 millones de dólares, Estados Unidos lo hacía por 33.000 millones, Economy (2023: 88)

El resultado combinado de todo lo que precede se está concretando en una notoria desaceleración económica en Europa y China y una relativa bonanza de la economía de Estados Unidos, sobre la base de una ruptura de la vieja globalización, de un renovado poder de la divisa norteamericana y de su atracción de capitales.

Dividendos que, por poner un ejemplo crucial, con los datos de la Contabilidad Nacional del año 2023 en la mano, informan de un giro positivo del tradicional freno de la demanda externa para el PIB norteamericano, y de un simultáneo giro negativo del tradicional impulso que dicha demanda externa venía teniendo para el PIB de China.

Un giro éste posterior al relativo buen comportamiento durante la crisis pandémica (2020-2021) (entonces con el impulso del motor externo) que China pudo cerrar con una tasa media del 5,2 % (2,3 en 2020 y 8,1 en 2021). Aunque en 2023 no rebase ese mismo 5,2 % sin el impulso del motor externo (que resta un - 0,6%) pero con la revitalización del consumo, y que en 2024 se mantenga aún en el mismo 5 % debido de nuevo a la demanda externa y no tanto al consumo[607]. Nada que ver ya con las muy superiores tasas habituales en la fase chimericana de esta economía.

Y así se comprueba que si bien los riesgos de esta hoja de ruta (de guerra comercial y de tensar el arco de la inestabilidad) son gigantescos para la humanidad, los dividendos a corto plazo -para lo que parecía ser un imperio declinante- están siendo significativos[608].

---

607 Datos en: https://data.stats.gov.cn/english/easyquery.htm?cn=C01 , como se observa en el siguiente recuadro de momento el papel de la demanda externa y del consumo mantienen un protagonismo alternativo. En cualquier caso China creció el 5% en 2024, ajustado a las previsiones para esta década del FMI citadas por Roberts (2022).

608 Lo que Anderson (2014: 244) denomina "*desesperación inconsciente*", buscando causas externas y no los orígenes internos.

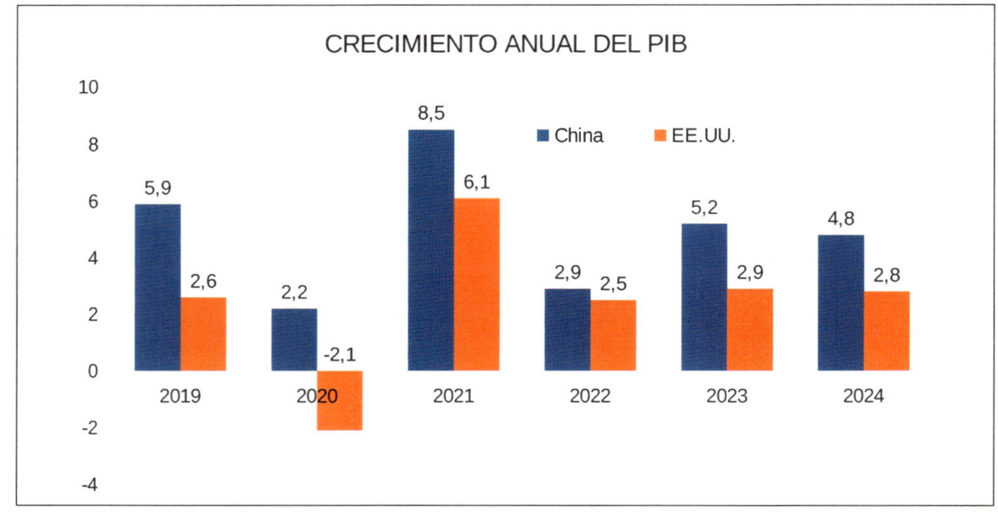

Fuente: elaboración propia con datos del FMI

Indicators	2024	2023	2022	2021
Final Consumption Expunditure Contribution Share to the Growth of GDP (%)		85.6	49.3	60.1
Final Consumption Expunditure Contribution to the Growth of GDP (percentage points)	2.2	4.6	1.5	5.2
Gross Capital Formation Contribution Share To the Growth of GDP(%)		25.8	37.1	19.7
Gross Capital Formation Contribution to the Growth of GDP (percentage points)	1.3	1.4	1.2	1.7
Net Exports of Goods and Services Contribution Share to the Growth of GDP (%)		-11.4	13.6	20.2
Net Exports of Goods and Services Contribution to the Growth of GDP (percentage points)	1.5	-0.6	0.4	1.7

Desglose del crecimiento del PIB en China
Fuente: https://data.stats.gov.cn/english/easyquery.htm?cn=C01

5.3 La globalización imposible

«La aparición de dos ecosistemas separados basados en valores tecnológicos diferentes -y quizás incluso económicos y militares distintos- parece por tanto cada vez más probable »

Economy (2023: 328)

Si en el capítulo anterior resumíamos la disyuntiva entre un momento simbiosis (Chimérica) y un momento rivalidad (Telón Digital) al hilo de la crisis financiera del año 2008, lo revisado en los dos apartados precedentes de este capítulo inclinan la balanza de forma difícilmente reversible hacia la segunda opción. Pues, primero, la crisis pandémica de 2020 y, luego, la presión belicista sobre Ucrania, Irán o Taiwan supondrán nuevos impactos en la liberalización comercial y la globalización cosmopolita con que se cerrara el siglo XX.

Todo lo cual estaría sucediendo sobre la base de una nueva realidad objetiva. Pues mientras a la altura del año 2000 aún era posible ignorar a China en los análisis sobre la globalización[609], veinte años más tarde si se quiere disponer de un diagnóstico del mundo hacer tal cosa sería un disparate. Esta nueva realidad habría aflorado impulsada por el creciente papel de la economía de mercado en aquél país, desde los tiempos de Deng Xiaoping y Zhao Ziyang (posteriores a 1980), bajo el eufemismo[610] -toda una mutación de impronta neoliberal- de *"una economía de mercado socialista"*. Aunque en China la tal economía de mercado socialista más bien sería *"una fachada ideológica tras la cual el capitalismo continúa su brutal y destructivo camino"*, a la manera que -acertadamente- se tiene calificado también así la llamada tercera vía en occidente[611]. En este punto conviene recordar, como señalaba[612] E.P. Thomson que *"las extravagancias cuando son toleradas -e incluso halagadas y alimentadas- pueden mostrar una influencia y una longevidad sorprendentes"* ... como la eventualidad de llegar al año 2050 con esa tal economía socialista de mercado.

Claro que con el triunfo de estos planteamientos neoliberales a escala global, con características propias en China y Estados Unidos, se habría finalmente desembocado -como he analizado en los últimos apartados- en un mundo crecientemente bipolar. Con más miembros OTAN y nuevos miembros BRICS-OCS, un mundo incompatible con el desideratum cosmopolita que pudo soñarse bajo un único soberano-protector

---

609 Es el caso de Held, D. y McGrew, A. (2003: 177 y ss.) que en su índice de nombres no incluyen China y sí EE.UU. o la Unión Europea; cosa que ya no sucede en Held, D. (2012: 23). También Callinicos, A. (2002) que en su análisis del cosmopolitismo de la tercera vía aún ignoraba la existencia de China.

610 Ziyang, Z. (2011: 332 y 345) acuñará el término con el beneplácito de Deng Xiaoping, al tiempo que recibe en China a Milton Friedman en septiembre de 1988 siendo Primer Ministro.

611 La cita es de Callinicos, A. (2002: 165) que cita a Perry Anderson para el que estaríamos ante el mejor armazón ideológico del neoliberalismo.

612 Thompson (1981: 11)

hobbesiano[613]: cosa que fueron los Estados Unidos hasta finales del siglo XX. Con lo que nos encontraríamos ante una globalización (neoliberal) imposible.

Porque habría resultado inviable la hipótesis del *"mundo plano"* chimericano, de una hiperglobalización cosmopolita que desembocase en *"una economía mundial capitalista homogeneizada con un solo Estado capitalista mundial"*. Pues desembocamos en una competencia interimperialista entre dos gigantescas superpotencias[614]. Lo que un analista plantea como la disyuntiva crucial para China en relación al imperio norteamericano[615]: ser un *"leal auxiliar"* o un *"intruso amenazador"*.

Desde esta perspectiva comprobaríamos que los análisis y previsiones del consejero para la seguridad nacional de la presidencia de Estados Unidos entre 1977-1981 Zbigniew Brzezinski habrían incurrido al menos en cuatro graves errores[616]. El primero suponer que *"no es en absoluto cierto que las explosivas tasas de crecimiento chinas puedan mantenerse en las próximas décadas"*. Cosa que sí sucedió entre 1998-2019. El segundo, en buena medida derivado del anterior, que *"... no es probable que China se convierta pronto en una potencia global"*. El tercero suponer que *"es poco probable que China considere seriamente establecer una alianza global a largo plazo contra los Estados Unidos"*. Y el cuarto, implícito en el anterior, que China *"debería considerar a los Estados Unidos como su aliado natural"*.

De manera que si el objetivo de Estados Unidos era en 1998 el de impedir *"la emergencia de una potencia euroasiática dominante y antagónica que desafíe a los Estados Unidos"*, lo cierto es que veinte años después tal escenario habría tomado cuerpo: *"el escenario potencialmente más peligroso, que sería el de una gran coalición entre China, Rusia y quizás Irán, una coalición «antihegemónica» ... China sería el líder y Rusia el seguidor"*. Un escenario que el citado autor consideraba muy poco probable si Estados Unidos hiciese bien su trabajo manteniéndose como única y primera potencia global[617].

Habríamos desembocado en una globalización bipolar y en absoluto multipolar como no pocos cosmopolitas imaginaban. Pues, por un lado, en lo que llevamos de siglo

---

613 Expresión que usa Held, D. (2005: 19) que la toma de Kagan (2003: 42) tal que *"hacer sentir su poder en todos los rincones del planeta"*. En el clásico Held (2007: 427-435), en su tercera edición redactada en 2005, al final se aborda el *"cosmopolitismo globalizador"* sin hacer una sola referencia a China. Pero veinte años más tarde es obvio que ese proyecto se ha metamorfoseado en una galopante bipolaridad. Bipolaridad que también desmiente el haber alcanzado una uniforme hegemonía imperial global del capital a lo Hardt, M. y Negri, A. (2002: 13, 26, 173, 199), como único "poder" que gobierna la globalización mundial.

614 Mandel (1979: 71, 326) frente a Friedman (2006: 149 y 433); China como catalizador de la desintegración del sistema-mundo para Kagarlitsky (2024), https://www.sinpermiso.info/textos/china-y-rusia-en-el-sistema-mundo-moderno-un-doble-desafio

615 Anderson (2014: 155)

616 Brzezinski (1998: 165, 190, 175 y 209) para las citas de los cuatro errores.

617 Brzezinski (1998: 11-12 y 63)

XXI Estados Unidos habría impuesto su *"cultura estratégica"* a la Unión Europea[618] (revitalizando la OTAN en detrimento de Naciones Unidas), y, por otro lado, provocando la agrupación de China con Rusia (en la deriva atlantista[619] de Ucrania o Taiwan).

Y, por otro lado, la unión de los BRICS ante la ruptura proteccionista del mercado global por el capitalismo occidental, o la progresiva ampliación de la Organización de Cooperación de Shangai (OCS) con diez miembros actuales que ya suponen la mitad de la población mundial, más tres observadores y ocho socios de diálogo[620].

Organización de Cooperación de Shangai
Fuente: Wikipedia, Organización de Cooperación de Shangai

---

618 Me ocupo de como emular a Estados Unidos en una Unión Federal europea no subordinada aquí: https://www.sinpermiso.info/textos/lecciones-federalistas-de-los-estados-unidos-1787-a-la-union-europea-2024
Kagan (2003: 129) ya denunciaba, en su día, el alejamiento europeo de la OTAN. En junio de 2022 en su cumbre en Madrid los tópicos fueron: ambiciones contrarias a nuestros intereses, desafíos sistémicos, incertidumbre nuclear china, su asociación estratégica con Rusia.
https://www.nato.int/nato_static_fl2014/assets/pdf/2022/6/pdf/290622-strategic-concept.pdf

619 Que ya impulsaba en 1998 Brzezinski (1998: 2020-203), así como atraer a Uzbekistan o Azerbaiyan (op. cit. p. 149). Así se confirmó en la Cumbre de la OTAN en su 75º aniversario respaldando la presencia de sus 33 aliados junto a Japón, Australia, Corea del Sur y Nueva Zelanda (El País 11/7/2024), sin olvidar su alternativa Aikus, https://es.wikipedia.org/wiki/AUKUS

620 Brics, inicialmente compuesto por Brasil, Rusia, India, China y Sudáfrica, es una alianza de mercados emergentes y países en desarrollo; tras la incorporación de Arabia Saudita, Egipto, Emiratos Árabes Unidos, Etiopía e Irán a partir del 1 de enero de 2024, el bloque pasó a tener 10 estados miembros, los cuales representan, en conjunto, casi la mitad de la población mundial; se reunían en Rusia el 10-11 junio de 2024 (El País 11/6/2024)
OCS,   https://es.wikipedia.org/wiki/Organizaci%C3%B3n_de_Cooperaci%C3%B3n_de_Shangh%-C3%A1i

Una ruptura con los desarmes arancelarios auspiciados por la OMC en la que tanto China como la Unión Europea estarían saliendo perdedores en relación a lo que sucede en los Estados Unidos, pero al mismo tiempo todos los citados obligados a un esfuerzo armamentístico excepcional. También en este caso habría dejado de ser cierto que China sea *"un problema principalmente norteamericano"* (Kagan 2003: 54), aunque, paradójicamente, haya sido un "problema" muy amplificado por las apuestas empresariales de muchas multinacionales norteamericanas, algo a lo que el citado analista nunca se refiere.

A día de hoy esta situación bipolar implica tener que elegir entre dos culturas estratégicas distintas. Quedando reducido a un brindis al sol el entrañable cosmopolitismo globalista de un Thomas Friedman que aún pudo escribir[621] en 2005: *"Tres Estados Unidos son mejores que uno y cinco serían aún mejor que tres"*. Ya que veinte años más tarde la disyuntiva es muy otra: un Estados Unidos hegemónico global, o bien dos grandes bloques con China al otro lado. Aunque conviene tener muy presente que, en ambos casos[622], *"en ausencia de una izquierda fuerte, la dinámica de la rivalidad interimperial probablemente añadirá los extremos y horrores del nacionalismo y el autoritarismo de derecha a las opresiones del capitalismo liberal"*.

Y así, por ejemplo, con la irrupción de las cibertecnologías[623] y el GPS *"Estados Unidos argumenta que debe dominar por completo el espacio con el objetivo de salvaguardar sus nuevas tecnologías para la guerra a prueba de bajas"*. Y la lista de estas tecnologías "sensibles" se hace a cada paso más larga: IA, internet de las cosas (IOT), redes[624] 5G, Big Data, robótica, computación cuántica, e-cloud, blockchain, nanotecnologías, vehículos autónomos y movidos por electricidad, energías renovables no convencionales y biociencias[625]. Lo que explica la presencia de los CEO de las GAFAM en la segunda toma de posesión de Donald Trump como presidente de los Estados Unidos. Transitando desde su anterior cosmopolitismo globalizador de la mano de la OMC, a un patriotismo tecnológico al servicio de la defensa y la seguridad de los Estados Unidos y de su decisivo papel en el mundo.

Porque, a la postre, en todo este asunto quizás de lo que se trate, más que de una selectiva guerra comercial con China, sea de una disputa tecnológica y de poder hegemónico de mucho mayor recorrido. Pues esta encrucijada -rotulada como guerra comercial- podría relatarse de un modo muy diferente: habría sucedido que la codicia del capitalismo occidental liderado por Estados Unidos durante el siglo XX buscando

---

621 Friedman (2006: 138)

622 Gindin (2024)

623 La cita es de Johnson (2004: 95)

624 Lo que explica el veto al suministro de semiconductores para Huawei desde la administración Trump en el año 2020, Economy (2023: 204)

625 Rosales (2022: 498, 502) que detalla el programa "Made in China 2025"; que tiene, entre otros objetivos, fijar en 2035 los estándares globales en IA, 5G o internet de las cosas, Feijóo (2021: 36)

en China suculentas tasas de beneficios deslocalizó todo tipo de procesos productivos. Pero, al mismo tiempo, facilitó que en aquél país fueran capturando -y superando- la mayor parte de aquellas tecnologías (digitales, energéticas, biotecnológicas, etc.) durante las cuatro últimas décadas.

Y, en consecuencia, el problema mayor en la actualidad no será ya para Estados Unidos su abultado déficit comercial con China, sino la emergencia de una superpotencia tecnológica en ámbitos singularmente decisivos para la seguridad, la resiliencia y la defensa. Los ejemplos de Huawei, TikTok o DeepSeek solo serían las puntas mediáticas de este iceberg. Pero son ejemplos de los muchos logros a los que China no puede renunciar, ni con los que las viejas potencias imperialistas van a tener fácil coexistir.

Aún como guerra comercial, en todo caso, se inscribe en una apertura comercial mucho mayor para China que en Estados Unidos[626], y en un déficit comercial con China que apenas representa el 1 % del PIB de Estados Unidos (y solo la cuarta parte de su déficit total en 2023), mientras que ese superávit de China con Estados Unidos asciende al 1,6 % de su PIB. Un déficit comercial con China que Estados Unidos ya ha reducido[627] de 417 mil millones en 2018 a 296 mil millones en 2024.

Son cifras sin duda aún importantes, que impulsaron al comienzo del año 2025 una renovada guerra arancelaria y comercial[628] ampliada -y continuada- por la segunda administración Trump, pero que -por si mismas- no justifican el seísmo que en el viejo orden globalizador de la OMC y en el resto de las economías del mundo pueden provocar. Porque aquel 1 % de déficit comercial sobre el PIB que al parecer es un grave problema para Estados Unidos es una cifra que superan la mayor parte de los países[629] de la UE (España por ejemplo con el -1,9 % del PIB) sin que, al parecer, se vean impelidos a una inevitable guerra comercial con China.

En mi opinión esta renovada guerra comercial debiera más bien interpretarse como un golpe defensivo en el tablero mundial por parte de una potencia que se ve declinante en lo económico y tecnológico, aunque aún con un enorme poder (militar y también político-cultural) en el mundo. Un golpe de efecto para intentar desplegar otras iniciativas y frenar el ascenso de China en el mundo del siglo XXI. Digo defensi-

---

626 Apertura del 35% y del 20% del PIB respectivo con datos del Banco Mundial para 2023 (exportaciones más importaciones), los saldos comerciales de la misma fuente y de BEA

627 Datos: https://www.bea.gov/, mientras que el saldo positivo de la UE con China no deja de crecer (de 169 mil millones en 2028 a 297 mil en 2024) en paralelo a la revalorización del dólar frente al euro. https://www.sinpermiso.info/textos/mas-aranceles-o-devaluar-el-dolar

628 Rogoff (2024), El País (4/2/2025) sobre comercio global, El País (19/6/2024, 3/7/2024, 17/7/2024, 9/8/2024) para automoción, El País (21/9/2024) deslocalizar plantas chinas.

629 Salvo en 2023: Francia, Suecia, Austria, Belgica, Finlandia, Luxemburgo, Irlanda y Alemania https://www.sinpermiso.info/textos/guerra-comercial-desde-estados-unidos-china-y-las-asimetrias-europeas

vo porque la opción alternativa para evitar ese déficit comercial sería la devaluación del dólar. Pero, como se suele decir, no se puede soplar y sorber al mismo tiempo porque devaluarlo supondría complicar la financiación de la gigantesca deuda pública de Estados Unidos, buena parte de ella -para complicarlo más- en manos chinas[630].

Quizás ahí también radique la clave de la modificación estratégica que la administración Trump está imprimiendo a comienzos de 2025 a su papel de superpotencia militar (en Ucrania-Rusia, en Gaza o en la OTAN) para laminar la confluencia de Rusia con China y gestionar sus servicios de seguridad mundial -lo que resumíamos más atrás como el Arco de la Inestabilidad- como si de una multinacional se tratase[631]. Porque, en cualquier caso, para renacer de su declive a sus mil millonarios ajustes en comercio exterior necesita añadir otros no menos mil millonarios en sus gastos y negocios militares globales que alimentan un crecimiento insostenible de su deuda.

Con este telón de fondo la China posterior a la crisis financiera occidental de 2008 se irá viendo obligada a tomar buena nota del repliegue de los países otrora hiperglobalistas (cosmopolitas para su capitalismo multinacional hegemónico) hacia posiciones cada vez más proteccionistas, de relocalización de sus inversiones y de control estricto de su frontera tecnológica[632] (sobre todo en lo digital y en la IA). Pues nadie debiera ignorar que los *líderes chinos son grandes creyentes en la soberanía nacional"*, soberanía que hoy depende de todos esos factores[633]. Enlazando así -en este punto- con una larga tradición china (desde Wan Fuzhi en el siglo XVIII) orientada a reducir las probabilidades de nuevas conquistas del país[634], como las que se produjeron en la primera mitad del siglo XX. Lo que explica sobradamente que ya en el año 2014 Xi Jinping enfatizara el objetivo de tener la *llave tecnológica"* para salvaguardar los intereses económicos de China y su seguridad nacional[635].

Esta encrucijada podría quizás relatarse de un modo alternativo. Habría sucedido que la codicia del capitalismo occidental liderado por Estados Unidos durante el siglo XX buscó en China suculentas tasas de beneficios deslocalizando todo tipo de procesos productivos. Pero, al mismo tiempo, favoreciendo que en aquél país fueran

---

630 Aunque, como ya se anotó, desde el año 2013 China esté desinvirtiendo y reduciendo esa peligrosa cartera de Bonos del Tesoro. Algo que se aceleró a la vista de la congelación de activos rusos en dólares por parte de la Reserva Federal de EE.UU. -toda una alarma para otros tenedores de bonos del Tesoro- y para no sucumbir a la presión para revaluar el yuan, Varoufakis (2024: 168-169)

631 Así a cambio de protección exterior: recursos naturales en Ucrania, recursos turísticos en Gaza o control del hardware en Taiwán. Además de priorizar el eje Japón-India ya al comienzo de su mandato: https://elpais.com/opinion/2025-02-18/la-india-y-japon-en-la-casa-blanca.html

632 Después de comprobar su más rápida recuperación post-pandémica entre 2019 y 2022, https://www.mundiario.com/articulo/claves-de-china/china-dispara-pib-ee-uu-defiende-ue-queda-atras-espana-rezagada/20220420130135240298.html

633 La cita la tomo de la última página del ensayo de Rodrik (2011: 298); también en Estados Unidos estas tecnologías se consideran parte de su soberanía estratégica, Morozov (2021)

634 Baver (2009: 123, 331)

635 Economy (2023: 205)

capturando -y superando- la mayor parte de aquellas tecnologías durante las cuatro últimas décadas. Reitero que el problema mayor en la actualidad no será ya para occidente el abultado déficit comercial con China, sino la emergencia de una superpotencia tecnológica en ámbitos decisivos para la seguridad, la resiliencia y la defensa[636]. Un logro al que China no puede renunciar, pero con el que las viejas potencias imperialistas no tienen fácil coexistir.

Y será de esta manera que la fase globalista Chimericana dará paso a una creciente bipolarización en dos grandes bloques de países del mundo: los agrupados en torno a los Estados Unidos y los agrupados en torno a China. Ya que si a Estados Unidos no le sirve otro papel mundial que el de ser única superpotencia hegemónica, la China actual es demasiado grande, competitiva y celosa de su autonomía para dejarse subordinar.

Por eso creo que se equivocó Dani Rodrik al sostener[637] en 2018: *"no espero que en los próximos años veamos una gran desglobalización"*. Porque los hechos que vamos conociendo, y que hemos resumido en la parte final de este ensayo, se acumulan en sentido contrario: en contra de que estemos entrando en una nueva etapa de globalización y, muy al contrario, a favor de una senda imparable de polarización. Pues si, por un lado, el heredado alto grado de apertura comercial se está revelando insostenible, por otro, no es casual que existan cuatro sistemas de navegación por satélite alternativos: GPS (Estados Unidos), Galileo (Unión Europea), BeiDou (China) y GLONASS (Federación Rusa).

---

636 China estaría impelida a *"subvertir la globalización"*, Cavazzini (2024) citando a Bŭrbaumer (2024)

637 La cita la tomo de una entrevista a Dani Rodrik en El Confidencial el 3.12.2018, en 2011 aún apostaba por una nueva etapa de la globalización en la que -sintomáticamente- China era la pieza crucial a encajar, Rodrik (2011: 15, 292-298)

Apéndice
Capitalismo, socialismo, democracia

Concepto y formas democráticas

La democracia es una forma de autoridad o de gobierno basada en la voluntad del pueblo, en la igualdad y en el criterio de la mayoría, en el sometimiento a la voluntad mayoritaria de los ciudadanos[638]. Aunque en realidad -como veremos- las asimetrías de poder y riqueza favorezcan a unos y hagan más costoso a otros alcanzar resultados mayoritarios; con lo que unos (los pocos) *"parten con ventaja"* y otros (los muchos) pocas veces dan *"sorpresas"*.

Descansa la democracia en el supuesto de que *"todos están igualmente capacitados y cualificados para participar en pie de igualdad en el proceso de gobierno"*, pero no menos en que[639] *"no puede mantenerse el gobierno del pueblo excepto en una sociedad donde los recursos están distribuidos de manera relativamente igualitaria"*. Siendo así que la igualdad democrática es incompatible con cualquier forma de subordinación, de dominación[640]: *"la ciudadanía democrática es un estatus radicalmente independiente de toda clase de jerarquía"*.

Por eso son notas constitutivas de una democracia plena el que los ciudadanos se consideren iguales entre sí y colectivamente soberanos, que los votos sean iguales, que nadie sea intrínsecamente superior a nadie, que las decisiones colectivas sean obligatorias[641], bajo el supuesto de que *"todos los ciudadanos tienen capacidad para tener una concepción razonable de lo que es justo"*.

---

638 Dahl (1999: 71-73), Sánchez (2022: 78, 88)

639 Dahl (1992: 43) y Dahl (1994: 136); Bobbio (1986: 18, 26, 41); Sartori (1987: 20-21)

640 Walzer (1993: 10-11, 287, 292); González, A. y Colomer, J.L. (2010: 40, 85); Sartori (1987: 295) refiere al Hamilton que avisaba: *"un poder sobre la subsistencia de un hombre es un poder sobre su voluntad"*.

641 Dahl (1992: 9, 14, 76, 106, 135)

También se asume que una concepción razonable de la democracia no puede descansar en la mera agregación de intereses individuales[642], en la medida en que solo *"la cooperación social hace posible para todos una vida mejor que la que pudiese tener cada uno si viviera únicamente de sus propios esfuerzos"*.

160

Claro está que dependiendo de las diferencias sociales, de influencia, de conocimientos, etc. un mismo tipo de democracia no será[643] *"la solución más deseable para todo tipo de sociedad"*. Como poco habrá que adaptar su forma, ajustarla al entorno social[644] *"encontrar una forma de autoridad conveniente para las circunstancias concretas"*, porque *"el error de pensar la democracia como una forma única ha conducido a la catástrofe en el pasado"*. En la actualidad, por ejemplo, tal cosa nos obligaría a concretar una[645] *"articulación no excluyente entre ciudadanía, partidos y expertos"*.

Sobre la base de estas premisas las formas de democracia más habituales son la directa, por referéndum y la representativa; en buena medida ajustadas a la escala-tamaño[646] y el grado de igualdad (económica, cultural) del pueblo que se gobierna con ellas. La combinación de estas formas da lugar a lo que Robert Dahl denomina *poliarquías* o democracias reales[647].

La forma representativa facilita, en principio, la elección entre modelos de sociedad alternativos (sobre lo que sea el interés general o el bien común) al integrar propuestas parciales y permitir deslindarlas[648] *"discriminar entre proyectos ideológicos en competencia"*. Algo que la democracia directa o el sorteo no favorecen.

Pero eso es algo que debe ser alimentado con integridad ideológica y no abducción (como quiere el "centrismo-neoliberal" en la actualidad) u oportunismo, electoralismo o clientelismo de los representantes (casi siempre subordinados a los intereses de los pocos en detrimento del interés general). Que serían las causas de fondo de la creciente desconfianza, desencanto y abstención de cada vez más ciudadanos pasivos que

---

642 Rawls (1995: 20, 47)

643 Dahl (1994: 13, 71)

644 Dahl (1994: 113, 116), matiza que habiendo muy distintos tipos de democracia no tiene mucho sentido plantearse exportar "la democracia" a países que no se gobiernen así.

645 Moreno (2021: 8), Innerarity (2015: 39), Todorov (2023: 363) sostiene que el pluralismo en las formas de gobierno es un bien en sí mismo, no hay una forma superior de democracia.

646 La escala originaria se supone en pueblos cazadores-recolectores (con líderes que dependían del consentimiento permanente de los gobernados) por lo que *"la democracia sería la variedad más antigua de gobierno practicada por los seres humanos"*, Dahl (1992: 279). También Graeber,D. y Wengrow, D. (2022: 374) documentan consejos y asambleas ciudadanas en la Mesopotamia de 3.000 a.C. con voto femenino (y a diferencia de Grecia también sin esclavos) o, más tarde, en el México previo a su conquista española (op. cit. p. 438)

647 Dahl (1994: 94); Bobbio (1986: 60) gradúa de la directa (asamblea, referendum) a la representativa (mandato, revocable); por su parte Máiz, R. (2008: 212 y ss), *"La frontera interior"*, Tres Fronteras, Murcia, distingue cuatro tipos: representativa, participativa, inclusiva y deliberativa.

648 Sánchez (2010: 91-92, 101, 103).

han mutado en meros consumidores abstencionistas sin ideología[649], o bien entregados a ideologías extremistas de derechas (como se comprueba en este año 2025 en no pocos países presuntamente desarrollados a uno y otro lado del Atlántico).

Son problemas que desde mediados del pasado siglo se vienen concretando en una creciente apatía política del pueblo en favor de un mundo de especialistas, de pactos clandestinos o de supuestos tecnicismos[650]. Un pueblo cada vez más escéptico, que -décadas después- solo tendrá fe en las virtudes del mercado, y muy poca en las formas de control, invalidación, denuncia o censura de la democracia[651]. Tal como hemos comprobado tanto para los Estados Unidos como para la transformación de China que hemos analizado en este ensayo.

Solo superando las consideraciones que preceden sería posible que un Estado democrático cumpliese con las dos funciones clásicas que se le suponen. Por un lado evitar la autodestrucción que la libre competencia provocaría en lo social (Hobbes, ley de la selva), y por otro dejar de hacer pasar el interés de una clase privilegiada por el interés colectivo (Marx). Cualquiera de estos dos objetivos se alcanzaría por mayoría de votos, no por la fuerza[652].

Las formas no democráticas de gobierno

En las formas de gobierno no democrático (tutelajes y regímenes jerárquicos como una monarquía, tiranía u oligarquía) sucederá que unos pocos se imponga a la voluntad de otros muchos[653]: *"que una parte de la sociedad domine al resto"*. Por ejemplo en las oligarquías, las dictaduras, los totalitarismos o las burocracias-plutocracias. Y conviene tener presente que actualmente se estima que nada menos que un 72 % de la población mundial vive bajo regímenes autocráticos y no democráticos[654].

También que, con frecuencia[655] *"los regímenes representativos pueden degradarse en oligarquías que se mantienen en medio de la atonía popular"*. Así sucedió ya en la revolución francesa, en la que se habría transitado de la democracia directa a una

---

649 Sordo (2023: 29) lo interpreta como *"un proceso de ingeniería social previo tras décadas de ideología neoliberal"* de destrucción de los vínculos comunes de la ciudadanía. Ovejero (2002: 95 nota 1) detalla los distintos liberalismos, sus graduaciones y sus afinidades

650 Cardan (1976: 100)

651 Por eso Rosanvallon (2007: 180, 272), que llama liberalismo a lo que aquí nombro como neoliberalismo, subraya *"la diferencia entre control liberal y control democrático"* (op. cit. p. 277)

652 Bobbio, N. ; Pontara, G. y Veca, S. (1985: 7, 8 y 12); para Mandel (1979: 468-469) se trata de una *"ilusión de la igualdad formal"* que se rompe con frecuentes estados de excepción.

653 Dahl (1992: 37); Arendt (2018: 91) diferencia sistemas tiránicos, autoritarios y totalitarios, tal que el *"gobierno totalitario de Stalin"* (op.cit.p. 102); la cita textual es de Rawls (2015: 177)

654 Datos de V-Dem citados por Cruz, M. y García, A. (2023: 39)

655 Moreno (2019: 11), por eso propone como camino inverso el horizonte de una *"democracia antioligárquica"* que *"incorpore a las decisiones al mayor número posible de afectados"* (op. cit. 21-22)

dictadura o despotismo[656]. En el caso de la revolución rusa[657] *"las instituciones libres nacidas de la revolución fueron destruidas y sobre sus ruinas se instauró la dictadura del partido único"*. Por no citar el caso del nazismo.

162 En otros casos[658] se puede muy *"bien comenzar con una sabia y virtuosa aristocracia, aunque el problema es impedir que se transforme en una oligarquía astuta y voraz"* y en otros, en fin, *"el pueblo que gobierna puede no ser el pueblo sino los burócratas"* (URSS, China). En todos ellos estaremos ante un tutelaje de la democracia por los más ricos, los presuntamente más sabios (meritocracia, tecnocracia) o los más virtuosos[659].

Una corrosión que también se observa en las llamadas élites tecnocráticas de tutelaje que hoy podrían conseguir un gigantesco dominio por medio de las TIC y el big data[660], pues *"¿acaso las élites no podrían explotar las comunicaciones interactivas para manipular la opinión pública de modo que sirva a sus intereses?"*.

Claro que todas estas tecnocracias[661] (por ejemplo en las estructuras militares, financieras o digitales) *"deben ser gobernadas y no gobernantes"*. Y que, de no hacerlo, se provocará que dichas democracias entren en decadencia en favor de regímenes jerárquicos.

Sabemos que este es el caso a ambos lados de lo que aquí analizamos como Chimérica con una imparable economía de mercado (y grandes desigualdades), al tiempo que con un control monopólico de lo digital (por la burocracia del Estado o una tecnocracia) en los que la democracia popular o la otrora liberal estarían mutando en un gobierno plutocrático[662] *"en el que los muchos apenas pueden hacer algo para evitar el control del poder por parte de unos pocos"*. Regímenes -como se visibilizó en la desintegración de la URSS- en los que la ciudadanía se decanta hacia los imperativos del egoísmo, siendo así que estos regímenes se verán relevados por un capitalismo salvaje y plutocrático[663].

---

656 Dahl (1994: 114)

657 Arendt (2018: 102); el estalinismo y el nazismo como dos formas de totalitarismos, Todorov (2023: 102, 108)

658 Dahl (1994: 49, 112)

659 Dahl (1992: 67, 336). *"Gobierno de los ricos"*, *"evitar que los pocos se arrogasen ser los mejores"*, Moreno (2019: 23-24); como en la meritocracia China, Moreno (2021: 91); sucedáneos para concretar un *"interés general"* que a la ciudadanía individualista se le escapa, Ganuza, E. y Font, J. (2018: 63 y ss.)

660 Dahl (1992: 333, 402-405, 407)

661 Dahl (1992: 82, 89); así Johnson (2004: 19) concreta como los gastos militares no cumplen el art.1 sección 9 clausula 7 de la Constitución norteamericana.

662 Dahl (1999: 166, 200)… puede que por eso Robert Dahl sostuviese hace más de dos décadas que *"las perspectivas de que China se convierta en democracia eran altamente dudosas"*.

663 Todorov (2023: 62, 64, 322-323), acaban siendo Estados fallidos, debilitados, indigentes. Hoy los Estados Unidos de Trump. Sin embargo Zhao (2011: 399-404) aún considera posible una transición entre la plutocracia del PCCh y una democracia socialista.

A estas formas no democráticas, como vemos, se podría transitar desde gobiernos inicialmente democráticos. Algo que sucederá siempre que la delegación de poderes acabe siendo enajenación y el pueblo no tenga ya la última palabra[664], cuando las oportunidades de participación dependan crecientemente de los recursos económicos o los conocimientos, también si hay desigualdad en los votos y en las decisiones o si se controla la crítica y la información; también cuando se acumulan cargos en los que se pueden, además, tener sucesivos mandatos[665].

Porque la democracia representativa estará siempre tensionada por el dilema de la igualdad y las mayorías[666]: *"conseguir que, cuando las decisiones se toman por mayoría, los ricos no vean amenazada su riqueza"*. Es esta una sombra inquietante (para los pocos) que siempre acompaña a las democracias[667]: *"el fantasma espectral de la irrupción de los pobres libres en el escenario político"*. El riesgo para unos pocos, acostumbrados a mandar, de que la multitud domine al dinero.

Estamos ante lo que Gramsci conceptualizó como el asunto crucial del sistema de dominación burgués, un sistema que gestiona la democracia para blindar su hegemonía (económica, social, cultural, tecnológica, ...) optimizando el binomio consenso/coerción[668]. Primando el tal consenso, la persuasión, la dirección, el dominio, la subordinación, ... sobre la base de la pasividad de las masas y el peso del llamado "sentido común".

En esas circunstancias -en la actualidad- el inicial socialismo o liberalismo podrán ser abducidos por el centrismo neo-liberal[669], y entonces el laicismo crítico se dejará que sea asaltado por diversos fundamentalismos, siendo así que en muchos países la etnicidad y la religión[670] se imponen a la clase social conformándose, o impulsándose, Estados plutocráticos, racistas y teocráticos[671].

---

664 Algo que de facto ya sucede incluso en la Unión Europea donde el Parlamento Europeo no tiene capacidad de control de la Comisión.

665 Dahl (1992: 135, 140-141, 142, 281, 388); por su parte Walzer (1993: 292-293) ofrece un listado de nueve prácticas que los agentes estatales no debieran poder hacer.

666 Sánchez (2010: 191); así las limitaciones o "independencia" -por ejemplo en la UE- de bancos centrales y agencias (op.cit. p. 8, 123-124) son claros ejemplos de inspiración neoliberal; también lo señala para la UE Innerarity (2015: 235).

667 Domenech (2004: 26, 29, 43, 64) y por eso se articulan *"barreras insalvables a la voluntad popular mayoritaria"*, Domenech (2004: 69) como el Senado, el poder judicial, etc.; Stuart Mill (1861: 257) consideraba la segunda Cámara *"con la idea de imponer algún límite a la democracia"*. Por tal motivo Ovejero (2002: 89) sostiene que *"la defensa liberal de la democracia no es sencilla"*.

668 Gramsci (2019: 53, 208, 244)

669 En China el centrismo de los algoritmos para Feijóo (2021: 79-80); Sánchez (2022: 69, 104, 106) abducción y colusión neoliberal que generan excluidos y desencantados

670 Patriotismo nacionalista y repudio de otras religiones son las semillas básicas de muchos partidos de derecha extrema frente al internacionalismo y multiculturalidad de las sociedades democráticas.

671 Mann (2009: 587-588)

Ya no hay pueblo sino individuos, no hay sociedad y menos aún de iguales, no hay vínculos más allá de los familiares, de religión o raza. No hay ciudadanía y, en consecuencia, no puede haber democracia.

164

Democracia: ¿en una sociedad de mercado o en una sociedad decente?

Del análisis de Robert Dahl se deduce que solo una sociedad decente (igualitaria para Rawls) es compatible con una forma plena de democracia-poliarquía, mientras que una sociedad de mercado necesariamente derivará en una tecnocracia[672] que finalizará conformando una plutocracia. Hace más de cuarenta años Ernest Mandel ya revisaba distintas prácticas con las que *"la ilusión de la igualdad formal"* se corroe, desde la fuga de capitales al endeudamiento del Estado, pasando por sustraer a la lógica democrática poderes y agencias cruciales por medio[673] de *"burocracias muy profesionalizadas"*.

En tales circunstancias los ciudadanos podrán ser consumidores agradecidos, pero apenas serán ya súbditos y no ciudadanos, obligados por leyes que no han aprobado. Se comprueba que la lógica del consumidor es un terreno inmejorable para dejarse seducir por variadas oligarquías[674]. Es lo que Tzvetan Todorov descalifica como *"lógica del modelo instrumental del mercado"*, al no interrogarse sobre la legitimidad de los objetivos a los que esa lógica nos conduce[675].

Es en ese sentido que existiría una profunda *"discordia entre democracia y capitalismo"*, entre democracia y sociedad de mercado, porque donde hay gran desigualdad siempre peligra la democracia , y es por eso que se hace imprescindible una justicia distributiva[676]. Porque cuando algunos candidatos a la representación democrática tienen, o acceden, a mayores recursos para influir en el electorado, pueden llegar a determinar los rasgos decisivos para ser elegidos. Entonces la elección tiende a

---

672 Los gobiernos en Italia de Monti (2011) y Draghi (2021) serían buenos ejemplos, Sánchez (2022: 95-96); Ganuza, E. y Font, J. (2018: 63 y ss.) consideran esta preferencia por especialistas, expertos o meritocracia en España; en Domenech (2004:92) el gobierno de los más instruidos, los mejores, los más ricos, los excelentes.

673 Mandel (1979: 468-483)

674 Dahl (1992: 151); Moreno (2019: 279, 286); consumismos y utilitarismos individualistas que erosionan así la ciudadanía igualitaria. Entonces el *"ciudadano corriente no tiene tiempo ni ganas"* o *"falta de interés, información y tiempo de los ciudadanos con respecto a los asuntos políticos"*, Sánchez (2010: 93, 98); se intercambia democracia y libertad por *"eficacia"*, Cruz y García (2023: 41); ciudadanos súbditos-ovejas que comen pasto, Bobbio (1986: 39)

675 Todorov (2023: 403)

676 Dahl (1992: 17, 28, 391); Moreno (2019: 245); también Pettit (1999: 53,80). Los neoliberales invierten el dilema *"toda iniciativa en favor de la igualdad menoscaba la libertad"*, según los resume Ovejero (2002: 26 y 29)

configurar una aristocracia, no una democracia[677]. Cuando las elecciones suponen costosas campañas y grandes financiadores se convierten con facilidad[678] en una *"maquinaria de generación de oligarquías"*. Y es así que sucede, como poco, que en una tal abducción de la democracia por el mercado[679], *"el objetivo principal de las elecciones es ofrecerles legisladores maleables a los lobistas"*.

Es este un problema con muy lejanas y profundas raíces, pues ya reparó Stuart Mill[680] en que *"las democracias que existen en la actualidad no son igualitarias, sino que sistemáticamente muestran una desigualdad a favor de la clase dominante".* Lo que nos lleva a enlazar un criterio de no-dominación con una sociedad decente y una real democracia[681]: *"La libertad como no-dominación nos proporciona una imagen muy rica y convincente sobre lo que es razonable esperar de un estado decente y de una sociedad civil decente".*

Siendo así que, con una desigualdad de ingresos creciente, con la dispersión urbana, con el abuso de la TV o del ocio digital se comprueba cómo *"han perdido vigor grupos que organizaban la clase trabajadora"*, lo que explica que los sectores sociales más desfavorecidos se conviertan en *"espectadores más que participantes"* (por ejemplo en sindicatos y partidos), y así emerge el aumento de la abstención electoral, el individualismo y la desconfianza social[682]. Todos ellos síntomas de la corrosión de un vector clave del capital social y de las condiciones necesarias de una democracia[683].

Bajo este substrato la abducción neoliberal de las democracias se alimenta tras el ideologema de las *"clases medias"* (una mayoría de propietarios, ahorradores-inversores, etc.) que permite a las élites recibir la complicidad de los sectores que asumen

---

677 Moreno (2019: 140, 223), por eso propone la alternativa más democrática del sorteo. Graeber,D. y Wengrow, D. (2022: 438) ya anotan precauciones en el México anterior a la conquista para evitar derivas aristocratizantes en sus consejos democráticos.

678 Moreno (2021: 81); así en la campaña presidencial de 2016 en EE.UU. se gastaron 1.400 millones de dólares solo en publicidad online (p. 272 de *"El enemigo conoce el sistema"* M. Peirano (2019), Debate, Barcelona).

679 Wolin (2008: 99); *"la modalidad más común de la impotencia en los EE.UU. proviene del predominio del dinero en la esfera de la actividad política"*, Walzer (1993: 320)

680 Stuart Mill (1861: 152-153)

681 Sobre sociedad decente (Prada, 2023), la cita es de Pettit (1999: 21 y 23) que lo concreta en los ámbitos de género, laboral, como deudor, usuario, etc. Por su parte Held (1997: 183, 223) (Held 2007: 371 y ss.) considera central un *"principio de autonomía"* que también se ve erosionado por un capitalismo que *"produce desigualdades sistemáticas de recursos sociales y económicos"*.

682 Putman (2003: 641-642, 648, 652); Martín (2023: 293) comprueba para España como la creciente desigualdad y el aumento del precariado se asocian a una creciente insatisfacción con la democracia.

683 Un *"capital social"* que se relaciona positivamente con las redes de cooperación, de actividades de pro-común o de reciprocidad. Frente a un creciente individualismo, Sánchez (2022: 124 y ss., 154). En Domenech (2004: 148-149) puede consultarse una lista detallada de formas de ese capital social (bolsas de trabajo, ateneos, diarios, economatos, etc.) a comienzos del siglo XX. También en Taibo (2015: 119) escuelas recionalistas, cooperativas, talleres, granjas, periódicos, editoriales, bibliotecas, clubes excursionistas o naturistas, etc.

como objetivos de estatus y consumismo los que ellos definen como éxito social en el mundo de la publicidad.

Así se comprueba que en España nada menos que un 47 % de la población se considera y se percibe como clase media frente a apenas un 11 % que se reconoce como clase trabajadora[684]. Y por eso sorprende leer que Unai Sordo (2023: 32) proponga revivir un contrato social para *"recomponer las clases medias"*, después de décadas neoliberales corroyéndolas y de unas derechas españolas cada vez más en la línea del capitalismo salvaje de la CEOE. En lugar de concentrar todos los esfuerzos en recomponer una clase trabajadora menos subordinada, menos segmentada, más igualitaria y menos consumista.

De no hacerlo, estaremos en presencia de una *"ciudadanía alienada"* abducida por el individualismo, que carece de una idea del interés general, e instrumentada por un clientelismo partidocrático[685]. El ciudadano se convierte en un usuario atendido según la lógica del mercado y, según esta misma lógica, se crean instituciones (como los Bancos Centrales) presuntamente independientes o imparciales[686] gobernadas por expertos, especialistas o tecnócratas. La abducción suele blindarse con un Tribunal Supremo y Tribunal Constitucional que interpretan según ese ideologema los aspectos más sensibles para dichos intereses[687] (bancarios o financieros por ejemplo). Y mientras este espejismo se pueda mantener es muy improbable que los sectores desfavorecidos de la sociedad se conformen como alternativa[688].

Se llegará, con muy elevadas probabilidades, a ser gobernados por una élite dominante[689] cuando *"la educación, la riqueza, conocimientos, información y posición social"* sean muy desiguales. Si la riqueza (por ejemplo heredada) o los ingresos son muy desiguales se puede transitar fácilmente hacia una oligarquía o una plutocracia

---

684 CIS octubre 2022 estudio 3380 (https://datos.cis.es/pdf/Es3380se_A.pdf)

685 Ganuza, E. y Font, J. (2018: 24, 32, 56, 58)

686 Rosanvallon (2020: 25, 103) señala la inflexión neoliberal de las democracias, en la que el mercado define la generalidad (op.cit. p. 28, 162), que se concreta en la llamada *"gobernanza"* (op. cit. pp 102 y ss.) o en instituciones como el BCE (op. cit. pp 113 y ss. y 169). Ya no hay que optar entre ideologías. Así Miguel Ángel Fernández Ordóñez (MAFO en su entorno), como rasputín neoliberal de las redes de poder capitalista en España (Villena 2019: 55 y ss.) será crucial para la lógica de este proceso, junto a Pedro Solbes y muchos otros del conocido como *"Clan de la Dehesilla"*, foco de abducción neoliberal de numerosos altos cargos del gobierno supuestamente de izquierda.

687 Sánchez (2010: 161 y ss.) concreta más este argumento.

688 Rodríguez (2016: 34-35, 148-149, 153) describe para la España previa y posterior a 1992 este espejismo y sitúa el 15M2011 como cristalización social de su declive. Cuando el espejismo funciona se puede llegar a formas de Gobierno de gran coalición (un buen ejemplo es el alemán). Aunque bastaría con agregar el *"interés general"* de los que se consideran clase baja, clase trabajadora y clase media baja en España para englobar al 40 % de la ciudadanía (https://datos.cis.es/pdf/Es3380se_A.pdf)

689 Dahl (1992: 303 y 322); los poderes mediáticos subordinan a los partidos y embrutecen a la ciudadanía como nunca antes lo habían hecho. Por eso el acceso a los medios es condición de efectiva libertad, González, A. y Colomer, J.L. (2010: 28)

(por ejemplo de corporaciones empresariales) u otras formas no democráticas[690]. Asistiremos entonces a una[691] *"combinación peculiar de élites gobernantes y un pueblo que reina sin gobernar"*. Por tal motivo no es de extrañar[692], llegados a este punto, que ya *"Aristóteles definiese la esencia de un régimen democrático como gobierno de los pobres, y la de un régimen oligárquico como gobierno de los ricos"*.

Esta abducción plutocrática de la democracia será singularmente corrosiva cuando se pretenda construir el gobierno democrático con la misma lógica con la que se gobierna una empresa[693]. No solo dando más peso al voto[694] de los distintos accionistas, sino también legitimando una jerarquía social con una semejante división técnica del trabajo a la de las empresas, generando élites tecnocráticas. Lo que supone caminar justo en sentido contrario a esta lúcida reflexión[695]: *"no podemos tener república en la sociedad cuando tenemos monarquía en la empresa"*.

También cuando la democracia representativa se plantea como un juego competitivo entre élites electorales, pues se potencia la modalidad de un partido-empresa centrado en la competencia para el marketing electoral, y las encuestas se convierten en el único criterio de verdad para esa máquina electoral[696]. Llegamos entonces a un modelo de democracia liberal de competencia y de mercadeo político[697], bajo la lógica de los grupos de interés. A la contaminación del gobierno por el mundo de los negocios, con el resultado[698] de *"exponer a todos los individuos que se hayan en situaciones de debilidad a las preferencias desnudas de los más fuertes"*.

Tales jerarquías siempre se justifican por razones de eficiencia aunque suceda que, lejos de ello, supongan perder la energía de los excluidos y subordinados, perder el

---

690 Dahl (1994: 143), Chomsky califica así los actuales EE.UU. en Alvídrez, S. (2023: 161, 210)

691 Wolin (2008: 213)

692 Arendt (2018: 13)

693 Walzer (1993: 304 y ss.) describe un gobierno municipal en 1880 en EE.UU. con estos planteamientos y ya en 1795 Paine (1990) discrepaba de *"hacer de la propiedad el criterio del derecho a votar"* para el gobierno civil a diferencia de lo que sucedía en las empresas. Sordo (2023: 33) acierta al denunciar como políticas camufladas de técnicas neutras las de mercado que corroen los servicios públicos.

694 En España el art. 68.2 de la Constitución consagra un desigual peso de los votos emitidos según la provincia, Sánchez (2010: 139), contraviniendo el criterio de Stuart Mill (1861: 154) *"no hay igualdad en el sufragio allí donde el voto de cada individuo particular no cuenta tanto como el cualquier otro individuo de la comunidad"*, o *"cuando se escoge a aquél que gaste más dinero para ser elegido, ¿cómo podrá funcionar bien una asamblea representativa si sus miembros pueden ser comprados?"*, Stuart Mill (1861: 57)

695 Citado por Rosanvallon (2007: 275)

696 Rodríguez (2016: 97, 105, 162-163) diagnostica esta abducción para Podemos en España con el respaldo de la digitalización y el big-data. Pepe Mujica previene sobre esta captura de la política por el mercado en Alvídrez, S. (2023: 189)

697 Ovejero (2002: 167, 193)

698 Pettit (1999: 254 y 266), una lógica de la *"mano invisible"* que, para este autor, lleva de Mandeville a Smith y de este a Hayek

tiempo en la mera subordinación de los muchos o, también, en las disputas entre las élites[699]. No solo *"la libertad se detiene a las puertas de las empresas"*, sino que se produce una *"naturalización de las jerarquías"* empresariales hacia el conjunto de la vida social y política[700].

Para evitar esa corrosión de la democracia, en lo económico, se hace al menos necesaria una reforzada fiscalidad sobre la riqueza y las herencias, una renta básica y abrir a la cogestión la dirección de las empresas[701]. Con el horizonte, en definitiva[702], de una *"propiedad generalizada de los bienes productivos y del capital humano"*.

Es ésta una propuesta ideológica para una sociedad decente, que embride la lógica del mercado y acomode una democracia efectiva. Pues solo con este horizonte de fraternidad social se puede evitar que la desigualdad galopante destruya las bases de la libertad y de la democracia. Hablo de una reconstrucción de lo común frente a su liquidación neoliberal. Y lo digo en sintonía con estas palabras de un liberal clásico como John Stuart Mill[703]: *"una persona que se preocupa por la otra gente, por su país o por el género humano, es más feliz que otra que no se preocupa. Pero ¿de qué valdría predicar esta doctrina a un hombre a quién solo le importan su propio solaz y su propio bolsillo?"*, ya que como bien sabemos para un neoliberal su bolsillo es lo único que le debe preocupar. Ya nos avisó en su día Rousseau[704] *"no hay nada más peligroso que la influencia de los intereses privados en los asuntos públicos"*.

Frente a una propuesta como la anterior los diversos "populismos" no reconocen que el pueblo esté atravesado por diferencias ideológicas[705], algo que tampoco reconoce el ideologema neoliberal para el que la lógica del mercado está más allá de las ideologías. Por eso defienden lo nacional frente a lo extranjero (patriotismo, xenofobia) y frente a los cosmopolitas que priorizan también intereses globales (ecológicos, an-

---

699 Moreno (2019: 43, 197)

700 Siendo así que Moreno (2019: 44, 106) en esta misma página concluye que hay que *"combatir la utopía de una sociedad de mercado"* (negritas mías); por su parte para Rosanvallon (2012: 18) la naturalización de las desigualdades en una sociedad de mercado *"conduce a la destrucción de la idea de democracia"*. En las antípodas Mises (1956: 97): *"la economía de mercado concede al individuo la libertad máxima"*.

701 Rawls (1995: 315); Dahl (1994: 144, 168); evitar el *"discurso ultraliberal que pretende resolver todos los problemas sociales gracias a la economía de mercado"*, Todorov (2023: 24).

702 Para Rawls (2015: 189) era una *"democracia radical de pequeños propietarios"* en Domenech (2004: 18, 122); lo que Walzer (1993: 326-327) denomina socialismo descentralizado democrático como alternativa a que los ricos manden en el Estado. En Bobbio, N. ; Pontara, G. y Veca, S. (1985: 53 y 68) se argumenta que la propuesta de Rawls para una democracia plena se acomoda en un sistema de socialismo democrático pero no en capitalismo (por, entre otros factores, el poder de las grandes empresas en los *"mass media"*). Sobre Rawls ver Domenech (2004: 18)

703 Stuart Mill (1861: 146); *"liberalismo clásico"* para Sartori (1987: 275) que nunca nombra el neoliberalismo a pesar de citar a Hayek.

704 Rousseau (1762: 75)

705 Sánchez (2010: 119)

tibelicistas,...), al tiempo que se subordinan de forma radical a la lógica del mercado y los negociantes.

*

Como acabo de resumir no son pocos los riesgos para la democracia en una **sociedad de mercado** por lo que, alternativamente, conviene detenernos a considerar si la democracia podría florecer mejor en una **sociedad decente**[706].

Porque solo más allá del consumismo y de la desigualdad[707] (con altruismo, camaradería, fraternidad, participación, bienes comunes...), y embridando la emulación del control desigualitario de las empresas[708], la ciudadanía podría dar forma a una sociedad decente compatible con una real democracia. Para así concretar de forma adecuada los *"instrumentos de la inteligencia común"* humana[709] frente a las amenazas de las distopías tecnófilas de la Inteligencia Artificial y el big data. Ya que frente a la opción neoliberal de un Hayek en la que una minoría disciplina y domina a los muchos, con una deriva del Estado hacia plutocracias solo formalmente democráticas, se trataría[710] de *"civilizar republicanamente el Estado"*.

Sin duda para conseguirlo, en estos inicios del siglo XXI, se podrían aprovechar las oportunidades tecnológicas para una menor intermediación[711] política, para una mayor participación y control democrático, pues con el -adecuado- uso de las TIC *"las oportunidades para la participación política podrían ser inconmensurablemente mayores"*.

La democracia de una sociedad decente (no de mercado) tendría de entrada la forma asamblearia -bien por censo o bien por sorteo con rotación y salario para motivar la

---

706 https://www.sinpermiso.info/textos/la-sociedad-decente-mercado-estado-y-pro-comun

707 Dahl (1992: 337, 389 y 93) o mucho antes -ni crecentismo ni consumismo- Cardan (1976: 38). Por eso cabe defender una renta básica para reducir las desigualdades de ingresos, junto a la autogestión en las empresas para evitar la desigualdad de influencia social a partir de las mismas, Dahl (1994: 168, 144). Para así conciliar mejor mercados con democracia. Un *"sistema universal de provisión"* para Pettit (1999: 211). Moreno (2019: 98-99) añade las cooperativas de trabajadores asociados. Más una educación cívica en el pro-común colaborativo por fuera del mercado, y del Estado, todo ello para crear ciudadanía, Dahl (1999: 208-210), Moreno (2019: 100). Encajan aquí las formas del pro-común que se remontan a los argumentos de Kropotkin, ver Prada (2023: 212-220)

708 Dahl (1999: 205). La empresa no puede ser el modelo ya que se gobierna a-democráticamente con el voto desigual de los accionistas (Dahl, 1992: 392-395), por lo que plantea -por ejemplo- el modelo cooperativo de Mondragón con 1 trabajador 1 voto. Más bien debe ser a la inversa: *"los modelos políticos que permitían democratizar la economía"*, Moreno (2019: 117).

709 Moreno (2021: 134), más inteligencia social o colectiva frente a la IA en Alvídrez, S. (2023: 208) ;o frente a las derivadas de la manipulación genética, Todorov (2023: 46, 305), como ejemplo de un nuevo cientificismo (*"pensamiento instrumental"*) semilla de nuevos totalitarismos.

710 Domenech (2004: 166, 262) para Hayek, y Domenech (2004: 190) para la cita textual. El republicanismo se plantea como alternativa a este neoliberalismo, González, A. y Colomer, J.L. (2010), aquí la obra de referencia es Pettit (1999) que pasa a poner el énfasis en la no-dominación, deliberación y participación frente a la mera no-intervención del liberalismo.

711 Sobre la desintermediación ver Sánchez (2022: 118 y ss.); la cita de este párrafo en Dahl (1992: 278); Rosanvallon (2010: 290) propone nuevas instituciones de interacción.

170

participación- con un tamaño que dificulte la manipulación[712]. Siempre autolimitar el poder democrático (con órganos de rendición de cuentas y control), e intentar, en todos los casos que sea posible, el sorteo (con rotación y salarios públicos) frente a la alternativa de los expertos o los representantes[713].

Es muy importante enfatizar que la participación democrática de todos los ciudadanos se alimenta de forma rotunda en una sociedad decente[714] sobre todo *"reduciendo el tiempo de trabajo"* e implementando una RBU (renta básica universal). Porque, en su defecto, el tiempo libre para dedicarlo a los asuntos públicos dependerá muy estrechamente de los ingresos económicos. Reforzando lo anterior con ingresos públicos para los más desfavorecidos, y con servicios obligados para los más acaudalados, ya que sin un salario social los trabajadores y las mujeres normalmente acaban alejados de las actividades públicas[715]. Porque, en fin, como quiera que la igualdad y la libertad han de ir de la mano, estas no pueden existir en forma plena para el asalariado[716]. Pues si la libertad no se conjuga bien con ninguna forma de subordinación, tampoco lo hará con la subordinación laboral de nuestras sociedades de mercado.

La remuneración de los cargos públicos y la reducción de la jornada laboral en paralelo a una renta básica universal encajarían con el *"misthón"* o salario público que en la Grecia de entre los años 461 a.C. y 321 a.C. animaba la democracia de los pobres[717], una deriva que -sintomáticamente- Aristóteles consideraba peligrosa pues *"hace que el elemento soberano en este régimen sea la muchedumbre de los pobres"*.

---

712 Moreno (2019: 237-246) reitera y detalla estas y otras prevenciones *"para no convertirse en lo contrario de lo que se deseaba ser"*; Innerarity (2015: 38) considera el salario para los representantes como igualitario; en Moreno (2021: 75) detalla como embridar los riesgos aristocráticos del asambleismo. Sin embargo Sánchez (2022: 73 y ss., 85) considera imposible la democracia directa y problematiza el sorteo. Walzer (1993: 314) considera el sorteo, en lo que sigue al Rousseau (1762: 117) que reclamaba representantes revocables y con mandato imperativo.

713 Moreno (2019: 133, 188) con órganos de rendición de cuentas sorteados para salvaguardar las garantías (op.cit. p. 246); añade que los expertos pueden ser imprescindibles para edificar, pero para decidir qué edificar debe hacerlo la asamblea (op.cit.p. 22, 247). Para *"vigilar a los guardianes"*, Rosanvallon (2010: 225), quizás el sorteo/rotación de jueces para un Tribunal (Supremo, Constitucional, …), también Rosanvallon (2007: 94), no cuando se necesitan capacidades concretas (eje. militares), Rousseau (1762: 118), donde es preferible la elección.

714 Moreno (2019: 106), Moreno (2021: 27); Prada (2022) sobre la reducción de la jornada semanal, evitar el vivir apenas para trabajar, disponiendo de tiempo para la vida social y política, no solo para cubrir las necesidades físicas, Arendt (2018: 231, 235)

715 Walzer (1993: 169); Moreno (2019: 248), porque la desigualdad cercena de hecho la libertad de expresión (op.cit.p. 245), Moreno (2021: 118)

716 Arendt (2018: 45) vincula la democracia plena con el final del proletariado, pues la libertad frente a las necesidades en el capitalismo solo la disfruta una minoría (op. cit. p. 252); la dependencia salarial los hace no iguales, no libres para la vida política, Domenech (2004: 57)

717 La cita de Aristóteles y la reflexión las tomo del excelente ensayo de Domenech (2004: 51-54)

De forma colateral, y con esas premisas, el sorteo y la rotación, así favorecidos, también nos protegerán contra la aristocracia del (presunto) mérito o la de los militantes[718].

Y, con estas premisas, la paulatina igualdad democrática alcanzada supondría concretar en este ámbito el criterio del velo de la ignorancia de J. Rawls, ya que entonces[719] *"dar un voto a cada persona significa dejar de lado los accidentes genéticos, familiares, sociales y culturales que hacen que cada ser humano ocupe una posición distinta en el mundo".*

Escalas de la democracia

Cierto es que la escala o tamaño de una sociedad para dar acomodo a una democracia podría hacer difícil que ésta sea directa y participativa en la medida en que el mundo actual[720] *"no es posible que solo esté compuesto por unidades públicas muy pequeñas y autónomas".*

Para sortear estas dificultades podrían constituirse, por ejemplo, *minipopulus* por sorteo de mil ciudadanos que deliberen sobre un problema con el auxilio de las modernas telecomunicaciones[721]. Ya para un liberal clásico como Stuart Mill la escala del demos era un factor clave para optar por la democracia representativa frente a la directa[722]: *"Cuando una comunidad excede las dimensiones de una ciudad pequeña no todos pueden participar personalmente en los asuntos públicos, como no sea en mínima proporción, de ello se sigue que el modelo ideal de gobierno perfecto ha de ser el gobierno representativo".*

Pero, por otro lado, Robert Dahl también asume la inevitabilidad de superar la escala de gobierno nacional hacia una escala transnacional o de gobierno global. De entrada porque la globalización económica restringe la soberanía y la democracia de los Estados, al tener que enfrentarse a grupos económicos globales, siendo así que hoy[723] *"el más grave peligro para un gobierno democrático es ser demasiado débil".* En tales circunstancias las democracias derivan en una mera gestión subordinada al

---

718 Moreno (2019: 246, 281); lo que Rosanvallon (2012: 303 y ss.) detalla como sociedad de los iguales. En este punto conviene anotar y recordar que ya en 1776 Paine (1990) optaba por el mandato imperativo frente a la delegación.

719 Sánchez (2010: 194)

720 Dahl (1992: 386); Moreno (2019: 151) también anota el conflicto entre el gran tamaño de la ciudadanía y la democracia directa.

721 Dahl (1992: 406, 408); *repúblicas elementales* participativas y accesibles que hoy podrían ampliar su dimensión gracias a las TIC, Moreno (2021: 45, 116)

722 Stuart Mill (1861: 94); por eso Taibo (2015: 55) aboga por desurbanizar, descomplejizar y decrecer para recuperar la escala adecuada

723 Walzer (1993: 29)

capital, algo en lo que se ponen de acuerdo "liberales" y "socialistas" en lo que en este ensayo denominé abducción o centrismo neoliberal, según el cual[724] *"los gobiernos son los simples agentes de negocios del capital internacional"*.

172 Pero también se debiera superar la escala nacional porque existen muy importantes intereses globales. Siendo[725] así que *"en un mundo donde todos tenemos un interés común en la supervivencia, el verdadero absurdo es la ausencia de algún sistema de gobierno donde el interés común esté efectivamente representado"*. Como siempre hay efectos territoriales externos, en consecuencia[726] *"todo aquel que es afectado por las decisiones de un gobierno debería tener el derecho de participar en ese gobierno"*. Contaminación, pruebas nucleares, salud pública global, estabilidad económica, migraciones, gestión de materias primas, guerras, etc. serían algunos ejemplos claros[727] y sustantivos de *"problemas que ya no pueden solucionarse dentro del marco de un Estado nacional"*.

Lo anterior supone, evidentemente, que a los inmigrantes y los refugiados climáticos que llegan a un país deba reconocérseles los derechos de ciudadanía y derechos laborales no discriminatorios, superando la aristocracia del nacimiento[728]. Asuntos globales que lo pueden ser no sólo desde un punto de vista geográfico, también generacional[729] porque también *"la sociedad debe ser un sistema equitativo de cooperación entre generaciones a lo largo del tiempo"*. Y hacerlo para no escamotear que, en muchas ocasiones, las democracias de un Estado colonizador actuaron, y actúan, como etnocracias genocidas en los territorios donde ejercen su hegemonía imperialista[730], siendo así como *"impecables naciones-estado liberales florecieron sobre las tumbas de los nativos"*.

Aunque no sea menos cierto que a esta escala global *"insistir en la democracia directa como forma exclusiva de democracia es condenar al pueblo a la impotencia"*, por lo que *"el gobierno mundial deberá evolucionar no a través de la poliarquía sino a*

---

724 Rancière (2007: 142); para España Urquizu (2016: 38, 40, 43, 59, 140) anota como el PSOE redujo la presión fiscal, pactó la reforma del art. 135 con el PP; el electorado comprueba que gobernase quién gobernase la política económica no variaba, y los ciudadanos observan la gran influencia del poder económico sobre el político. Por su parte Sánchez (2014: 131, 141, 144 y 148) señala para España los oídos sordos ante los deshauciados, la flexibilización laboral, las puertas giratorias y los compromisos con la unión monetaria y el euro como ejes del consenso neoliberal PP-PSOE.

725 Dahl (1994: 82), Dahl (1992: 382); es por esta razón que debe ejercerse el máximo control sobre las decisiones transnacionales (Dahl, 1992: 384)

726 Dahl (1994: 79, 103); Innerarity (2015: 86) *"quienes no formando parte del demos nacional, son afectados por nuestras decisiones"*. Ovejero (2002: 207 y ss.) dedica todo un apartado a la insolvencia liberal para enfrentar los asuntos ambientales globales.

727 Habermas (1999: 82-83) razones que reclaman ir más allá del Estado nacional.

728 Zapata (2004: 102)

729 Rawls (2015: 214). En Bobbio, N. ; Pontara, G. y Veca, S. (1985: 70 y ss.) se argumenta la procedencia de ampliar la propuesta nacional de Rawls a un ámbito internacional.

730 Mann (2009: 34, 583)

través de la autoridad delegada" (en formas semejantes al confederalismo transnacional de la UE), aunque aquí el reto democrático sea también como controlar a sus crecientes élites burocráticas[731].

Esas uniones de Estados también podrían imitar el modelo federal de los Estados Unidos pues, en palabras de sus padres fundadores[732], una república federal permite ampliar la escala de una democracia directa hacia objetivos más globales, pero sin descuidar las circunstancias más locales: *"presenta una feliz combinación de ambas cosas, al remitir los grandes intereses agregados al ámbito federal, mientras lo local y lo particular se encomienda a los legislativos de los Estados"*. Se daría así cumplimiento a la recomendación de Rousseau en 1762 sobre el tamaño óptimo de un Estado[733] *"no ser demasiado grande para poder ser bien gobernado, ni demasiado pequeño para poder sostenerse por sí mismo"*.

Un horizonte democratizador

Para construir y gobernar una sociedad democrática me parece obvio que emular la forma de administrar una empresa capitalista nos aleja de tal objetivo. Sin llegar a ese extremo también se comprueba que la persistencia de desigualdades sociales[734], cuando no su ampliación en una sociedad de mercado, tampoco es buen terreno para cumplir con los requisitos de una sociedad democrática. La brecha entre una razonable ciudadanía civil y política y una preocupante ciudadanía social y económica erosiona la democracia. Dos aspectos que nos enfrentan a una incompatibilidad de fondo entre democracia y capitalismo[735].

Porque, quizás, una radical democracia sea también incompatible con las formas de Estado que acompañan siempre a una sociedad de clases (esclavos, siervos, asalariados, etc.) en las que una parte sustantiva de la sociedad vive en condiciones de subordinación o dominación. Ya que, en esas circunstancias, todo Gobierno representativo y todo Estado de derecho no puede conformar una verdadera democracia. Giovanni Sartori reflexiona así[736], *"¿Cual es la relación entre democracia política, de-*

---

731 Dahl (1994: 104, 115, 239) y Dahl (1999: 206); Walzer (2004: 192-193) propone Uniones Federales distintas en las distintas partes del mundo en compañía de unas Naciones Unidas reforzadas.

732 Hamilton, A.; Madison, J. y Jay, J. (1788) artículo [10], [14]; Habermas (1999: 132-133) que ni la ONU, ni su Consejo de Seguridad ni la UE se rigen por esta lógica federal.

733 Rousseau (1762: 55)

734 Babeuf (1974) citando a J.J. Rousseau: *"Para que el estado social sea perfeccionado, es necesario que cada uno tenga lo suficiente y que nadie tenga en demasía"*. Por lo demás la agenda democrática del movimiento obrero inglés en los siglos XVIII y XIX está muy bien documentada en Thompson (2012: 722) luchando por cuatro derechos: asociación, libertad de prensa, reunión-manifestación y para votar.

735 Un autor tan poco sospechoso de marxismo como Sartori (1987: 368) escribe: *"libertad de mercado y dictadura se acoplan ...siempre se darán, o podrán darse, economías de mercado sin democracia"*.

736 Sartori (1987: 23 y 263)

mocracia social y democracia económica? Ocurre aquí que la primera es condición necesaria de las otras".

174

Sucede que en mi análisis de esta cuestión sucedería al revés: que la segunda y la tercera son condiciones necesarias -no suficientes- para la primera. Pues la libertad y la democracia republicanas solo se puede entender en el contexto de unas relaciones sociales de no-dominación (Pettit, 1999). Algo que ya en el lejano año de 1762 había constatado J.J. Rousseau vinculando la libertad a la igualdad[737]: que *"ningún ciudadano sea bastante opulento para poder comprar a otro, y ninguno tan pobre como para verse obligado a venderse".*

Si *"el socialismo implica la autonomía humana y la conciencia de la dirección de sus propias vidas por el conjunto del pueblo"*, superar la subordinación salarial y la dominación de las empresas capitalistas también supone superar la brecha entre dirigentes y ejecutantes[738]. Una brecha que despilfarra ingentes capacidades reprimidas, que genera una oposición sistemática de los ejecutantes y una competencia corrosiva entre los dirigentes. Porque[739] en

"condiciones capitalistas, la posesión del capital y de los medios de producción confieren a la gerencia y a los agentes designados por ella el derecho a organizar el proceso productivo (desde la concepción y diseño de los productos a la definición de los contenidos de los puestos de trabajo); asimismo, a través del proceso histórico de asalarización y mercantilización forzada de la fuerza de trabajo (desposeída de los medios de producción), el trabajador cede o vende su capacidad de trabajo humano a cambio de un salario: acepta el desempeño de tareas diseñadas heterónomamente por los organizadores de la producción, eliminando la autonomía de su trabajo, que debe, en este contexto de economía de mercado, realizar su actividad productiva según las condiciones implantadas gerencialmente".

Es a esto que nos referimos como trabajo salarial subordinado. O trabajo dominado[740] en términos de Pettit (1999: 22): *"el empleado que no osa levantar queja contra su patrono y que es vulnerable a un amplio abanico de abusos, insignificantes unos, serios otros, que su patrono puede arbitrariamente perpetrar".*

---

737 La cita en Rousseau (1762: 61), también cuando *"poseen todos algo y ninguno de ellos tiene demasiado"* (op. cit. p. 34)

738 Cardan (1976: 16, 20), texto escrito ya en el año 1957 por Cornelius Castoriadis con tal seudónimo.

739 Lahera, A. (2001:62) en Fernández, A. y Lacalle, D. (eds.) (2001) II; a esto se refería Pannekoek (1936: 91) enfatizando el poder para los obreros no para los directivos (incluso en una burocracia estatal o capitalismo de Estado).

740 Pettit (1999: 189) usa el concepto de *"la esclavitud asalariada"* pues *"coloca al patrono en una situación dominadora en relación con los trabajadores".*

Debe en consecuencia explorarse sobre qué condiciones alternativas (en las empresas y en el resto de los ámbitos sociales) serían más acordes con un horizonte radicalmente republicano y democrático. Concretar los elementos de emancipación social respecto a la actual abrumadora dominación del capital, elementos que favorezcan un Estado menguante y una creciente democracia en todos los ámbitos de la vida social[741].

Ya quedó reseñado que para limitar la corrosión de la democracia, en lo económico, se hace necesaria una reforzada fiscalidad sobre la riqueza y herencias, una renta básica y abrir a la cogestión la dirección de las empresas[742]. En definitiva[743] una *"propiedad generalizada de los bienes productivos y del capital humano"*.

Algo que ya habría tenido claro un liberal como John Stuart Mill en el lejano año de 1848 cuando razonaba de la forma que sigue[744]: *"El trabajo no puede llevarse a cabo sin materiales y maquinaria ... todas esas cosas son fruto del trabajo anterior. Si los trabajadores dispusieran de ellas, no necesitarían dividir el producto de su trabajo con ninguna otra persona"*.

Es ésta una propuesta -la propiedad generalizada- para una sociedad decente que embridaría la lógica del mercado y acomodaría una democracia efectiva. Y sería así posible que la participación democrática de todos los ciudadanos se alimentase de forma rotunda[745] *"reduciendo el tiempo de trabajo"* e implementando una RBU (renta básica universal). Porque, en su defecto, el tiempo libre para dedicarlo a los asuntos públicos dependerá muy estrechamente de los ingresos económicos. Porque sin una renta social los trabajadores -singularmente las mujeres- se verán alejados de las actividades públicas[746]. Una propuesta alternativa a la de una supuesta reconstrucción de las clases medias como base material de una renacida democracia, conformando una amplia clase trabajadora más igualitaria, menos subordinada y menos consumista[747].

---

741 Abensour (2017: 56, 184), el Estado ni desaparece (comunismo) ni es innecesario (anarquismo); serían los *"consejos obreros de fábrica"* junto a los *"comités de barrio o urbanos"* para Gramsci (2019: 111). Pannekoek (1936: 79, 87) solo consideraba consejos de fábrica, no de barrio.

742 Rawls (1995: 315); Dahl (1994: 144, 168)

743 Rawls (2015: 189); lo que Walzer (1993: 326-327) denomina socialismo descentralizado democrático como alternativa a que los ricos manden en el Estado.

744 Stuart Mill (1848: 207), la creciente propiedad de ingentes medios de producción (resultado de un trabajo apropiado previo) es lo que se pone en cuestión con esa "propiedad generalizada".

745 Moreno (2019: 106), Moreno (2021: 27); Prada (2022) sobre la reducción de la jornada semanal, evitar el vivir apenas para trabajar, disponiendo de tiempo para la vida política y no solo para cubrir las necesidades físicas, Arendt (2018: 231, 235)

746 Walzer (1993: 169); Moreno (2019: 248), porque es así que la desigualdad cercena de hecho la libertad de expresión (op.cit.p. 245), Moreno (2021: 118)

747 Cruz y García (2023: 40) reclaman esa *"clase media"*. También Etzioni (2001) con su tercera vía: una buena sociedad comunitarista sin reducción de jornada, ni RB y sí con un Estado *"aligerado de peso"* (op. cit. p. 76)

Porque, en fin, como quiera que la igualdad y la libertad han de ir de la mano, estas nunca pueden existir en forma plena para el asalariado[748]. Como ya tenía claro[749] Karl Kautsky en 1918: *"entendemos por socialismo moderno no solamente la organización social de la producción, sino también la organización democrática de la sociedad"*.

Sin embargo a las tentativas -y reiterados fracasos- en esta dirección (como recojo en el siguiente recuadro) deben añadirse las estrategias de abducción capitalista que revisaremos en el siguiente apartado.

RECUADRO:

LA AUTO ORGANIZACIÓN AUTÓNOMA EN BARCELONA (1898-1937)

En palabras de Chris Ealham (2023: 275) en esa ciudad y en esos años tuvo lugar *"el mayor festival revolucionario de la historia contemporánea europea"*. Detalla, en una minuciosa y documentada monografía, como las tiendas cooperativas de barrio, los ateneos (música, teatro, bailes, …), grupos de excursionismo y naturismo, cafés y bibliotecas, organización de cursos docentes, cooperativas obreras de consumo, comedores colectivos, bolsas de trabajo y un largo etcétera fertilizaban una posesión común de la riqueza y formas de ayuda mutua, un capital social en fin, que hacía posible la autodeterminación comunitaria.

Con lo que tanto en los centros de trabajo como en los barrios obreros del área metropolitana se fertilizaba así el sentido de la propiedad colectiva, de la posesión común de la riqueza social. En su origen serían formas de ser *"autosuficientes, diseñadas para resistir las imposiciones del mercado"* (Ealham 2023: 151), formas que luego -ante el alzamiento militar- derivarían en una federación de barricadas y en los comités revolucionarios de distrito.

Reforma neoliberal de la subordinación: la participación

Veinticinco años después de la publicación del ensayo de Pierre Cardan, que vengo citando y que usaré en el último epígrafe de este Apéndice para clarificar algo más un horizonte de ruptura con la subordinación salarial y en favor de la democracia real en

---

748 Arendt (2018: 45) que vincula la democracia plena con el final del proletariado, pues la libertad frente a las necesidades en el capitalismo solo la disfruta una minoría (op. cit. p. 252); Domenech (2004: 87)

749 Kautsky (1918: 5). Zhao (2011: 399-404) actualiza el como plantear la transición entre la actual plutocracia del PCCh en China hacia una democracia en la *"fase inicial del socialismo"*. De momento realizan Cumbres del Socialismo Mundial con presencia, entre otros, del Partido Comunista de España, https://global.chinadaily.com.cn/a/202312/06/WS656fc754a31090682a5f1a15.html

las empresas, en una publicación[750] de la Fundación de Investigaciones Marxistas se realizaba un balance de situación sobre esta opción reformista.

Manejaré esta publicación para resumir de qué manera la ofensiva neoliberal de esas décadas -y hasta hoy- ha profundizado no en la autogestión sino -por esta vía- en una mayor subordinación del trabajo al capital[751]. Ya sea privado o en un capitalismo de Estado (como en el caso chino que centra el ensayo que el lector tiene en sus manos).

Es difícil no acumular un sentimiento de derrota y creciente subordinación a la luz de las muy diversas experiencias recientes de aplicación del toyotismo como alternativa a los métodos fordistas-tayloristas previos en el mundo laboral. Porque bajo los eufemismos de la producción ligera y de la gestión participativa, del just-in-time y de la constelación de proveedores lo que acaba resultando (según se anota para la General Motors en su fábrica de Lynn, 1972) es que[752]: *"la General Motors empleó el Programa Piloto como un laboratorio para aprender como gestionar programas participativos de forma que obtuviera todos sus beneficios manteniendo el control total"*.

Así bajo la falsa apariencia de una incierta cogestión lo que tenemos es un reforzamiento de la subordinación salarial del trabajo. Para los casos en España de ULMA o IRIZAR[753] *"a cambio del salario la/el trabajador vende su fuerza de trabajo, su disponibilidad de implicación técnica-productiva y su identificación con el proyecto de la empresa"*. Y en el caso de Seat en Martorell el toyotismo supone[754] *"un funcionamiento de una organización de la producción que opera siempre justo al límite, que tensiona todos sus compromisos al extremo ... individualiza y fragmenta la relación salarial, vinculándola menos al puesto de trabajo y más a otros factores como son la motivación y entrega que el trabajador tenga hacia la empresa"*. En definitiva, se consigue superar algunas de las ineficiencias que el fordismo tenía para el capital, pero en favor de éste[755].

---

750 Fernández, A. y Lacalle, D. (2001II) (eds.); llama la atención que no se haga una sola referencia a la obra de Cardan, singularmente en la extensa bibliografía de las pp. 133-138. Tampoco en Fernández, A. y Lacalle, D. (2001III: 205-219) (eds.)

751 Prada (2022); Recio, A. en p. 64 de Fernández, A. y Lacalle, D. (2001I) (eds.) distingue autogestión (control pleno de la actividad de la empresa por los trabajadores), cogestión (participación en plano de igualdad) y control obrero (derecho de propuesta y veto sin participar en gestión). Borja, A. (2002: 62-66) en Fernández, A. y Lacalle, D. (2001III) (eds.) distingue cuatro niveles sobre lo qué decidir y hasta ocho grados ascendentes de participación.

752 La cita es de Noble, D. (1984) *"Forces of production"*, Oxford. Univ. Press, citado en p. 114 de Fernández, A. y Lacalle, D. (eds.) (2001II)

753 Fernández, A. y Lacalle, D. (eds.) (2001II: 56)

754 Fernández, A. y Lacalle, D. (eds.) (2001II: 291, 293)

755 Para el caso de la codeterminación en la Alemania actual: https://www.sinpermiso.info/textos/el-desastre-de-volkswagen-pone-de-manifiesto-los-limites-de-la-codeterminacion-a-la-alemana

Más de lo mismo se observa en el caso de Nissan en Sunderland donde la creación de grupos de trabajo participativos se asocia a una creciente insatisfacción (salvo para los líderes del grupo), conduciendo[756] a una reforzada colaboración con la empresa y en competencia con el resto de trabajadores: *"formas de subordinación extra-técnicas en el grupo de participación... con lo que... la diferencia fundamental del toyotismo con relación al fordismo es que plantea un nuevo y más sofisticado sistema de subordinación"*. Como mucho se comprueba que se profundiza en la división social interna de la empresa, ya que mientras ahora algunas capas privilegiadas de trabajadores gozan de ciertos niveles de democracia económica, el resto sigue sumido en un entorno de autoritarismo empresarial[757]. Confirmando lo que en su día sentenció Carlos Marx *"el sistema del trabajo asalariado es un sistema de esclavitud, una esclavitud que se hace más dura a medida que se desarrollan las fuerzas productivas sociales del trabajo, esté el obrero mejor o peor remunerado"* (1875).

A todo lo anterior -sobre la mayor subordinación del trabajo- debe añadirse que el sistema justo a tiempo, la logística en ausencia de stocks y la competencia entre redes (de suministradores y externalizados) alimenta una muy escasa resiliencia de este modelo de organización de la producción con graves consecuencias sociales[758].

Apenas dos situaciones de las muchas revisadas en el informe que vengo citando se escapan a este preocupante diagnóstico. Se trata de las Sociedades Anónimas Laborales y de las Cooperativas, donde el acceso de los trabajadores a la propiedad de una porción del capital social les permite un acceso efectivo a la gestión y a sus resultados[759].

Ruptura de la subordinación: la autogestión

En un pasaje de la obra cumbre del renombrado economista liberal John Stuart Mill, en el que aboga por relaciones laborales que no supongan subordinación, este autor ya proponía[760] *"... la asociación de los mismos trabajadores en condiciones de igualdad, poseyendo colectivamente el capital con el cual realizan sus operaciones y trabajando bajo la dirección de personas que ellos mismos nombren y destituyan"*. Con lo que los planteamientos democratizadores plenos que vengo defendiendo solo podrán liberarse en plenitud cuando en todas las unidades productivas (industriales, servicios, primarias, públicas, etc.) los trabajadores se reúnan en asamblea para

---

756 Fernández, A. y Lacalle, D. (eds.) (2001II: 271, 274-275)

757 Fernández, A. y Lacalle, D. (2001I: 86) (eds.)

758 Fernández, A. y Lacalle, D. (eds.) (2001II: 288)

759 Fernández, A. y Lacalle, D. (eds.) (2001II: 28, 58), ULMA, IRIZAR, VIVENDI, ... Noam Chomsky y José Mujica apuestan por esta vía en Alvídrez (2023).

760 Stuart Mill (1848: 653 y 661)

deliberar, decidir y ejecutar directamente sobre todos los asuntos que afecten a su actividad, y elijan consejos de delegados revocables en cualquier momento[761]. Ampliar y alcanzar este marco institucional democrático en el ámbito directo de la vida cotidiana permitirá superar las limitaciones democráticas de las instituciones del gobierno representativo que hemos revisado en este Apéndice. Porque en palabras de Karl Kautsky, cuando corría el año 1918, el socialismo descansa en la autogestión[762]:

> *"La organización estatal de la producción por parte de una burocracia o mediante la dictadura de una sola capa del pueblo no significa socialismo. El socialismo necesita educación organizativa de las amplias masas del pueblo, presupone numerosas organizaciones libres de carácter tanto económico como político y requiere la más absoluta libertad de organización".*

En consecuencia la gestión democrática de la economía y de las empresas debiera ser la base sobre la que invertir aquel apotegma[763]: *"No podemos tener república en la sociedad cuando tenemos monarquía en la empresa".* Que no es otra cosa que deshacer el nudo sobre aquello que sostenía Hamilton[764]: *"un poder sobre la subsistencia de un hombre es un poder sobre su voluntad".*

Y así la democracia directa en la empresa debe centrarse en las cuestiones más esenciales[765]: ¿cuanto tiempo dedicar a la producción?, ¿qué cantidad de producto generar?, ¿cuanto para inversión y cuanto para consumo privado o público?. En palabras de un autor poco sospechoso de marxismo (Mises 1956: 33) se trataría de ocupar las atribuciones del capitalista en la actividad empresarial: *"qué debe producirse, en qué cuantía y de qué calidad".* Partiendo de esa base la reducción de la jornada laboral, la igualdad de salarios y embridar el consumismo debieran ser objetivos centrales[766]. También prioriza la reducción radical del tiempo de trabajo Mandel (1979: 548, 567) así como orientar la inversión a prioridades socialmente determinadas, al tiempo que discutir y planear en común el proceso de trabajo. Sin olvidar contemplar el conflicto entre el presente y el futuro de las decisiones adoptadas: entre mayor

---

761 Cardan (1976: 23), en las páginas 46-47 esquematiza su composición y funciones; sobra decir que la posterior crisis del modelo fordista facilita la escala de esta propuesta. Este documento se redactó en el año 1957.

762 Kautsky (1918: 22). Sorprende comprobar como casi cien años después en un clásico (Held 2007: 170) de la ciencia política se asocia de forma reiterada socialismo a control estatal y no social. La propuesta de Kautsky sí enlaza con la que ya en 1791 realizara Thomas Paine *"Cuando más perfecta sea la civilización, menos necesidad tiene de gobierno, pues más regula sus propios asuntos y se rige sola"*, Paine (1984: 169)

763 Domenech (2004: 96 y 108)

764 Citado por Sartori (1987: 295)

765 Cardan (1976: 63, 72, 76), por tanto, definir una senda de crecimiento del actual PIB y su distribución. A nivel de empresa Borja, A. (2002: 62) en Fernández, A. y Lacalle, D. (2001III) (eds.) distingue cuatro niveles sobre lo qué decidir en cada uno de ellos.

766 Cardan (1976: 36, 43, 60, 84); sobre el reparto-reducción del tiempo de trabajo y una RBU que lo facilite Fernández, A. y Lacalle, D. (2001I: 91-92) (eds.)

disfrute actual o mayor sostenibilidad futura[767]. Todo ello, en conjunto, definiría una *"sociedad de productores asociados"* o sociedad socialista.

Para tomar estas decisiones las asambleas y consejos tienen que disponer de un conocimiento detallado de los hechos y restricciones relevantes[768] que se le suministrarán de una integración y coordinación previa por las federaciones. Solo así el trabajo dejará de estar subordinado al capital, uniendo su decisión a su ejecución. Esto supone que tampoco el trabajo se subordinará a la tecnología sino a la inversa (hoy en todo lo relativo a la digitalización, la IA y el big data), y que se embridará la división del trabajo por medio de la rotación en las tareas[769] y mediante la asesoría de los técnicos a los productores.

Se conseguiría así una gestión democrática de toda la producción social (industrial, primaria, servicios privados o públicos), aunque subsistiría el dinero para los bienes y servicios de consumo sobre la base de la igualdad salarial[770]. Tal como concretara Marx al respecto de la primera fase de una sociedad comunista[771] *"nada puede pasar a ser propiedad del individuo, fuera de los medios individuales de consumo; pero, en lo que se refiere a la distribución de estos entre los distintos productores, rige el mismo principio que en el intercambio de mercancías equivalentes".*

Sobre esa base ampliada a los ámbitos urbanos, rurales, de artesanos, comerciales, de servicios públicos, etc. -que tendrán consideración de entes productivos- se transitará de la producción a la socialización (de donde se trabaja a donde se reside) ampliando el ámbito democrático de los Consejos y reduciendo el ámbito de muchos asuntos de los que en el pasado se encargaba el Estado[772]. Ya Kautsky dejó anotada la necesidad[773] de que *"el proletariado se haya educado en la auto administración cooperativista, sindical y comunal y haya participado en la legislación estatal y en el control al gobierno".*

Se trata de un sistema de democracia en el que pueden subsistir los partidos políticos como aglutinadores ideológicos de diversas estrategias para el buen gobierno colectivo. Siendo así que aquella autonomía genera espacios de no-dominación

---

767 Cardan (1976: 76)

768 Ya en el año 1957 Cardan (1976: 68) se refiere a *"una computadora cuya memoria almacenaría los coeficientes técnicos y la capacidad productiva inicial de cada sector"*. También anotan este requisito de información y reflexión para una autogestión adecuada Fernández, A. y Lacalle, D. (2011: 81) (eds.)

769 Cardan (1976: 38-39) algo que el propio capitalismo favorece al producir un trabajador universal al mecanizar y automatizar sin cesar (op. cit. p. 61, 64)

770 Cardan (1976: 73, 74, 76); dicha igualdad salarial hoy podría convivir con una RBU acordada por la Asamblea Central de Delegados

771 Marx (1875); si bien, como señala Held (2007: 163), Marx era remiso a hablar de *"la música del futuro"*.

772 Cardan (1976: 103) considera dos tipos de democracia representativa: Parlamento o Consejos. Una Asamblea General de Delegados en Francia podría tener entre 1000 y 2000 delegados (op. cit. p. 99). Sobre los partidos políticos y su encaje op. cit. p. 105.

773 Kautsky (1918: 38)

obrera que, junto a la desmercantilización de muchas otras relaciones sociales, favorecerá al mismo tiempo una superación de la subordinación salarial, así como una base sólida de republicanismo igualitario[774].

La autogestión, en suma, daría forma a un *"sistema republicano de asociación de productores libres e iguales"* (Marx, 1864) en *"una empresa completamente democratizada, en la que el «director de orquesta» no es sino un administrador democráticamente elegido y revocable"*. Pues, como mero director, ni es dueño de los instrumentos, ni define el salario de los músicos[775]. Todo esto nada tiene que ver con un capitalismo de Estado como en la China actual, ni con un hipercapitalismo neoliberal como en los Estados Unidos.

Acabo ya. Años antes que Marx un muy reputado economista liberal reconocía que esta alternativa republicana y autogestionaria no sería menos razonable que la del trabajo asalariado con estas palabras[776]:

> *"Si el trabajo comunista fuera menos vigoroso que el de un cultivador propietario o de un obrero que trabaje por su cuenta, sería con toda probabilidad más enérgico que el de un trabajador alquilado, que no tiene ningún interés personal en el asunto. En el estado actual de la sociedad no puede ser más notoria la indiferencia de las clases ineducadas de trabajadores asalariados hacia los deberes que se comprometen a cumplir".*

Todo lo que antecede no debe considerarse más que un esbozo tentativo de las formas de administración y decisión políticas de una sociedad futura. Pues como escribió[777] Anton Pannekoek en 1936 *"el movimiento obrero de estos últimos cien años apenas ha sido más que una sucesión de escaramuzas de avanzada"*. Y en ello seguimos. Pues a esas tentativas -y reiterados fracasos- deben sumarse las exitosas estrategias de abducción capitalista que revisamos en el anterior epígrafe de este Apéndice. También, como no, en la China actual.

---

774 Taibo (2015: 58, 91-96) que añade en esta estrategia: descomplejizar, destecnologizar, desurbanizar y decrecer (op. cit. p. 146, 191) para vivir en un sistema social más resiliente. Wang (2013) lo resume como "política de la igualdad".

775 Las dos citas son de Domenech (2004: 125, 148, 198, 206), un sistema republicano transferido del ámbito político al empresarial y productivo; también Pannekoek (1960) en *"Propiedad pública y propiedad común"*.

776 Stuart Mill (1848: 196)

777 Pannekoek (1936: 94)

Bibliografía general

Acemoglu, D. y Robinson, J.A. (2012): *Porqué fracasan los países*
Deusto, Barcelona

Aguirre, M. (2000): *China, capitalismo rojo*
Flor del viento ediciones, Barcelona

Alaminos, A. (2010): *La realidad social europea en veinte años: expectativas y deseos* en Tezanos, J.F. (2010) (ed.): "Incertidumbres, retos y potencialidades del siglo XXI"
Editorial Sistema, Madrid

Amin, S. (1999): *El capitalismo en la era de la globalización,*
Paidós, Barcelona

Amin, S. (2003): *Más allá del capitalismo senil,*
El Viejo Topo, Barcelona

Amin, S. (2014): *A China é capitalista ou socialista?*
Argumentum, vol. 6 n. 1, p. 283-298

Anderson, P. (2014): *Imperium et Consilium*
Akal, Madrid

Angang, H. (2003): *La gran estrategia de China,*
Renmin Chubanshe, Zhejiang

Arendt, H. (2005): *La condición humana,*
Paidós, Barcelona

Arrighi, G. (2007): *Adam Smith en Pekin,*
Akal, Madrid

Baver, W. (2009): *Historia de la filosofía china*
Herder, Barcelona

Barboza, D. (2006): *'Made in China' labels don't tell whole story,*
New York Times 8/2/2006

Basalla, G. (1988): *La evolución de la tecnología*
Crítica, Barcelona, 1991

Beramendi, J. y Fioravanti, E. (1974): *Miseria de la economía*
Península, Barcelona

Bettelheim, Ch. (1974): *Revolución cultural y organización industrial en China*
Siglo XXI, Madrid

Blackburn, R. (1993): *Después de la caída. El fracaso del comunismo y el futuro del socialismo*
Crítica, Barcelona

Bregolat, E. (2007): *La segunda revolución china*
Destino, Barcelona

Brenner, R. (2009): *La economía de la turbulencia global*
Akal, Madrid

Brzezinski, Z. (1998): *El gran tablero mundial*
Paidós, Barcelona

Buisseret, D. (2004): *La revolución cartográfica en Europa, 1400-1800,*
Paidós, Barcelona

Bürbaumer, B. (2024): *Chine/États-Unies, le capitalisme contre la mondialisation*
La Découverte, Paris

Burke, P. (2002): *Historia social del conocimiento,*
Paidós, Barcelona

Bustelo, P. (2010): *Chindia, Asia a la conquista del siglo XXI*
Tecnos – Real Instituto Elcano, Madrid

Bustelo, P. y Fernández, Y. (1996): *La economía china ante el siglo XXI*
Editorial Síntesis, Madrid

Bustelo, P.; García, C. y Olivié, I. (2004): *Estructura económica de Asia oriental*
Akal, Madrid

Butter, S. (1871): *Erewon,*
Akal, Madrid, 2012

Calduch, R. (2010): *"Escenarios de seguridad y defensa en el siglo XXI"*, en Tezanos, J.F. (2010) (ed.):
"Incertidumbres, retos y potencialidades del siglo XXI"
Editorial Sistema, Madrid

Callinicos, A. (2002): *Contra la tercera vía*
Crítica, Barcelona

Callinicos, A. (2003): *Igualdad*
Siglo XXI, Madrid

Cavazzini, A. (2024): *Globalización, capitalismo, hegemonía*
Sin Permiso (30/8/2024)
https://www.sinpermiso.info/textos/globalizacion-capitalismo-y-hegemonia

Choukroume, L. (2015): *La sociedad china contemporánea*
Oberta UOC, Barcelona

Christian, D. (2005): *Mapas del tiempo*
Crítica, Barcelona

Chuang (2020): *Contagio social: lucha de clases microbiológica en China*
Sin Permiso (17/3/2020)
https://www.sinpermiso.info/textos/contagio-social-lucha-de-clases-microbiologica-en-china
https://chuangcn.org/

Chuang (2021): *China, El estado de la plaga (entrevista)*
Sin Permiso (11/9/2021)
https://www.sinpermiso.info/textos/china-el-estado-de-la-plaga-entrevista

Cipolla, C.M. (1999): *Las máquinas del tiempo y de la guerra*
Crítica, Barcelona

Clee, Gilbert H. ; Scipio, Alfred di (1959): *Creating a world entreprise*
Harvard Business Review, vol. 37, pp. 77-89

Comisión Europea (2019): *UE-China, una perspectiva estratégica*
https://eur-lex.europa.eu/legal-content/ES/TXT/PDF/?uri=CELEX:52019JC0005

Cook, I. (2005): *El medio ambiente en China*
Anuario Asia-Pacífico, Real Instituto Elcano,

Coon, C.S. (1968): *La historia del hombre,*
Guadarrama, Madrid

Correa, A. (2021): *Combate entre el águila y el dragón en América Latina*
Le Monde Diplomatique, octubre
https://mondiplo.com/combate-entre-el-aguila-y-el-dragon-en-america

Crespo, D. (2020): *Espionaje y competitividad, la industria automotriz alemana en el juego comercial moderno de China,* Revista URVIO n.º 26, pp. 93-103

Crouch, C. (2004): *Posdemocracia*
Taurus, Madrid

Dahl, R.A. (1989): *La democracia y sus críticos*
Paidós, Barcelona, 1992

Dahl, R.A. (1999): *La democracia*
Taurus, Madrid

Delage, F. (2022): *La China de Xi Jinping: capacidades, motivaciones, estrategias*
Cuadernos de Estrategia n.º 212, IEEE, Ministerio de Defensa, Madrid
https://publicaciones.defensa.gob.es/china-el-desafio-de-la-nueva-potencia-global-libros-papel.html

Deng, Xiaoping (1987): *Fundamental issues in present-day China*
Foreing Language Press, Beijing

Diamond, J. (1998): *Armas, gérmenes y acero*
Debate, Madrid

Diamond, J. (2013): *El mundo hasta ayer*
Debate, Barcelona

Dillon, M. (2024): *Todo sobre Xi*
Oberon, Madrid

Economy, E. (2023): *El mundo según China*
La esfera de los libros, Madrid

Edgerton, D. (2007): *Innovación y tradición*
Crítica, Barcelona

Esteban, M. y Armanini, U. (2020): *Las relaciones hispano-chinas y el COVID-19: luces y sombras de una cooperación imprescindible para España*
Real Instituto Elcano, ARI 57/2020

Fairbank, J.K. (1986): *Historia de China – Siglos XIX y XX*
Alianza Editorial, Madrid, 1990

Feijóo, C. (2021): *El gran sueño de China. Tecno-socialismo y capitalismo de Estado*
Tecnos, Madrid

Ferguson, N. (2008): *The End of Chimerica*
https://standpointmag.co.uk/the-end-of-chimerica-september/

Ferguson, N. (2009): *El triunfo del dinero*
Debate, Barcelona

Ferguson, N. (2012): *Civilización, Occidente y el resto*
Debate, Barcelona

Fernandez-Armesto, F. (2002): *Civilizaciones*
Santillana, Madrid

Fernandez-Armesto, F. (2006): *Los conquistadores del horizonte*
Destino, Barcelona

Fishman, T.C. (2006): *China S.A.*
Debate, Barcelona

Fondo Monetario Internacional (2020a): *Informes de perspectiva de la economía mundial*
https://www.imf.org/es/Publications/WEO/Issues/2020/04/14/weo-april-2020

Fondo Monetario Internacional (2020b):
Fiscal Monitor. Methodological and Statistical Appendix
https://www.imf.org/en/Publications/FM/Issues/2020/04/06/fiscal-monitor-april-2020

Fondo Monetario Internacional (2020c): *Informes de perspectivas de la economía mundial*
https://www.imf.org/es/Publications/WEO/Issues/2020/09/30/world-economic-outlook-october-2020

Forrester, V. (1997): *El horror económico*
FCE, México

Franklin, D. y Andrews, J. (2012): *El mundo en 2050*
Gestión 2000-The Economist, Barcelona

Frankopan, P. (2018): *As rotas da seda*
Relógio d'Água, Lisboa

Frankopan, P. (2019): *As novas rotas da seda*
Relógio d'Água, Lisboa

Friedman, T. (2006): *La Tierra es plana*
Martinez Roca, Madrid

Fukuyama, F. (2007): *América en la encrucijada*
Ediciones B, Barcelona

Gandoy, R. y Díaz-Mora, C. (2017): *Cadenas globales de valor*
ICE n° 896, Madrid

García Tapia, N. (selec.) (1994): *Historia de la técnica*
Prensa Científica, Barcelona

Gardner, D. (2020): *Estados Unidos – China. ¿Quién gobernará el mundo después del coronavirus?*
Conferencia en la Escuela Europea de Humanidades, 25 mayo 2020

Garrido, V. (2024): *China, la fábrica del mundo*
CCOO Industria, Madrid, https://industria.ccoo.es/Publicaciones/Internacional/Informes&14305

George, S. (2002): *Pongamos la OMC en su sitio*
Icaria, Barcelona

Gernet, J. (2005): *El mundo chino*
Crítica, Barcelona

Giedion, S. (1948): *La mecanización toma el mando*
Gustavo Gili, Barcelona, 1978

Gimpel, J. (1981): *La revolución industrial en la Edad Media*
Taurus, Madrid

Gindin, S. (2024): *El imperio estadounidense, el capitalismo global y y la "internacionalización" de los Estados*, Sin Permiso (14/7/2024)
https://sinpermiso.info/textos/el-imperio-estadounidense-el-capitalismo-global-y-la-internacionalizacion-de-los-estados-una

Glover, J. (2001): *Humanidad e inhumanidad. Una historia moral del siglo XX*
Cátedra, Madrid, 2013

Golden, S. (2012): *China en perspectiva,*
Edicions Bellaterra, Barcelona

Gowan, P. (2000): *La apuesta por la globalización*
Akal, Madrid

Granet, M. (1934): *El pensamiento chino*
Trotta, Madrid, 2013

Gray, J. (2000): *Falso amanecer, los engaños del capitalismo global*
Paidós, Barcelona

Guijarro, V. y González, L. (2010): *La quimera del autómata matemático,*
Cátedra, Madrid

Hardt, M. y Negri, A. (2002): *Imperio*
Paidós, Barcelona

He, L. (2023): *China da un gran paso en la regulación de la IA*
https://cnnespanol.cnn.com/2023/07/14/china-regulacion-ia-trax/

Heberer, T. (2006): *"¿Cambio institucional y legitimidad a través de las elecciones urbanas? Concienciación de las personas sobre las elecciones y la participación en los distritos urbanos (shequ)"*, Anuario Asia-Pacífico, Real Instituto Elcano, http://www.anuarioasiapacifico.es/especiales/china.html

Held, D. y McGrew, A. (2003): *Globalización / Antiglobalización*
Paidós, Barcelona

Held, D. (2005): *Un pacto global*
Taurus, Madrid

Held, D. (2007): *Modelos de democracia*
Alianza, Madrid

Held, D. (2012): *Cosmopolitismo*
Alianza, Madrid

Hernández, E. y García, L.M. (2022): *China en la gobernanza mundial*
Universidad de León, León

Herrera, R. y Zhiming, L. (2021): ¿Es China capitalista?
El viejo topo, Barcelona

Hu Angang y Wang Yahua (2009): "*Cómo China ha entrado en una nueva coyuntura y ha subido un peldaño más: evaluación del Décimo Plan Quinquenal (2001-2004)*"
Anuario Asia-Pacífico, Real Instituto Elcano, http://www.anuarioasiapacifico.es/especiales/china.html

Hu, Min (2019): *Oportunities of EU-China Climate Leadership*,
https://eforenergy.org/docactividades/112/humin.pdf

ILO (2017): *World Social Protection Report*,
Geneva,
https://www.ilo.org/publications/world-social-protection-report-2017-19-universal-social-protection-achieve

Insuasty, A.; Vallejo, Y.; Borja, E.; Céspedes, D.; Burbano, L.; Díaz, F. y Gil, J. (2023):
El Desafío del "Orden Global" en Evolución

Kavilando, vol. 15, n.º 2, pp. 206-228
International Trade Union Confederation (2018) "*Global Rights Index*",
https://www.ituc-csi.org/IMG/pdf/ituc-global-rights-index-2018-en-final-2.pdf

Jinglian, W. (2010): *La brecha de riquezas se sustenta sobre la corrupción y el monopolio*
http://spanish.peopledaily.com.cn/

Johnson, Ch. (2004): *Las amenazas del imperio*
Crítica, Barcelona

Kagan, R. (2003): *Poder y debilidad*
Taurus, Madrid

Kagan (2008): *El retorno de la historia y el fin de los sueños*
Taurus, Madrid

Kagarlitsky, B. (2024): *China y Rusia en el sistema mundo moderno*
Sin Permiso (24/9/2024), https://www.sinpermiso.info/textos/china-y-rusia-en-el-sistema-mundo-moderno-un-doble-desafio

Kaldor, M. (2005): *La sociedad civil global*,
Tusquets, Barcelona

Kissinger, H. (2012): *China*
Debate, Barcelona

Klare, M. (2025): *El dilema de Trump respecto a China*
Sin Permiso (5/1/2025), https://www.sinpermiso.info/textos/el-dilema-de-trump-respecto-a-china

Klein, N. (2007): *La doctrina del shock*
Espasa, Barcelona

Klein, N. (2020): *Distopía de alta tecnología para el post-coronavirus*
https://attac.es/distopia-de-alta-tecnologia-para-el-post-coronavirus/

Kolko, G. (2003): *¿Otro siglo de guerras?*
Paidós, Barcelona

Krugman, P. (2024): *Estados Unidos puede perder la guerra comercial*
El País (16/11/2024), https://elpais.com/economia/negocios/2024-11-16/ee-uu-puede-perder-la-guerra-comercial.html

Laín Entralgo, P. (1978): *Historia de la medicina,*
Salvat-Masson, Barcelona, 1994

Lampton, D.M. (2015): *Adónde va China*
Stella Maris, Barcelona

Landes, D.S. (2007): *Revolución en el tiempo*
Crítica, Barcelona

Landsberger, S. (2008): *"Nuevos modelos e iconos de la China contemporánea: símbolos de una sociedad de consumo emergente"*
Anuario Asia-Pacífico, Real Instituto Elcano, http://www.anuarioasiapacifico.es/especiales/china.html

Lanxin Xiang (2009): *"La relación triangular entre Europa, China y Estados Unidos"*,
Anuario Asia-Pacífico, Real Instituto Elcano, http://www.anuarioasiapacifico.es/especiales/china.html

Laval, Ch. y Dardot, P. (2013): *La nueva razón del mundo*
Gedisa, Barcelona

Lemoine, F. (2007): *La economía china*
Alianza Editorial, Madrid

Lepesant, T. (2021): *Taiwan la pieza que falta en el "sueño chino"*
Le Monde Diplomatique, octubre
https://mondiplo.com/taiwan-la-pieza-que-falta-en-el-sueno-chino

Leroi-Gourhan, A. (1988): *El hombre y la materia*
Taurus, Madrid

Lin Yue (2013): *Causas y consecuencias del desequilibrado crecimiento de China,* en Sodupe, K. y Moure, L. (coord.) "China en el escenario internacional", Univ. País Vasco, Bilbao

Lubetkin, W. (1991): *Deng Xiaoping*
Tiempo Cultural, Buenos Aires

Lucas, R.E. (2004): *"The industrial revolution: past and future"*
Economic Bulletin, vol XLIV, n° 8, www.aier.org

Macfarquhar, R. y Schoenhals, M. (2009): *La revolución cultural china*
Crítica, Barcelona

Machado, A. (1998): *Obras selectas*
Espasa Calpe, Madrid

Maddison, A. (2002): *La economía mundial. Una perspectiva milenaria*
OCDE-Ediciones Mundi-Prensa, Madrid

Maddison, A. (2007): *Chinese Economic Preformance in the Long Run,*
OCDE, Paris

Malm, A. (2020): *Capital fósil*
Capitán Swing, Madrid

Mandel, E. (1974): *Ensayos sobre el neocapitalismo,*
Era, México

Mandel, E. (1979): *El capitalismo tardío*
Era, México

190

Mandel, E. (1989): *Chine: l'enticelle étudiante*
Inprécor n.º 288

Mandel, E. (1990): *L'avenir du communisme*
Inprécor n.º 305

Mandelbaum, J. y Haber, D. (2005): *China. La trampa de la globalización*
Urano, Barcelona

Manji, F. y Marks, S. (eds.) (2007): *China en África, ¿ayuda o arrasa?*
Oozebap, Barcelona

Marina, J.A. y Rambaud, J. (2018): *Biografía de la humanidad*
Ariel, Barcelona

Martínez, J.A. (2020): *COVID-19, globalización contra pandemia*
Cuadernos de Información Económica, n° 276, mayo-junio 2020

Marx, C. y Engels, F. (1848): *Manifiesto comunista*
https://es.wikisource.org/wiki/Manifiesto_Comunista

Mason, S. (1994): *Historia de las ciencias*
Alianza Editorial, Madrid

Mazzucato, M. (2014): *El Estado emprendedor*
RBA, Barcelona

McLuhan, M, y Powers, B.R. (1989): *La aldea global*
Gedisa, Barcelona, 1996

Meisner, M. (1999): *La China de Mao y después*
Comunic-arte, Córdoba, 2007

Menzies, G. (2003): *El año en que China descubrió el mundo*
Grijalbo, Madrid

Milanovic, B. (2012): *Los que tienen y los que no tienen*
Alianza, Madrid

Milanovic, B. (2020b): *Capitalismo nada más*
Taurus, Madrid

Milanovic, B. (2020): *El "comunismo" chino y el coronavirus*
CTXT, Madrid

Miliband, R. (1993): "Reflexiones sobre la crisis de los regímenes comunistas" en Blackburn, R. (editor) (1993): *Después de la caída. El fracaso del comunismo y el futuro del socialismo*
Crítica, Barcelona

Mishra, P. (2014): *De las ruinas de los imperios. La rebelión contra Occidente y la metamorfosis de Asia*
Galaxia Gutenberg, Barcelona

Monbiot, G. (2003): *La era del consenso*
Anagrama, Barcelona

Montaigne, M. (1595): *Los ensayos*
Acantilado, Barcelona (2008)

Motobbio, M. (2021): *Teoría de las relaciones internacionales. Polis, Tianxia.*
La Maleta de Portbou, n° 44, pp. 118-123

Morozov, E. (2021): *¿Hay que temer un parón electrónico"*
Le Monde Diplomatique en español, mes de agosto

Morris, I. (2010): *¿Por qué manda occidente… por ahora?*
Ático de los libros, Barcelona, 2014

Moulier, Y. (2006): *De la esclavitud al trabajo asalariado*
Akal, Madrid

Mumford, L. (1967): *El mito de la máquina,*
Pepitas de Calabaza, Logroño, 2010

Muñoz, M. (2018): *La China del siglo XXI*
Cátedra China – CEF/UDIMA, Madrid

Murray, G. y Cook, I.G. (2004): *China verde*
Bellaterra, Barcelona

National Bureau of Statistics of China (INECh) (2017): *China Statistical Yearbook,*
NBSCh, Beijing
https://www.stats.gov.cn/english/

Needham, J. (1969): *Dentro de los cuatro mares*
Siglo XXI, Madrid, 1975

Negri, A. y Guattari, F. (1999): *Las verdades nómadas & General Intellect, poder constituyente, comunismo*
Akal, Madrid

OECD (2019): *OECD Economic Surveys-China,*
https://read.oecd-ilibrary.org/economics/oecd-economic-surveys-china-2019_eco_surveys-chn-2019-en#page3

Ohmae, K. (1991): *El poder de la triada*
McGraw-Hill, Madrid

Ohmae, K. (1991b): *El mundo sin fronteras*
McGraw-Hill, Madrid

Ohmae, K. (2005): *El próximo escenario global*
Granica, Barcelona

OIT (2015): *Estado del trabajo decente en el mundo,*
Madrid

Olier, E. (2019): *La dualidad económica Estados Unidos-China en el siglo XXI*
Cuadernos de Estrategia nº 204, IEEE, Ministerio de Defensa, Madrid
https://publicaciones.defensa.gob.es/la-dualidad-economica-estados-unidos-china-en-el-siglo-xxi-n-204-libros-papel.html

Olivié, I. y Gracia, M. (2020): *¿El fin de la globalización? Una reflexión sobre los efectos de la crisis del COVID-19 desde el Índice Elcano de Presencia Global*
Real Instituto Elcano, ARI 43/2020

Ollé, M. (2005): *Made in China*
Destino, Barcelona

Orwell, G. (1973): *Rebelión en la granja*
Ediciones Destino, Barcelona

Pacey, A. (1974): *El laberinto del ingenio*
Gustavo Gili, Barcelona, 1980

192

Pettit, P. (1999): *Republicanismo*
Paidós, Barcelona

Piketty, T. (2014): *El capital en el siglo XXI*
FCE, Madrid

Piketty, T. (2015): *La crisis del capital en el siglo XXI*
Anagrama, Barcelona

Piketty, T. (2019): *Capital e ideología*
Deusto, Barcelona

PNUD (2018): Índices e indicadores de desarrollo humano. Actualización estadística de 2018, Nueva York.

Poch-de-Feliu, R. (2009): *China, un mundo en crisis, una sociedad en gestación*
Crítica, Barcelona

Prada, A. (2017): *El despilfarro de las naciones*
Clave Intelectual, Madrid

Prada, A., Sanchez, P. (2017b): "Empirical analysis of the transformation of economic growth into social development at an international level"
Social Indicators Research, 130: 983-1003

Prada, A. (2019): *Crítica del hipercapitalismo digital,*
Catarata, Madrid

Prada, A., Sánchez, P. (2019b): "Transforming economic growth into inclusive development: an international analysis"
Social Indicators Research, 145: 437-457,

Prada, A. (2020): *Caminos de incertidumbre. Tecnologías y sociedad*
Catarata, Madrid

Ramo, J.C. (2004*): The Beijing Consensus*
The Foreign Policy Centre

Rawls, J. (2001): *La justicia como equidad*
Paidós, Barcelona, 2015

Reich, R.B. (1991): *El trabajo de las naciones*
Javier Vergara editor, Madrid

Requena, F. (2017): *Globalización, integración comercial y bienestar*
Información Comercial Española, n° 896, pp. 19-42

Revelli, M. (2015): *La lucha de clases existe… ¡y la han ganado los ricos¡*
Alianza editorial, Madrid

Ríos, X. (2007): *Mercado y control político en China*
Catarata, Madrid

Ríos, X. (2009): *"Balance anual de la región de Asia Oriental y Sudeste Asiático"*,
Anuario Asia-Pacífico, Real Instituto Elcano, http://www.anuarioasiapacifico.es/especiales/china.html

Ríos, X. (2016): *China moderna*
Tibidabo ediciones, Barcelona

Ríos, X. (2019): *La globalización China*
Editorial Popular, Madrid

Ríos, X. (2021): *A metamorfose do comunismo na China*
Kalandraka, Pontevedra

Ritchie, I.A. Carson (1986): *Comida y civilización*
Alianza Editorial, Madrid

Roberts, M. (2022): *China, el tercer mandato de Xi Jinping*
Sin Permiso (22/10/2022), https://www.sinpermiso.info/textos/china-el-tercer-mandato-de-xi-jin-ping

Roberts, M. (2025): *China, la economía excepcional*
Sin Permiso (14/1/2025), https://sinpermiso.info/textos/china-la-economia-excepcional

Rodrik, D. (2011): *La paradoja de la globalización*
A. Bosh, Barcelona

Rogoff, K. (2024): *¿Está dispuesto EE.UU. A tener una guerra comercial con China?*
El País (21/7/2024), https://elpais.com/economia/negocios/2024-07-21/esta-dispuesto-ee-uu-a-tener-una-guerra-comercial-con-china.html

Rosales, O. (2020): *El sueño chino*
Siglo XXI, Buenos Aires

Rosales, O. (2022): *El conflicto EE.UU.-China y las perspectivas del "desacoplamiento estratégico"*,
El Trimestre Económico, nº 354, pp. 491-532

Rovetta, P. (2009): *"Las inversiones chinas en el exterior"*,
Anuario Asia-Pacífico, Real Instituto Elcano, http://www.anuarioasiapacifico.es/especiales/china.html

Rousseau, J.J. (1762): *El contrato social*
Ciro, Madrid, 2011

Rousset, P. (2021): *China, la emergencia de un nuevo imperialismo*
Sin Permiso (14/11/2021), https://sinpermiso.info/textos/china-la-emergencia-de-un-nuevo-imperialismo

Samans, R., Blanke, J., Drzeniek, M., Corrigan, G. (2017): *The Inclusive Growth and Development Report 2017*
World Economic Forum, Geneve

Sandel, M.J. (2013): *Lo que el dinero no puede comprar – los límites morales del mercado* Debate, Barcelona

Sandel, M.J. (2020): *La tiranía del mérito. ¿Qué ha sido del bien común?*
Debate, Barcelona

Santiso, J. (2008): *"África: ¿nueva frontera emergente para China?"*
Anuario Asia-Pacífico, Real Instituto Elcano, http://www.anuarioasiapacifico.es/especiales/china.html

Sen, A. (2015) : *The Country of First Boys*
Oxford University Press

Shenkar, O. (2005): *El siglo de China*
Granica, Barcelona

Simón, L. y Martín, N. (2019): *El auge de China: ¿un tema para la OTAN?*
Real Instituto Elcano, ARI 121/2019 - 20/12/2019

SIPRI (2019): *Armaments, disarmaments and international security*,
Sweden
https://www.sipri.org/yearbook

Skidelsky, R, y Skidelsky, E. (2012): *¿Cuánto es suficiente?*
Crítica, Barcelona

Smil, V. (1994): *Energy in World History*
Westriew Press, Oxford

Smil, V. (2001): *Energías*
Crítica, Barcelona

Smil, V. (2003): *Alimentar al mundo*
Siglo XXI, Madrid

Snow, E. (1971): *La larga revolución*
Alianza editorial, Madrid, 1974

Soler, I. (2003): *El nudo y la esfera,*
Acantilado, Barcelona

Soler, J. (coord.) (2003): *El despertar de la nueva China*
Los libros de la Catarata, Madrid

Soto, R. y Valdés, L. (2024): *El fantasma de Lehman Brothers. Inestabilidad en el sector inmobiliario en China,*
Ola Financiera, vol 17, n.º 47, pp. 31-49

Spengler, O. (1923): *La decadencia de Occidente*
Espasa Calpe, Madrid, 2002

Steinberg, F. (2008): "*La crisis financiera global y las relaciones económicas entre Estados Unidos y China*",
Anuario Asia-Pacífico, Real Instituto Elcano, http://www.anuarioasiapacifico.es/especiales/china.html

Stiglitz, J. (2006): *Cómo hacer que funcione la globalización*
Taurus, Madrid

Stiglitz, J. (2010): *Caída libre. El libre mercado y el hundimiento de la economía global*
Taurus, Madrid

Stiglitz, J.E. (2014): *El precio de la desigualdad*
Santillana, Madrid

Sun-zi (2000): *El arte de la guerra*
Biblioteca Nueva, Madrid

Tamames, R. (2008): *El siglo de China*
Planeta, Barcelona

Teresi, D. (2004): *Los grandes descubrimientos perdidos*
Crítica, Barcelona

Thompson, E. P. (1981): *Miseria de la teoría*
Crítica, Barcelona

Thompson, E. (1993): "Los finales de guerra fría: una réplica", en Blackburn, R. (editor) (1993): *Después de la caída. El fracaso del comunismo y el futuro del socialismo*
Crítica, Barcelona

Torras, L. (2013): *El despertar de China*
Instituto de Estudios Económicos, Madrid

Torres, R. (2024): La *industria del automóvil europea ante la competencia de China y EE.UU.*
Cuadernos de Información Económica n.º 302, FUNCAS, Madrid

Trías, M. (2020): *Antropología para después de una pandemia*
La Maleta de Portbou, n° 42, pp. 94-102

UNDP (2016): *China National Human Development Report*
Beijing, China
https://www.undp.org/china/publications/china-human-development-report-2016

Varoufakis, Y. (2024): *Tecnofeudalismo*
Deusto, Barcelona

Varoufakis, Y. (2025): *Lo que DeepSeek significa para el tecnofeudalismo y la nueva Guerra Fría*

Sin Permiso (1/2/2025), https://www.sinpermiso.info/textos/lo-que-deepseek-significa-para-el-tecnofeudalismo-y-la-nueva-guerra-fria

Vaz-Pinto, R. (2010): *A grande muralha e o legado de Tiananmen*
Tinta-da-China, Lisboa

Vázquez, C. (2024): *Kuznets vs. Myrdal, desigualdad económica en China, un análisis regional*

México y la Cuenca del Pacífico, vol. 13, n° 37

V-Dem Institute (2019): *Democracy Facing Global Challenges*
University of Gothenburg, Sweden

Vidal, M. y Santiso, J. (2020): *La gran excepción china*
Negocios-El País, 27/9/2020,

Villanueva, D. (2020): *La verdad de las distopías*
La Maleta de Portbou n° 41, pp. 6-11

Wang, Hui (2002): *El neoliberalismo después de la revolución cultural*
Le Monde Diplomatique, edición Cono Sur n.° 234, abril

Wang, Hui (2008): *El nuevo orden de China*
Edicions Bellaterra, Barcelona

Watson, P. (2006): *Ideas. Historia intelectual de la humanidad*
Crítica, Barcelona

Winters, L. A. y Yusuf, S. (2009): *China, India y la economía mundial*
StarBook-Banco Mundial, Madrid

Wolf, E.R. (1987): *Europa y la gente sin historia*
FCE, México

Wright, E.O. (2014): *Construyendo utopías reales*
Akal, Madrid

Xiaobo, W. (2009): *La China emergente*
Kailas, Madrid

Yu Keping (2006): "*La sociedad civil en China hoy*"
Anuario Asia-Pacífico, Real Instituto Elcano, http://www.anuarioasiapacifico.es/especiales/china.html

Yu, Hua (2009): *Xiongdi-Brothers*
Seix Barral, Barcelona

Yu, Hua (2010): *China em dez palabras*
Relógio D'Água, Lisboa, 2018

Zakaria, F. (2009): *El mundo después de USA*
Espasa Calpe, Madrid

Zamora, A. (2022): *De Ucrania al mar de la China*
Akal, Madrid

Zhang, Xiliang (2019): *Green and Low Carbon Energy Economy Transformation in China*
Institute for Energy, Environment and Economy, Tsinghua University

Zhao, Ziyang (2011): *Prisionero del Estado*
Algon, Granada

Žižek, S. (2014): *La idea de comunismo,*
Akal, Madrid

Zuboff, S. (2020): *La era del capitalismo de la vigilancia*
Paidós, Barcelona

Zweig, S. (1964): *Magallanes*
Juventud, Barcelona

196

Bibliografía del apéndice

Abensour, M. (2017)
La democracia contra el Estado
Catarata, Madrid

Alvídrez, S. (2023)
Sobreviviendo al siglo XXI: Chomsky & Mujica
Debate, Barcelona

Arendt, H. (2018)
Pensar sem corrimao
Relógio D'Agua, Lisboa

Babeuf, G. (1796)
Obras 1794-1796
https://www.marxists.org/espanol/babeuf/index.htm

Bobbio, N. ; Pontara, G. y Veca, S. (1985)
Crisis de la democracia
Ariel, Barcelona

Bobbio, N. (1986)
El futuro de la democracia
FCE, México

Cardan, P. (1976)
Los consejos obreros. La economía en una sociedad autogestionaria
ZERO, Bilbao

Cruz, M. y García, A. (2023)
La democracia necesita ser eficaz, además de virtuosa
Gaceta Sindical n.º 41, Madrid

Dahl, R.A. (1992)
La democracia y sus críticos
Paidós, Barcelona
(edición en inglés en 1989 en Yale University)

Dahl, R.A. (1994)
¿Después de la revolución?. La autoridad en las sociedades avanzadas
Gedisa, Barcelona

Dahl, R.A. (1999)
La democracia. Una guía para los ciudadanos
Taurus, Madrid
(edición en inglés en 1998 Yale University)

Domenech, A. (2004)
El eclipse de la fraternidad
Crítica, Barcelona

Ealham, Ch. (2023)
La lucha por Barcelona (1898-1937)
Alianza Editorial, Madrid

Etzioni, A. (2001)
La tercera vía hacia una buena sociedad
Trotta, Madrid

Fernández, A. y Lacalle, D. (eds.) (2001)
Sobre la democracia económica. Volúmenes I, II y III
El Viejo Topo, Barcelona

Ganuza, E. t Font, J. (2018)
¿Porqué la gente odia la política?
Catarata, Madrid

González, A. y Colomer, J.L. (2010)
Republicanismo cívico
Laberinto, Madrid

Graeber,D. y Wengrow, D. (2022)
*El amanecer de todo_*
Ariel, Barcelona

Gramsci, A. (2019)
Cadernos do cárcere e outros escritos
Univ. de Santiago de Compostela

Habermas, J. (1999)
La inclusión del otro
Paidós, Barcelona

Hamilton, A.; Madison, J. y Jay, J. (1788)
"The federalist" ("O federalista")
USC-Fundación BBVA (2016)

Held, D. (1997)
La democracia y el orden global
Paidós, Barcelona

Held, D. (2007)
Modelos de democracia
Alianza, Madrid

Innerarity, D. (2015)
La política en tiempos de indignación
Galaxia Gutenberg, Barcelona

Johnson, Ch. (2004)
Las amenazas del imperio
Crítica, Barcelona

Kautsky, K. (1918)
La dictadura del proletariado
https://www.marxists.org/espanol/kautsky/1918/1918-dictaduraprole-kautsky.pdf

Máiz, R. (2008: 210)
La frontera interior
Tres Fronteras, Murcia,

Mandel, E. (1979)
El capitalismo tardío
Era, México

Mann, M. (2009)
El lado oscuro de la democracia
Universidad de Valencia
(edición en inglés en 2005 en Cambridge Univ. Press)

Martín, A. (2023)
Clases, comportamiento político y sindical (España 2002-2020)
Gaceta Sindical n.º 41 pp. 273-295

Marx, K. (1875)
Crítica al programa de Gotha
https://www.marxists.org/espanol/m-e/1870s/gotha/index.htm
https://www.marxists.org/espanol/m-e/indice.htm

Mises, Ludwig von (1956)
La mentalidad anticapitalista
Unión Editorial, Madrid, 2011

Moreno, J.L. (2019)
Retorno a Atenas
Siglo XXI, Madrid

Moreno, J.L. (2021)
Los pocos y los mejores
Akal, Madrid

Ovejero, F. (2002)
La libertad inhóspita
Paidós, Barcelona

Paine, T. (1984) [1791]
Derechos del hombre
Alianza, Madrid

Paine, T. (1990) [1776-1797]
El sentido común y otros escritos
Tecnos, Madrid

Pannekoek, A. (1936)
Escritos sobre los consejos obreros
Zero, Bilbao, 1975

Pannekoek, A. (1960)
Escritos (1909-1948)
https://www.marxists.org/espanol/pannekoek/index.htm

Pettit, P. (1999)
Republicanismo
Paidós, Barcelona

Prada, A. (2022)
Trabajo y capital en el siglo XXI
Servizo de Publicacións da Universidade de Vigo
(descarga gratuita)

Prada, A. (2023)
¿Sociedad de mercado o sociedad decente?
Servizo de Publicacións da Universidade de Vigo
(descarga gratuita)

Putman, R. (editor) (2003)
El declive del capital social
Galaxia Gutenberg, Barcelona

Rancière, J. (2007)
El desacuerdo
Nueva Visión, Buenos Aires

Rawls, J. (1995)
Teoría de la justicia
FCE, Madrid
(edición en inglés en Harvard University Press 1971)

Rawls, J. (2015)
La justicia como equidad
Paidós, Barcelona
(edición en inglés Harvard University 2001)

Rodríguez, E. (2016)
La política en el ocaso de la clase media
Traficantes de sueños, Madrid

Rosanvallon, P. (2007)
La contrademocracia
Manantial, Buenos Aires

Rosanvallon, P. (2010)
La legitimidad democrática
Paidós, Barcelona

Rosanvallon, P. (2012)
La sociedad de los iguales
RBA, Barcelona

Rousseau, J.J. (1762)
El contrato social
Ciro, Madrid, 2011

Sánchez, I. (2010)
Más democracia, menos liberalismo
Katz, Madrid

Sánchez, I. (2014)
La impotencia democrática
Catarata, Madrid

Sánchez, I. (2022)
El desorden político
Catarata, Madrid

Sartori, G. (1987)
Qué es la democracia
Taurus, Madrid, 2003

Sordo, U. (2023)
El trabajo como vertebrador de la sociedad y la democracia
en Gaceta Sindical n.º 41, 23-36

Stuart Mill, J. (1848)
Principios de Economía Política
FCE, México, 1978

Stuart Mill, J. (1861)
Consideraciones sobre el gobierno representativo
Alianza Editorial, Madrid, 2001

Taibo, C. (2015)
Repensar la anarquía
Los libros de la Catarata, Madrid

Thompson, E.P. (2012)
La formación de la clase obrera en Inglaterra
Capitán Swing, Madrid

Todorov, T. (2023)
Memoria del mal, tentación del bien
Galaxia Gutenberg, Barcelona

Urquizu, I. (2016)
La crisis de representación en España
Catarata, Madrid

Villena, A. (2019)
Las redes de poder en España
Roca, Barcelona

Walzer, M. (1993)
Las esferas de la justicia
FCE, México

Walzer, M. (2004)
Reflexiones sobre la guerra
Paidós, Barcelona

Wang, Hui (2013)
Una nueva universalidad
http://china-traducida.net/traducciones/wang-hui-una-nueva-universalidad/

Wolin, S.S. (2008)
Democracia S.A.
Katz, Madrid

Zapata, R. (2004)
Multiculturalidad e inmigración
Síntesis, Madrid

Zhao, Z. (2011)
Prisionero del Estado
Algón, Granada

2-3-6

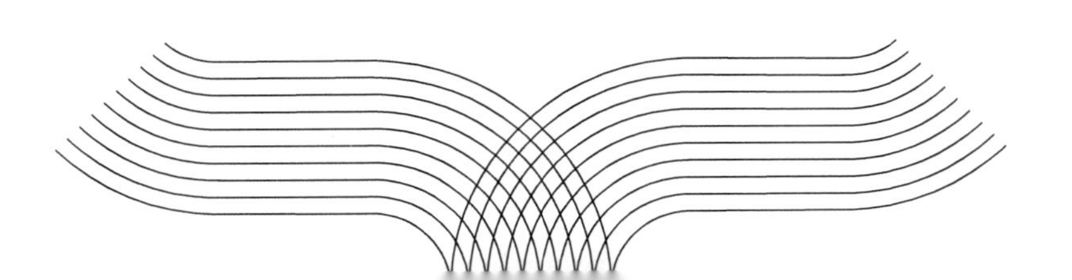